U0116472

中國小康之路

鄉村振興與
農業農村熱點問題探研

中國小康建設研究會 編

編委會

顧　問： 尹成傑　肖萬鈞　段應碧　宋曉梧

主　任： 李春生

副主任： 白長崗　王韓民　張紅宇　宋洪遠　寇建平

　　　　 方　言　李彬選　朱重慶　辜鑫龍　劉　輝

成　員： 李雪松　鄭德嶺　田玉川　馮秀梅　李勝博　任緒斌

　　　　 馮秀春　李大偉　陳驚天　杭天勇　劉喜峰　卓士遠

　　　　 鄭學純　田　野　張鵬舉　宋海霞　楊　芳　郭　晶

　　　　 蘇德志　崔長書　高　碩　高繼建　王光輝　陳立祥

　　　　 李偉國　陳信傑　蘆　同

2019 年 3 月 30 日，在“全國鄉村振興與扶貧協作（寧波）論壇”舉行前夕，作為論壇活動的一項內容，在寧波市鄞州區政府西樓會議室舉辦“鄉村振興百縣巡迴大講堂”。

2019 年 3 月 31 日，由中國小康建設研究會、寧波市人民政府主辦，寧波市對口支援和區域合作局、寧波市鄞州區人民政府承辦的"全國鄉村振興與扶貧協作（寧波）論壇"在寧波市鄞州區舉行。

2019 年 4 月 13 日，由中國小康建設研究會主辦，好實再集團承辦，中壽
同源健康管理公司、北京中扶商貿公司協辦的 "2019 消費扶貧與鄉村振興
(深圳)大會" 在深圳市寶安區寶立方中心召開。

2019 年 4 月 27 日，由中國小康建設研究會主辦，錦州港股份有限公司承辦，中國小康建設研究會現代農業產業化聯盟協辦的"中國小康建設研究會現代農業產業化聯盟成立大會暨 2019 現代農業產業化發展高峰論壇"在北京舉行。

2019 年 6 月 23 日，由中國小康建設研究會主辦，北京量子雲世紀科技有限公司承辦的 "2019 鄉村振興暨中國糧食安全戰略高峰論壇" 在北京舉行。

2019 年 9 月 1 日，由中國小康建設研究會主辦，中國小康建設研究會品牌
發展委員會、中國小康建設研究會鄉村振興研究院、中國小康建設研究會文
化委員會承辦的 "2019 鄉村文化振興高峰論壇" 在寧波市鄞州區舉辦。

2019 年 10 月 27 日，由中國小康建設研究會主辦，中國小康建設研究會法律委員會承辦，人民交通雜誌社、天津市民卡科技有限公司協辦的 "2019 鄉村振興暨交通產業發展峰會" 在北京舉行。

2019 年 11 月 10 日，由中國小康建設研究會主辦，中國小康建設研究會西
柏坡基層幹部培訓中心、中國電子商會智慧三農專委會承辦，河北省平山縣
天順潔亞文化傳播有限公司、正定縣匯田農業科技有限公司協辦的 "2019
鄉村人才振興戰略高峰論壇" 在河北省西柏坡舉辦。

2019 年 12 月 8 日，由中國小康建設研究會主辦，中國小康建設研究會名優特產品推進委員會承辦，人民交通雜誌社、農民日報社三農發展研究中心、中國小康建設研究會法律委員會協辦的 "2019 健康中國與食品安全高峰論壇" 在北京舉行。

2019 年 12 月 18 日，由中國小康建設研究會主辦，浙江航民實業集團有限公司、上海孝天健康管理股份有限公司承辦，中國小康建設研究會養老保障促進委員會、中國小康建設研究會助老工作委員會協辦的"第五屆社會養老創新發展論壇"在北京舉行。

2019 年 7 月 14 日，由中國小康建設研究會、寧波市鄞州區人民政府主辦，中國小康建設研究會鄉村振興研究院承辦的 "2019 鄉村全域治理體系研討會" 在北京召開。

2019 年 12 月 8 日下午，中國小康建設研究會在萬壽賓館舉辦年會。

序　言

　　《中國小康之路——鄉村振興與農業農村熱點問題探研》一書，
是中國小康建設研究會 2019 年舉辦的 12 場專題論壇的演講選編，是
圍繞實施鄉村振興戰略、助推脫貧攻堅，破解"三農"問題的新探索、
新成果。在該書出版之際，謹向中國小康建設研究會表示祝賀，向從
事專題研究的專家學者表示敬意，並向廣大讀者朋友們鄭重推薦。

　　實施鄉村振興戰略，是以習近平同志為核心的黨中央對"三農"
工作作出的重大決策部署，是做好新時代"三農"工作的總抓手、總
綱領、總遵循。2019 年，中國小康建設研究會圍繞鄉村振興戰略實
施開展的一系列工作，遠見卓識，富有成效。

　　這部書稿，涵蓋了現代農業發展、糧食安全體系構建、鄉村文化
振興、鄉村治理體系建設、新型經營主體培育、農村脫貧攻堅、農村
人才培養、鄉村交通建設、社會化養老、食品安全等內容，主題突
出、觀點鮮明、學術價值很高、實用性強。既有對高端政策的精準解
讀，又有結合地域實情提出的對應措施；既有對鄉村振興中熱點難點
問題的積極探索，又有鄉村振興成效顯著的實例列舉；既有較系統的
理論支撐，又有真實的第一手數據分析；既有理論上的指導性，又有

實踐上的借鑒性，還有學習上的參考性，很值得一讀。

一年來，中國小康建設研究會緊緊圍繞農業農村熱點難點問題舉辦了多次研討峰會等活動，特別是圍繞著鄉村振興的五個方面，從鄉村產業興旺發展、生態建設、文化振興、組織振興以及人才培養等，舉辦了系列化的研討論壇。論壇、峰會場次之多，質量之高，影響之廣，對接落實項目之實，得到了一致肯定和好評。專家、學者以及業內工作者緊貼實際，從不同的側面、視角，為鄉村振興叩診把脈，為農業農村發展獻計獻策，深邃的分析、鮮明的觀點、精彩的演講，令人耳目一新、印象深刻。這些觀點不僅給人以啟迪，而且對推進農業農村發展，實現鄉村的全面振興都有不可多得的學習和借鑒作用。

2020 年是全面建成小康社會和"十三五"規劃圓滿收官之年，是全面脫貧攻堅任務完成之年，也是農業補短板、強弱項、穩基礎、加快發展的重要一年，更是推進鄉村振興戰略實施的關鍵之年，任重而道遠。我們欣慰地看到，中國小康建設研究會依然把鄉村振興戰略的實施、把促進農業農村熱點難點問題的解決作為今年重點工作奮力推進，繼續圍繞鄉村振興，農業農村發展舉辦具有社會影響力的研討論壇、峰會等活動，致力於為農業農村發展、助推鄉村全面振興，推進社會主義現代化強國建設作出新的貢獻。

在此衷心地祝願中國小康建設研究會不辱使命，再創輝煌。

（第十三屆全國人大農業與農村委員會副主任）

2020 年 3 月

目　錄

第三部分　消費扶貧與鄉村振興

第四部分　現代農業產業化發展

第五部分　保障糧食安全

第六部分　鄉村文化振興

第七部分　鄉村振興與交通產業發展

第八部分　鄉村人才振興戰略

第九部分　食品安全與健康中國

第十部分　社會養老的創新發展

第十一部分　鄉村全域治理體系建設
試點（鄞州）經驗案例

附錄：中國小康建設研究會 2019 年工作實錄

第一部分
鄉村振興戰略

加大鄉村振興戰略的實施力度 *

　　很高興來到美麗富饒的寧波，跟大家一起交流有關鄉村振興政策的學習體會。

　　鄉村振興戰略涉及的內容很多，2018 年"中央一號文件"、中共中央國務院發佈的鄉村振興戰略規劃，都進行了全面系統的闡述。鄉村振興戰略，是以習近平同志為核心的黨中央著眼於黨和國家事業的全局，順應億萬人民群眾對美好生活的嚮往，對"三農"工作作出的重大決策部署，也是決勝全面建成小康社會、開啟社會主義現代化國家建設的重大歷史任務。鄉村振興戰略既是黨和國家的重大決策，是一項重大的歷史任務，同時也是做好"三農"工作的總抓手。所以，實施鄉村振興戰略具有劃時代的里程碑意義。

　　今天，我從四個方面與大家分享學習心得體會。一是深入學習領會習近平總書記有關鄉村振興戰略的系列重要論述；二是對實施鄉村振興戰略重要意義的理解；三是實施鄉村振興戰略應著力解決的三個重要問題；四是鄉村振興戰略實施的制度保障。

一、深入學習領會習近平總書記有關鄉村振興戰略的系列重要論述

習近平總書記親自謀劃、親自部署、親自推動鄉村振興戰略。2017 年底召開的中央農村工作會議上，習近平總書記進行了全面、系統、深入的闡述，提出中國特色社會主義鄉村振興的"七條道路"；2018 年 9 月中央政治局集體學習鄉村振興戰略，習近平總書記闡述了實施鄉村振興戰略的總目標總方針總要求和制度保障，強調要處理好"四個關係"；2018 年 3 月"兩會"期間，習近平總書記在參加山東代表團審議時提出"五個振興"；2019 年"兩會"期間參加河南代表團審議時對實施鄉村振興戰略提出"六個要"。

第一，中國特色社會主義鄉村振興的"七條道路"。在 2017 年底中央農村工作會議上，習近平總書記系統闡述了實現中國特色社會主義鄉村振興的"七條道路"：重塑城鄉關係，走城鄉融合發展之路；鞏固和完善農村基本經營制度，走共同富裕之路；深化農業供給側結構性改革，走質量興農之路；堅持人與自然和諧共生，走鄉村綠色發展之路；傳承發展提升農耕文明，走鄉村文化興盛之路；創新鄉村治理體系，走鄉村善治之路；打好精準脫貧攻堅戰，走中國特色減貧之路。

第二，實施鄉村振興戰略的總目標總方針總要求和制度保障。在中央政治局集體學習鄉村振興戰略時，習近平總書記指出，農業農村現代化是實施鄉村振興戰略的總目標，堅持農業農村優先發展是總方針，產業興旺、生態宜居、鄉風文明、治理有效、生活富裕是總要求，建立健全城鄉融合發展體制機制和政策體系是制度保障。要堅持農業現代化和農村現代化一體設計、一併推進，實現農業大國向農業

強國跨越。要在資金投入、要素配置、公共服務、幹部配備等方面採取有力舉措,加快補齊農業農村發展短板,不斷縮小城鄉差距,讓農業成為有奔頭的產業,讓農民成為有吸引力的職業,讓農村成為安居樂業的家園。

第三,實施鄉村振興戰略要處理好"四個關係"。在中央政治局集體學習鄉村振興戰略時,習近平總書記指出,一要處理好長遠目標和短期目標的關係。鄉村振興戰略是一個長期任務,是一個歷史任務,要遵循鄉村建設規律,要堅持科學規劃,要注意鄉村振興建設的質量。二要處理好頂層設計和基層探索的關係。現在頂層設計的目標、方向、措施、路徑都很清楚,關鍵是各地要結合本地實際,科學把握各地鄉村發展的差異性,因地制宜,落到實處。三要處理好充分發揮市場的決定性作用和更好發揮政府作用的關係。政府應該在規劃引導、政策支持、市場監管和法制保障等方面發揮積極的作用,政府要利用市場的手段,尊重市場規律。四要處理好增強群眾獲得感和適應發展階段的關係。要讓億萬農民有更多實實在在的獲得感、幸福感和安全感,同時又要探索形成可持續發展的長效機制,各地要根據情況,不能提出脫離實際的目標,更不能搞形式主義,搞"形象工程"。

第四,統籌推進"五個振興"。2018 年"兩會"期間,習近平總書記在參加山東代表團審議時提出"五個振興"的科學論斷,強調實施鄉村振興戰略要統籌謀劃、科學推進,推動鄉村產業振興、人才振興、文化振興、生態振興、組織振興。

第五,實施鄉村振興戰略堅持"六個要"。在 2019 年人大政協"兩會"期間參加河南代表團審議時,習近平總書記對推動鄉村振興戰略落地進一步提出明確要求:"六個要"。要扛穩糧食安全這個重任,這是實施鄉村振興戰略的首要任務,習近平總書記多次要求:

"中國人的飯碗任何時候都要牢牢端在自己手上，我們的飯碗應該主要裝中國糧。" 要推進農業供給側結構性改革，現在農業的問題主要在品質、結構、個性化等供給側方面，隨著消費升級和新階段的到來，農業也要轉型升級。要樹牢綠色發展理念，綠色發展是新時代農業的發展觀。要補齊農村基礎設施這個短板，要真金白銀地投入，要夯實鄉村治理這個根基，要用好深化改革這個法寶。

二、對實施鄉村振興戰略重要意義的理解

第一，適應城鄉關係發展的要求。城鄉關係、工農關係是我國現代化進程中的基本關係。習近平總書記指出，在現代化進程中，如何處理好工農關係、城鄉關係，在一定程度上決定著現代化的成敗。新中國成立以來，我國經歷了由城鄉二元結構導致的城鄉分割，到 21 世紀初開始的城鄉統籌一體化發展，再到黨的十九大提出重塑城鄉關係實現城鄉融合發展。不過當前城鄉差距大仍是社會主要矛盾的突出表現。1978 年至 2018 年農民年均收入從 134 元增長到 14617 元，城鎮居民年均收入則從 343 元增長到 39251 元，絕對差距從 209 元擴大到 24634 元，相對差距從 2.56:1 擴大到 2.69:1。

另外，農村基礎設施和公共服務與城市的差距還很突出，農村空心化、邊緣化、老齡化問題凸顯。我國是一個人口大國，不管工業化、城鎮化發展到哪一步，都會有相當規模的人口生活在農村，即使城鎮化率達到 70% 以上，仍有 4 億多人生活在農村，城鄉將長期共生並存。如果一邊是越來越發達的城市，一邊是越來越蕭條的鄉村，那絕對不能算是實現了中華民族的偉大復興。

40 年前，農村拉開了改革開放的大幕，逐步理順城鄉關係、工

農關係；40 年後，要通過振興鄉村，開啟城鄉融合發展和現代化建設新局面。改革開放之初，實行家庭聯產承包責任制，理順了農民和集體的關係，建立了承包經營、統分結合的雙層經營體制；21 世紀之初，取消了延續 2600 多年的“皇糧國稅”，理順了農民與國家的關係，實現了對農民從“取”到“予”的歷史性轉變。進入新時代，實施鄉村振興戰略，重塑工農城鄉關係，推動城鄉融合發展，將成為建設社會主義現代化國家和實現中華民族偉大復興的重大舉措。

第二，立足實現“兩個一百年”奮鬥目標的要求。黨的十九大提出了分階段實現“兩個一百年”奮鬥目標的戰略安排，到 2020 年全面建成小康社會，到 2035 年基本實現社會主義現代化，到 21 世紀中葉，把我國建成富強民主文明和諧美麗的社會主義現代化強國。習近平總書記強調，全面建成小康社會和全面建設社會主義現代化強國，最艱巨最繁重的任務在農村，最廣泛最深厚的基礎在農村，最大的潛力和後勁也在農村。到 2020 年全面建成小康社會，最突出的短板在“三農”，到 2035 年基本實現社會主義現代化，大頭重頭在“三農”，到 2050 年把我國建成富強民主文明和諧美麗的社會主義現代化強國，基礎在“三農”。

第三，立足解決社會主要矛盾實現農業農村現代化的要求。進入新時代，我國社會的主要矛盾發生了根本變化，黨的十九大提出當前最主要的矛盾是“人民日益增長的美好生活需要和不平衡不充分發展之間的矛盾”，最大的不平衡是城鄉發展不平衡，最大的發展不充分是農村發展不充分。改革開放 40 年來，特別是黨的十八大以來，農業農村發展取得歷史性成就。我國糧食供給總體充裕，肉蛋奶、果菜魚產量穩居世界第一，“過去是 8 億人吃不飽，現在是 14 億人吃不完”；農業物質技術裝備水平有了大幅提升，農業科技進步貢獻率 58.3%，主要農作物耕種收綜合機械化水平超過 67%。但問題也不少，"中央一號文件"概括為"五個亟待提升"。具體表現在：農產品階段性供過於求和供給不足並存，農業供給質量亟待提高；農民適應生產力發展和市場競爭的能力不足，新型職業農民隊伍建設亟待加強；農村基礎設施和民生領域欠賬較多，農村環境和生態問題比較突出，鄉村發展整體水平亟待提升；國家支農體系相對薄弱，農村金融改革任務繁重，城鄉之間要素合理流動機制亟待健全；農村基層黨建存在薄弱環節，鄉村治理體系和治理能力亟待強化。農業強不強、農村美不美、農民富不富，決定著億萬農民的獲得感和幸福感，決定著全面小康社會的成色和社會主義現代化的質量。

三、實施鄉村振興戰略應著力解決的三個重要問題

鄉村振興，靠什麼振興、誰來振興、如何振興？要抓產業、主體和機制。

第一，鄉村產業培育和發展問題。靠什麼振興？產業是基礎。產業興旺、產業振興是鄉村振興的物質基礎，是解決農村一切問題的前提。產業興，百業興。沒有產業，就沒有源頭活水；沒有產業的農村，必然是空心、缺乏生機的農村。過去多年來，農村等同於農業，工業、市場、服務業基本圍繞城市佈局。我國鄉村產業問題，一是農業自身的問題，農業基礎薄弱，現代化水平不高，國際競爭力不強；二是農村二、三產業發展極不充分，農產品加工業是一條短腿，農村市場、流通、服務業小而散，沒有成體系；三是民間傳統農村手工業、手工工藝被削弱，有些手工工藝已失傳，缺乏傳承人；四是適應城鄉發展新要求的農村現代服務業還沒有引起足夠的重視。當然，這

絕不是說農村產業要搞小而全，更不是照搬、移植城市二、三產業，而是要根據農村的特點，因地制宜發展主導產業、優勢產業、特色產業。近年來一個普遍存在的問題是產業同構現象日益突出，東西南北都生產同一個產品，如熱帶水果，已不再是熱帶地區的專利，亞熱帶甚至其他地區也生產，產品趨同，產能過剩，缺乏特色。

　　如何抓產業，必須強化農業，做優一產，做強二產，做活三產。如何抓產業，不僅要補農業的短板，更要填補農村二、三產業的空白。要根據農村資源特點，因地制宜，做好加減乘除法：要推進質量興農，綠色發展，做好加法；要降成本、調結構、補短板，做好減法；要通過延伸產業鏈，提升農產品附加值，推進農村產業的融合發展，做好乘法；同時要注意保護生態環境，以最少的物質投入獲取最大的經濟效益、社會效益、生態效益，做好除法。具體要在強化、提升、鞏固、拓展等方面做好鄉村產業發展這篇大文章。一是強化發展現代農業，發展現代種養業，構建現代農業產業體系、生產體系、經營體系，這是發展鄉村產業的前提和基礎。二是提升發展農產品加工、市場、農業生產性服務業，延長產業鏈，把農業以及加工、服務等產業鏈佈局在農村，讓就業和收益留在農村，增強農村人才吸引力，留住人才、留住利潤、留住人氣。三是鞏固發展鄉村特色產業，發掘、培養農村鐵匠、銀匠、釀酒師等能工巧匠，打造手工作坊、家庭工廠，傳承、創新發展具有民族和地域特色的傳統手工業，打響"土字號""鄉字號""特字號"品牌；開發民間藝術、民俗表演項目，發展鄉村特色文化產業和創意產品。四是拓展發展農村的新產業、新業態、新模式，比如休閒農業、智慧農業、電子商務、康養農業，還有共享經濟的發展。

　　第二，人才問題，主體問題。誰來種地？這是鄉村產業發展的關鍵。發展產業，人才是根本。幹農業和做企業是一樣的，人才很關鍵。火車跑得快，全靠車頭帶，現在鄉村搞得好的，都有一個好的帶頭人，有個好的支部書記，合作社搞得好的，一定有一個好的理事長。小規模、兼業化、老齡化已成為我國農業生產的主要特點，但我們與國外發達國家的差距，主要在勞動者的學歷和知識結構。發達國家的農民基本都是大學生，而我們農業勞動者基本上是小學水平，或初中未畢業。有一個調查表明，我國農業的勞動力與城市的工人相比，大概農業勞動者的學歷教育水平要比城市工人學歷教育少 4 年半，一般城裏面是大專，農村是初中未畢業，普遍是這樣的水平。

目前，農業主體有 2.6 億農戶、2.3 億承包戶，家庭農場、合作社、龍頭企業等農業新主體突破 300 萬家，新型職業農民超過 1400 萬人，各類返鄉下鄉創業人員超過 700 萬人，還有 115 萬個各類服務組織。但不管如何，"大國小農"是基本國情農情，解決鄉村產業人才問題，也要立足農村這一實際。最根本的有兩條：一是留住和培養現有農村人才。遠水不解近渴，現在國家在實施新型職業農民培育工程，培育了一批"土專家""田秀才"，扶持了一批職業經理人。培育職業經理人，培育新型職業農民，不要忘記了就地取材，把現有的農村人才留住，他們對當地有感情，老百姓也信任。二是鼓勵支持農民工、大學生、退伍軍人返鄉創業。我們追蹤了很多案例，包括退伍軍人、大學生，還有大家現在探索的鄉賢，他們是當地出來的，對當地有感情，再加上老百姓了解，都很信任他們，各種摩擦糾紛少，靠得住。因此，要優化創業環境，吸引大學生、農民工、退伍軍人回鄉創新創業。

第三，機制問題。如何振興？機制是保障。解決人、地、錢的問題，還是要深化改革，通過農村改革，激活主體、激活要素、激活市場，培育產業發展新動能。

一是構建城鄉融合發展的體制機制。真正實現資源要素在城鄉之間自由、合理流動，公共服務均衡配置。近年來，各地推行的公共服務下沉，一些基本服務在村裏就能辦，還有飲水、道路、人居環境的整治等，農村面貌有了明顯改善。

二是深化農村土地制度改革。要保持農村土地承包關係穩定並長久不變，落實好第二輪土地承包到期後再延長 30 年的政策。要落實好承包地"三權"分置政策，不僅要保護所有權和承包權，而且要依法保障經營權的穩定，保護投資者依法享有的經營權。總結農村集體經營性建設用地入市、徵地、宅基地制度改革成果，加快建立城鄉統一的建設用地市場。要允許在縣域內開展全域鄉村閒置的校舍、廠房、廢棄地的整治盤活，建設用地用於支持鄉村的新產業、新業態。有些地方，比如通過合作社開展旅遊合作，把農民空閒的房屋利用起來，進行設計、規劃、裝修，開展鄉村旅遊和文化建設，取得了很好的效果。

三是完善農業經營體系。發展多種形式農業適度規模經營，突出抓好家庭農場和農民合作社兩類經營主體發展，要通過發展農業的生產性服務業，建立健全"合作社＋農戶""公司＋基地＋農戶"等多種連接方式，構建合作制、股份制、契約式等多種利益聯結機制，發展農業產業化聯合體。實踐證明，發展農業產業化聯合體，是培育打造主導產業、帶動小農發展現代農業的有效探索。河北有個縣依託產業化聯合體種植小辣椒五六十萬畝，不僅把產業做大了，把整個產業鏈也建起來了，還把廣大的小農戶組織起來，讓小農戶分享到了二、三產業的收益。

四是全面推進農村集體產權制度改革。中央已專門發文部署，包括清產核資，摸清家底，經營性資產股份制改造，具體時間進度都有明確的要求。通過改革激活農村大量沉睡的資產，實現資源變資產、資金變股金、農民變股東，不斷增加農民的財產性收入。

五是完善農村金融保險制度。加大金融保險支農力度，解決制約鄉村產業發展的資金"瓶頸"問題。近年來，一些地方開展的資金互助、信用合作，比如家庭農場信用評級，四星家庭農場可以貸款五六百萬元，不需要抵押物，這些都值得探索。有些地方興辦農業產業化聯合體，探索通過人的保證制度來擔保，也滿足了聯合體內部農民、合作社的信貸需求。我認為，要解決農村的金融問題，除了"國家隊"外，還要支持農民的信用合作，包括農民的資金互助。一方面，農村農業缺乏抵押物，或者資產不值錢；另一方面，農業信貸運作成本很高。房地產，一般貸幾十個億甚至幾百個億；但農業貸一兩個億都很少見，要與農民打交道，成本很高，商業銀行一般都不願意做。

四、鄉村振興戰略實施的制度保障

第一，健全工作機制，落實責任。2018 年"中央一號文件"提出，中央統籌、省負總責、市縣抓落實的工作機制，黨政一把手是第一責任人，縣委書記要當好鄉村振興的一線指揮。加強鄉村振興實績考核。要把實施鄉村振興戰略擺在優先位置，確保"四個優先"：在幹部配備上優先考慮，在要素配置上優先滿足，在資金投入上優先保障，在公共服務上優先安排。既要積極作為，又要有"歷史耐心"。

第二，抓好規劃，畫好施工圖。省一級基本上都出台了規劃，地市一級大概過半，縣級接近 40%，而村莊一半還沒有。要求到 2020 年底，有條件的村都要實現村莊規劃的應編盡編。要施工、要推進，村一級層面必須要有規劃引領。要按照先規劃後建設的原則，通盤考慮土地利用、產業發展、居民點佈局、人居環境整治、生態保護、歷史文化傳承，編制一個多規合一、實用的村莊規劃。要培養鄉村規劃師。

第三，堅持從農村實際出發。我國城鄉發展不平衡，農村發展也不平衡，東部、中部、西部差別大，因此，鄉村振興也要從農村實際出發，堅持分類指導、一村一策。要守住糧食安全的底線和耕地保護、生態保護的紅線，維護農民群眾的合法權益。浙江是全國學習的榜樣，有很多方面走在了前列。

第四，尊重農民的主體地位。一切為了人民、一切依靠人民，是我們黨的群眾路線，也是改革開放 40 多年的基本經驗。要發揮好農民的主體作用，充分調動農民的積極性，同時政府要在農村基礎設施、公共服務方面加大支持力度，不斷完善農村公益事業、環境治理等財政支持政策，大力改善農民的生產生活條件。

第五，強化鄉村振興的法治保障。習近平總書記在主持召開中央全面依法治國委員會第二次會議上強調："改革開放 40 年的經驗告訴我們，做好改革發展穩定各項工作離不開法治，改革開放越深入越要強調法治。"法治具有固根本、穩預期、利長遠的保障作用，沒有法治就談不上市場經濟。工商資本投資農業，往往五六年後才有收益，必須加強法治，穩定投資預期，讓企業家放心投資農業。從國家層面看，近期將以推進《鄉村振興促進法》為主線，以強化農村土地制度、農業產業促進、農業綠色發展、農產品質量安全、鄉村建設管理等重要領域立法為重點，加快完善農業立法。同時將深化農業綜合執法體制改革。法律法規的實施也存在 "最後一公里" 執行不到位的問題，要壓實縣級農業農村部門的執法責任，落實農業農村部印發的《關於加快推進農業綜合行政執法改革工作的通知》要求，在縣市級組建農業綜合執法隊伍的基礎上，探索實行 "局隊合一" 體制，以強化基層農業執法力量。

　　第六,強化農村基層黨組織的領導作用。中央多次強調,鄉村振興要發揮基層黨組織的核心領導作用。基層黨組織如何更好地發揮作用?一是要選好帶頭人、選好書記。要整頓軟弱、渙散的基層黨組織。二是要增強農村基層黨組織的凝聚力、向心力,黨支部要能夠凝聚人心,凝聚老百姓,把老百姓團結在周圍。三是把方向,符合中央文件精神,不偏離發展路線和軌道。四是議大事、辦大事,解決老百姓關心、期望的事情。推進鄉村善治,構建黨委領導、政府負責、社會協同、公眾參與、法治保障的現代鄉村社會治理體系。浙江不少縣市有許多很好的經驗和做法,值得總結和借鑒。

──在鄉村振興百縣巡迴大講堂上的發言

鄉村振興的幾個關鍵問題 *

　　我準備了大概五六個問題，做了一些功課，最後一部分，針對寧波的實際說一些我的看法。

　　"鄉村振興"是兩年前黨的十九大報告中提出來的，黨中央、國務院對"三農"問題高度重視，自 2004 年以來發了 16 個"中央一號文件"，都是聚焦"三農"的。鄉村振興與"三農"工作是什麼關係？其實是一回事，鄉村振興是新時代"三農"工作的總抓手，目標就是要解決好"三農"問題。2019 年的"中央一號文件"有八個方面，前四個方面講主要任務：第一個方面就是脫貧攻堅。寧波自己沒有貧困戶，但有對口扶貧的任務，這也很重要。第二個方面是農產品的供給問題。第三個方面是農村的問題，農村人居環境、公共服務等等。第四個方面是農民的收入問題。後面的四個方面，包括改革、基層組織建設等等，講的是主要的措施，通過這些措施，不斷推進實現鄉村振興的目標。

---

*　柯炳生，農業農村部鄉村振興專家諮詢委員會委員、中國農業大學原校長。

一、全局問題

　　黨中央、國務院如此重視鄉村振興，在文件和領導的講話中，都從不同的角度強調了鄉村振興的重大意義。我個人認為，其中最主要的是三個字"全局性"。也就是說，"三農"問題，絕不僅僅是農業本身、農村內部和農民自己的事，而是影響到整個國家和社會的發展穩定的問題。對於"三農"問題的重要性，習近平總書記一再在不同的場合加以高度強調。早在 2002 年，他的一部著作《中國農村市場化建設研究》中，開篇第一句話就是："百業農為本，農興百業興，世界各國，皆同此理。"正確理解鄉村振興和"三農"工作的重大意義，就在於理解其"全局性"。否則，就不能準確理解"三農"問題的重大意義。理解這一點，對所有的人都很重要。我當了 10 年的中國農大校長，農大的老師和同學們都很有使命感，常常說要獻身農業，服務農民。這是很對的，但是我覺得還不夠到位。農業大學的主要使命，是要通過培養人才和科學研究，去解決好吃飯問題；吃飯問題不僅僅是農民的問題，而是整個國家和全體人民的問題。中國要強，農業必須強；中國要美，農村必須美；中國要富，農民必須富。這講的就是全局性。我國的發展目標是，2035 年要基本實現社會主義現代化，2050 年全面實現社會主義現代化，如果農業、農村和農民跟不上的話，那整個國家的目標就很難實現。2020 年要全面建成小康社會和打贏脫貧攻堅戰，最難的地方，也是農村。

　　鄉村振興就是要解決"三農"問題，就是要實現農業農村現代化，這是總目標。總方針是堅持農業農村優先發展。總要求講的五句話：產業興旺、生態宜居、鄉風文明、治理有效和生活富裕，對應的是五大建設：經濟建設、生態建設、文化建設、政治建設和社會建設。講生活富裕，除了農民自己的收入之外，主要講的是農村的一些公共服務，包括水電路這些生活設施的建設和教育衛生社會保障等，這是構成農民富裕的一個關鍵部分。所以，鄉村振興就是要全面推進鄉村的五大建設，是一個全面的振興。

但是從學術的看，也可以從另外一個角度進行分析，就是從解決"三農"問題的角度。

我們需要把"三農"問題進行細分。"三農"問題不是一個問題，而是一系列彼此高度密切相關，但是很不相同的問題，成因不同，解決的方法也很不相同，並且有的時候問題還是相互矛盾的，不是說解決一個問題，另外一個問題就自動解決，不是的，有時候還是有矛盾，所以複雜就複雜在這裏。什麼是農業問題、什麼是農村問題、什麼是農民問題？農業問題、農村問題、農民問題太多了，我試圖概括了一下，十幾年前，我就把"三農"問題中最主要的問題概括為六個大方面。

農業問題，就是產業發展問題，這是發展農業這個產業所要解決的問題。這方面問題很多，但是歸根到底，也就兩個問題，就是農產品的數量問題和質量問題。如果這兩個問題解決好了，農業問題基本上就算解決好了。

農村問題，也有很多，可以歸納為兩個主要方面，一是公共服務設施，這就是那些主要需要政府拿錢來建的設施，包括水電路醫院學校等，這些設施，光靠市場機制，靠農民自己或私人企業，是不行的。二是生態環境，包括大尺度的生態環境問題，如沙塵暴、空氣污染、水土流失等，小尺度的生態環境問題，如村容村貌、生活環境的治理問題等。

農民問題，就是與農民這個社會群體的利益息息相關的問題，也可以分為兩大部分：經濟問題和非經濟問題。經濟問題就是收入問題，非經濟問題就是就業問題、子女上學的問題、社會保障問題（養老、醫療、低保）等。社會保障問題，難度可能是最大的。這一點寧波做得很好，我聽說最低生活保障城鄉都已經統一了，這很不容易。對整個國家來講，不僅有城鄉差別，還有城城差別，這個仍然是比較突出的問題。

"三農" 這六個大方面的問題，每個問題的解決，都很複雜，都不太容易。

二、產業興旺

習近平總書記有兩句非常重要的講話，一句話是 "確保重要農產品特別是糧食供給，是實施鄉村振興戰略的首要任務"；另外一句話是 "解決好吃飯問題始終是治國理政的頭等大事"。理解了這兩句話，就理解了產業興旺的重要意義。

產業興旺，核心是農業產業興旺。產業興旺的核心目標，就是要解決好吃飯問題。吃飯問題很重要，也很複雜。至少可以分為五個層次。

第一個層次是吃得飽。這個現在沒有問題了。第二個層次是要吃得好，水果要甜，大米要香，要吃更多的肉禽蛋奶，等等。第三個層次要吃得安全，不能有禽流感、瘋牛病、農藥超標。這三個層次，主要是跟生產有關。第四個層次，是要吃得健康。這主要是消費者自己的事，要有好的食品消費習慣。醫學上已經很明確，人類疾病中的三大殺手（心腦血管疾病、癌症、糖尿病），都和吃的有關，都和不健康的飲食習慣有很大關係。通常科學家們講吃飯問題，就這四條。我是搞經濟研究的，研究市場消費，從經濟的角度看，吃飯的問題還有第五個層次，就是吃得愉悅。就是說，同樣的菜、同樣的飯、同樣的酒，在不同的地方吃喝，和不同的人吃喝，心理感受是很不一樣的。這包括要吃得方便，例如方便麵、外賣等，是滿足這個方面的需要。更重要的，是餐飲業、旅遊業、酒店業，這三個產業，都離不開吃的要素，經濟水平越發達，人民生活水平越高，對這方面的要求就越高。根據統計，美國家庭食品消費的將近一半，是用於在外就餐。以上五個層次，對國家來說是挑戰，而對生產者經營來說，對商家來說就是商機，所有消費者的需要，都是商機。

下面，我們主要分析一下吃得飽的問題。

從總體上看，在解決"吃得飽"上，我們取得了巨大成就。改革開放 40 多年，我們的糧食總產量增加了一倍還多，原來是 3 億噸，現在是 6.5 億噸。當然人口也增加了，從 8 億人增長到 14 億人。人均糧食生產增加了 50%，原來是 320 公斤左右，現在是 480 公斤左右。這是改革開放 40 多年農業取得巨大成就的一個最主要的標誌，就是人均糧食生產水平增加 50%，這是一個巨大的成就。增產這麼多糧食，不是都直接吃了。人均的水稻消費、小麥消費的數量都減少了，但是肉禽蛋奶的消費都增長了，多出來的糧食都是餵雞了、餵豬了、養魚了，等等。這是一個最主要的指標。所以現在的"飯碗"問題，比改革開放前有巨大的改善，首先是體現在人均糧食的生產量有了大幅度的提升，這是我們的底氣所在，值得為我們農業發展的成就感到驕傲和自豪。

但是，也還要看到，從 2004 年開始，我國由農產品淨出口國變成了農產品的淨進口國，並且淨進口的數額逐年加大，2018 年達到了 574 億美元，現在是世界上最大的農產品淨進口國。這說明什麼問題呢，說明儘管我們的生產增加了，但是我們消費需求的增加幅度更大，超出了生產的增長幅度。

都進口了些什麼東西呢？幾乎所有的大宗農產品，都是淨進口。所有的糧食，包括小麥、玉米、大米、高粱、大豆等，都是淨進口；棉花、食用油、食糖，都是淨進口；肉類，包括豬肉、牛肉、羊肉，以及奶製品，都是淨進口；水果，以前是淨出口，從 2018 年開始，也是淨進口。大宗農產品中，我國淨出口的就是兩種：一個是水產品，一個是蔬菜產品。

淨進口的原因主要有兩個：第一個原因是土地少，2018 年中美貿易摩擦，我們搞制裁反制，首先就是大豆。現在要恢復大豆進口，其實是我們需要大豆，大豆除了要榨油之外，剩下 80% 左右是作為飼料，餵豬餵雞。有人說我們自己種行不行？我們自己種可以，但是我們沒有地。2017 年進口了 9553 萬噸，2018 年進口了 8803 萬噸，如果我們不進口，用我們自己的土地來生產的話，把整個華北的土地和東北的土地加在一塊都生產大豆，也生產不出這個量，那不進口能行嗎？不進口大豆就少吃牛肉、少吃豬肉、少吃雞肉、少喝牛奶，就是這樣，沒有別的出路。

第二個原因可能更重要，就是成本高。剛才講的主要農產品，主要的植物性產品，到岸的價格，都相當於國內生產價格的一半或者 2/3 左右，遠遠低於國內生產的成本。主要的原因是，這些年土地地租漲了，更重要的是勞動力成本大幅度增加。農業勞動力成本增加是進城務工的農民的工資收入增加所拉動的。據統計，2004 年到 2013 年，每年農民工月工資的增長幅度超過 10%。近兩年來增長相對比例降低了，是增長 6% 到 9%，但是絕對值每年超過 2000 元。2018 年，據國家有關部門的調查統計，農民工平均月薪為 3721 元。華北地區種小麥、種玉米，每年兩季生產，農民賺多少收入呢，500 元到 1000 元，一戶是 6 畝地，撐死了，靠種棉花、種玉米一年收入 6000 元，出去打工兩個月就掙回來了。就這樣，小麥價格還是遠遠高於美國、加拿大、歐洲。現在有關稅的保護，否則的話，進口還要多，衝擊還要大。而勞動力成本是沒法降下來的。當然，農民工工資增加也是好事，意味著農民收入增加。農民家庭人均可支配收入中，務工收入佔到 41%，農業和牧業、養殖業收入只佔到了 26%。農民工工資增加，對農民家庭收入是好事，而對農業生產，則是不利影響因素。

以上講的是歷史發展和現狀。未來的挑戰是什麼呢？肯定是需求不斷增加，人口不斷增加，收入不斷增加，城市化不斷發展，工業的需求不斷增加，對糧食等農產品的需求每一天都在增長，農產品的市場每一天都在增長，這個增長幅度是超過人口增長的比例的。農產品市場每時每刻都在增長，這是一個商機，但是對國家來說是一個挑戰。

生產方面，土地肯定會越來越少。比如對大棚的整治，如此嚴厲，就是要保護耕地，保護 18 億畝土地的紅線。還有水資源及生態環境惡化。所以，總挑戰就是一句話，如何用越來越少的土地、越來越少的水資源、越來越少並越來越貴的勞動力，生產出更多、更好、更安全的農產品。這是一個天平的兩端，一邊是要求越來越高，一邊是資源越來越緊缺。

要平衡這個天平的兩端，需要奇蹟的發生。而奇蹟的發生，只能是通過創新，促進現代農業的發展。習近平總書記說，發展是第一要務，科技是第一動力，人才是第一資源。農業的發展，最終只能是發展現代農業。什麼叫現代農業？就是單產水平高，產品質量好，生產效率高，資源利用率高，生態保護好，多功能發揮好的農業。

未來的農業應該是什麼樣子，各個地方不一樣。由於自然條件、經濟條件等不同，各個地方的農業發展模式肯定不同。我歸納了一下，大概可分為五大類：

　　第一類是規模化的大田種植業。集中在平原地區。主要是大宗作物，以糧食為主。現在勞動力越來越貴，所以在大型作業上用機器來替代勞動力已經成為一個不可避免的趨勢，整個平原地區一定是這樣。由於勞動力成本的變化，使得我國棉花區域分佈結構發生了很大變化。十幾年前，棉花生產絕大部分是東部地區，山東、河南都是最大的種棉省。現在最新的數據是什麼呢？河南的棉花在 20 世紀 90 年代初達到 1800 萬畝，現在只有 50 萬畝左右。那現在棉花生產在哪裏呢？都跑到新疆去了；東部傳統的棉花種植區，大部分萎縮了，為什麼呢，種棉花太費工了，沒法機械化，新疆可以機械化。人工採摘棉花的成本，已經佔到棉花銷售價格的 40%，新疆的機械化採摘棉花發展非常快。廣西人工割甘蔗的成本也佔到食糖價格的 30%，所以勞動力成本佔的比例很大。因此，機械化是不可阻擋的趨勢。這意味著山區沒有實現機械化的地方，要種糧食、種小麥，可能很快會萎縮，種一畝地收入三四百元，外出打工能頂種多少畝地？

　　第二類是設施園藝業。蔬菜為主，少量水果，個別花卉，主要是溫室和大棚等。這是個集成技術，從整治、土壤、溫控等，是一個集成的技術，發展得很快。還會繼續發展擴大。

　　第三類是集約化的養殖業，發展也很快。大概十幾年前，很多村莊裏還有自養自食，有豬有雞，現在浙江肯定基本上沒有了，很多地方也沒有了，除了山區。這是很大的變化，餵豬太費力氣了，還不如買，有那工夫打工去。最大的問題是環保問題，聽說浙江關了很多養豬場，這個沒有辦法，現在大型的養殖場已經向中西部地區轉移了。因為畜牧業的發展，雞和牛的糞便好處理一點，最難處理的是豬，但是也有辦法，不管怎麼處理，沼氣的辦法、發酵的辦法，最終的出路都要放到地裏去，如果浙江的地都沒有了，養這麼多豬，往哪裏放呢？

第四類是特色種養業。山區丘陵區，難以機械化，勞動力成本高。那裏的地裏種藥材、茶葉、油茶、橄欖果等，平均一畝地，山地，產值都是 1 萬元乃至於 2 萬元、3 萬元，糧食根本不可能。早先種糧食不行，現在種水果、種這些特殊作物，都很好。讓農民種糧食，收益不高，另外也是對生態環境的破壞，種果樹很好。

在四川的涼山州會理縣，漫山遍野都是軟籽石榴，我們以前吃石榴要吐籽，它是軟籽石榴，銷路很好。成熟的時候，全國的經銷商都跑到那裏去收購，農民們在山上就把石榴賣了，2 元到 3 元一斤，收購商都給包了。一畝地產值 1 萬元以上。廣西隆安縣也是貧困縣，種火龍果。福建的一個老板去，種 6000 畝火龍果，高度現代化，投資一畝地 3 萬元，產值一畝地達 2 萬元，除掉費用八九千元，一畝地淨掙 1 萬元以上。地裏晚上還有燈光照著，非常好看的。為什麼搞燈光呢？因為種植戶發現，路燈底下能多開花一兩個月。他不懂具體是什麼道理，但是知道補光管用，就在所有的土地上都架上了電線，安上了小燈泡，晚上整夜開著補光。效果很好，周邊的農民也都學習做倣了。

第五類是休閒度假農業。浙江搞得很好，全國都來學習。2018年我到浙大講了 4 次課，是福建、四川等地的幹部到這裏來辦班，一半是聽講理論課，一半是到周邊地區考察，主要就是到安吉等地學習考察。安吉縣的魯家村短短幾年發生了很大的變化，就是搞旅遊，有小火車。

三、組織創新

我們最大的問題是農村人多，規模小，文化程度低，這是人的問題。各省的農戶平均佔地規模，浙江是 4.4 畝左右，看國外是多少？
這個相差太大了，是我們的幾百倍。我們怎麼競爭呢？按畝的農業
補貼，比美國、歐盟的都高，這我算過賬。但是我們就這幾畝地不
管用，人家是上千畝地，所以一比就很少。小農戶就有很多的不利
之處。

農民的文化程度，2016 年普查的數據，90% 以上是初中以下文
化程度。解決的途徑，就是一定要組織起來，採取各種方式，包括
"合作社 + 農戶""公司 + 合作社""公司 + 農戶"等等。

很多辦得好的合作社，實際上牽頭的是公司，公司的作用是不可
替代的，是有非常大的作用的。合作社也很重要，因為讓公司跟千家
萬戶簽約是沒有辦法的。我到河南去調查小麥，河南的規模是七八畝
地，讓公司一家一戶去簽，沒有辦法簽的，必須要統一的品種才行，
必須批量，一家一戶沒有辦法，只能通過合作社，合作社種植統一的
品種，合作社再和公司簽合同。所以，一定要組織起來。

還有一個農村專業技術協會，我不當校長之後，主要的兼職就是
中國農村專業技術協會理事長。主要是為基層的農村專業技術協會服
務，包括稻米協會、蘋果協會、茶葉協會等。我們是聯合會，把農業
高校和科研機構的師生們組織起來，為這些基層的協會提供技術支
撐。我們正在推動建立全國的農業科技小院聯盟，組織各地高校的老
師和研究生到農業生產一線，老師指導，研究生常年駐守在那裏，現
場發現問題、研究問題、解決問題。

辦得好的合作社，通常一定是有一個好的企業牽頭，所以企業或
者是企業家非常重要。我們和鄞州區領導交流過，調查發現，一個
好的村莊的帶頭人，通常是一個黨性強的企業家，是好人加能人。
是好人，就是有奉獻精神、有情懷，辦事公道；是能人，不是一般
的 "能"，應具有優秀的企業家的素質。他要帶領農民致富，自己沒

有致富的本領能行嗎？好人好找，絕大部分都可以達標，但是能人太少。所以要到企業家中去選能人回來當書記。你們浙江有一個案例，2011年，有一個企業家回到村裏當書記，他把資源整合起來，知道從哪找錢，怎麼搞規劃，拉項目，如何組織起來，等等。他能夠整合資源，自己力量不夠，就把鄉賢召集起來，讓他們獻計獻策獻錢。自己當書記，鄉賢支持。他到當地的農業局、水利局、國土局，去什麼部門要什麼項目的錢。比如說搞小火車，小火車企業可以提供，但路要自己修。那從哪裏來的錢？所以，要善於整合資源，光靠自己的力量不夠。然後動員招商引資，有了基礎設施，拿出300萬元搞規劃，請專業公司來做。所以，村子規劃設計得很好，現在做的不是招商引資了，坐在那裏，很多投資的人就來了。

企業的帶領也很重要。例如，在水稻生產方面。湖南益陽有一個加工稻米的企業牽頭，組織農民搞了一個稻穀合作社，規模有上萬畝，種高品質的水稻，給農民提供全程服務，工廠化育秧，機械插秧，無人機植保，機械化收割，等等，農民坐享服務，每畝還能多掙200元到300元。那麼，合作社靠什麼賺錢？很簡單，原來農民是種普通雜交稻品種的，所加工的大米每斤只能賣兩元，現在種的是優質的品種，產量雖然減少20%到30%，但價格翻著番往上漲，每斤大米可賣5元、6元，甚至十幾元一斤，合作社和企業掙的，就是增值的部分。

我們寧波也有稻田，我問了一下，還是為了國家生產，按照國家的收購價來種，那能賺多少錢啊？要種優質的稻米，現在的優質稻米，全國各地都有好的品種，像江蘇農民生產的優質大米，可能名氣沒有那麼響，但我嚐過，口感很不錯，不比五常大米差。只是加工不太好，外觀差一些，改善一下，可以賣出很高的價錢。一定要出優質精品才行。現在，農民工也想要吃點好的稻米，他們吃得不好，有時候是沒得選擇。因為現在人均稻米比以前吃得少了，糧食的人均消費量越來越少，但是要吃得更好。

畜牧業也有組織創新問題。也有各種不同的方式。其中，"公司+農戶/養殖場"，是個比較好的方式。

養殖場獲益也大。像溫氏集團，其採取的是"公司+農戶/養殖場"的模式，公司向農戶/養殖場提供的指導服務，涵蓋了整個生豬生產的全過程，包括豬場建設方案標準、糞污處理、仔豬提供、飼料提供、藥物保健、飼養技術、肥豬回收等。這實際上是一種封閉式委託養殖方式，公司根據合同向農戶/養殖場支付養殖費用。農戶/養殖場每養一頭豬，通常可以獲得穩定的養殖費用。早前辦的養豬場，100頭、200頭的規模，現在最低的達500頭、900頭的規模，投資大概50萬元到七八十萬元，兩年就可以把成本賺回來。規模很大，然後糞便也處理得很好，建發酵床，利用微生物技術，都做得很好。農民收入也很穩定，養一頭豬大概可以淨賺200元到300元。近5年，全國養豬減少了4000萬頭，而溫氏集團通過"公司+農戶/養殖場"模式養的豬，從1000萬頭增加到1900萬頭，是全國規模最大的養豬企業。

四、土地問題

我們國家從來對土地、對耕地控制嚴，主要的原因是人多地少。因此，需要研究，怎麼樣處理好保證糧食安全和非農業建設兩個方面的關係。其實，浙江出了很多經驗，2018年《農民日報》搞了"三農"十大創新榜樣，把我們浙江的探索經驗評上了，叫"坡地村鎮"，就是在坡地上建一些旅遊的村莊，不佔耕地，批了100多個項目，效果非常好。我覺得這個做法，應該給予肯定和推廣。這樣，既可以保護好現有的耕地，也可以把非耕地土地資源利用得更好。

五、科技創新

農業科技是非常重要的，機械技術、裝備技術都很重要。2018年國務院參事室派了一個調查組，到重慶去調查山區丘陵地區的小型農機化問題，調研結果出來後，有一個非常有意思的結論，調查組認為，有些地方不是小型農機化的問題，小型農機化不能很好解決問題。更好的思路，是把錢拿出來，用於平整土地，把土地推平，需要投入幾千元，儘管看起來投入比較多，但那是一次性的投入，可長期受益，比小型農機化更有發展前途。我覺得他們的建議很好。

農業科技問題，一個是研發，一個是推廣，都很複雜。僅就推廣來說，儘管有各種不同的體系，但是，要滿足農民的需求，很是不容易的。面對千家萬戶的農民，原有的農業技術推廣體系有很多局限性。現在的農民對技術的要求，已經不是某一個專項技術，而是要生產全過程的。比如種水稻，從品種的選育、施肥、灌溉、植保、蟲害等，生產全過程中的每一個環節，都很重要。以前的推廣體系，只是推廣一個單項技術，現在越來越需要一個全過程的技術服務。中國農村專業技術協會，正聯合各地農業高校，推廣"科技小院"模式，就是針對這樣的農業科技需求特點，讓老師指導研究生，常年住在村裏邊或者龍頭企業的基地裏，聚焦一種作物，從種到收，提供整個生產過程的技術服務。現在已經在四川和福建兩個省進行了試點，很受歡迎。今後還要推廣到浙江和其他省份去。

六、寧波實踐

　　浙江有一些特殊的情況，在其他地方很迫切的問題，可能在我們浙江不是問題，可能在其他地方不是很突出的問題，在我們浙江卻是突出問題。

　　浙江省糧食播種面積下降幅度比較大，與 20 年前比，糧食的播種面積差不多下降了一半，稻穀的面積也下降了很多，養豬近 5 年大幅度下降。我聽說寧波減少得就更多了。這個是正常的，耕地面積減少了，養這麼多豬，糞便往哪裏運？也不能運到河南去、江蘇去，怎麼辦呢？養豬企業向農業大縣聚集，向中西部土地多的地方轉移，是合理的佈局調整。

　　寧波與全國比較，GDP 不用說了，佔的比重很大。人均 GDP，全國是 6 萬多元，寧波是全國的 2 倍，浙江是全國的 1.5 倍。農業佔的比重，寧波只有 2.8%，與典型的發達國家的情況相近。農業佔勞動力比重，只有 3.1%。農民人均收入，全國是 1.46 萬元，浙江是全國的 2 倍左右，寧波是全國的 2.5 倍，甚至 3 倍。城鎮人均收入，全國是 3.93 萬元，浙江是 5.56 萬元，寧波是 6.01 萬元。看勞動力，你們浙江年輕的從事務農的很少，老齡化問題更明顯一些，寧波農民中，55 歲以上的佔到 50% 以上，全國是 20%。總體看，寧波市的農業條件，與日韓等發達國家的情況更相近，農業和農村的發展，也就更有特殊性了。從另外一個角度看，寧波市的農業和農村，屬於都市圈中的農業和農村。

　　對於大城市都市圈中的農村，我認為有三大職能：生態職能、生活職能和生產職能。這三個方面，都很重要。但是，從整個地區的全局發展看，也應該是這樣一個排序。首先是生態，其次是生活，最後是生產，而生產，也與生態和生活有著密切的關係。

生態方面，都市圈中的良好的生態，主要是兩條：一是植被，二是水體。寧波的生態好，第一是植被好。植被是什麼，就是林草和莊稼；水體是河流、湖泊、水塘。衡量一個國家或地區的發達程度，最簡單的生態環境指標，就是看水質。所有的發達國家，水體的質量都比較好，好的衡量標準，就是可以洗手、可以洗臉。能夠達到這一點，最低要達到Ⅲ類水的標準。浙江杭州以西的水質，應該都達到了這個標準。

生活方面，寧波這樣的地方，城鄉生活之間，已經很難分了，現在，主要就是戶籍的分類。寧波這個地方和歐洲的地方已經高度相似，如果沒有戶籍的話，估計很難分哪是城哪是鄉了。將來，寧波的農村，也絕不是農民自己住的。企業都可以辦在這裏，農民自己的企業、國有企業，都可以辦在這裏。歐洲國家中，很多著名的企業、很大的工廠，都是辦在小城鎮裏的。生活環境包括什麼呢？主要是三條：基礎設施要便利，自然景觀要好看，建築景觀也要好看。要有乾淨的水，建築要好，其他的應該都會很好看。這樣，農村人願意住，城裏人也喜歡來，城鄉融合，這樣的環境才是最好的融合。

村鎮建設規劃要統一，這一點浙江已經做到了。城鄉的低保都一樣了之後，最主要的障礙之一已經破除了，所以住在什麼地方，商品房到哪裏買，都日益多樣化。農村人可能願意在自己村裏蓋房子，也有可能，尤其是"90後""00後"的新一代農民工會更願意在城裏買，城鄉之間的界限，會越來越模糊。農村的建築是個大問題，一定要好看又節約，省地省錢，要實用，不需要太大。總體而言，浙江的建築，尤其是近年來新建的，在這些方面較好。

生產方面，具體種什麼養什麼，都要考慮對生態和生活的影響。

主要特點應該是生態環境友好、經濟效益高。都市圈中的農業項目選擇不能以損害生態環境為代價。生產優質稻米、水果蔬菜，發展設施農業、水產養殖和休閒農業等是主要的方向。

——在鄉村振興百縣巡迴大講堂上的發言

促進鄉村振興戰略的深入實施 *

　　在這桃紅柳綠、春光明媚的美好季節，很高興和大家一起共商扶貧協作的良策，共促鄉村的振興發展。

　　實施鄉村振興戰略，打贏脫貧攻堅戰，是中央的重大戰略部署，也是決勝全面建成小康社會的重要支撐。近年來，我們寧波市堅持以習近平新時代中國特色社會主義思想為指導，全面貫徹中央和浙江省委、省政府的決策部署，深入實施扶貧攻堅行動，經濟社會發展邁上了高質量發展的快車道。2018 年，全市的經濟總量超過萬億元，達到了 10746 億元，財政總收入達到了 2655.3 億元，寧波舟山港集裝箱的吞吐量躍居全球第三，貨物吞吐量連續 10 年位居全球第一。

　　同時，在鄉村振興和扶貧協作方面，也取得了有效的進展，我們認真學習貫徹習近平總書記給寧波餘姚橫坎頭村全體黨員的重要回信精神，大力推進鄉村振興，積極創建城鄉融合發展的先行示範區，被列入省部共建鄉村振興示範創建城市的名單，成為全國農村集體產權制度改革試點市、國家農產品質量安全市、國家平安農機示範市。我

---

* 　裘東耀，寧波市委副書記、市長。

們認真完成了中央和省委、省政府賦予的重大任務，大力推進扶貧協作工作，堅決與對口地區攜手同奔小康，2018 年落實了援助資金 5.9 億元，比 2017 年增加了 6.1 倍，實施了精準脫貧項目 242 個，惠及了貧困人口 13.2 萬人，幫助了貴州、黔西南州和吉林延邊州，減少農村貧困人口 3.4 萬人，摘帽的各地貧困縣 3 個，有力地推動了對口地區脫貧奔小康的步伐。

　　本次論壇以"創新實踐與發展思路"為主題，舉辦主旨演講、圓桌對話、中國小康建設研究會鄉村振興研究院的揭牌、鄉村振興百縣巡迴大講堂啟動儀式等活動。我們相信，這必將有力地促進鄉村振興戰略的深入實施和扶貧協作的深入開展。希望大家對寧波的工作多提寶貴意見，我們將深入學習貫徹習近平總書記關於實施鄉村振興戰略和脫貧攻堅的重要論述，按照中央和浙江省委、省政府的決策部署，吸納本次論壇的成果，加快創建城鄉融合先行示範區，全力打造東西部扶貧協作的寧波樣板，為全國的鄉村振興和打贏脫貧攻堅戰作出寧波的積極貢獻。

——在全國鄉村振興與扶貧協作（寧波）論壇上的致辭

（根據錄音整理）

黨組織是農村工作的核心 *

  黨的十九大提出鄉村振興五個方面的目標工作，這五個方面的工作要做好，不容易。我認為，我們各級領導和政府，要對農村基層村一級大力支持，特別是每一個村的黨組織。

  農村工作要做好，基層黨組織是核心、是堡壘。我從小是看牛出身，2019 年已經 74 歲，村幹部做了 40 年，村支部書記當了 37 年。我體會特別深，一個村的工作要做好，要靠加強黨的領導，特別是農村的基層黨組織，這個是最關鍵的。

  我們村改革開放初期非常窮，窮則思變，1979 年，我們黨組織發動廣大的黨員群眾尋求脫貧之路。到 1993 年的時候，我們提出了"創業萬歲"，就是說要加強村級集體經濟的發展。到 2001 年的時候，我們提出了"人民第一"。這個時候，各方面的實體經濟也有了，我們計劃拆掉原來破破爛爛的自然村，搞一個中心村。開始搞新農村建設的時候，我們提出來"人民第一"。我們認為，要把老百姓的大大小小的事放在第一位。

---

* 吳祖楣，寧波市鄞州區灣底村黨委書記。

農村基層工作，特別是這次提出來的鄉村振興戰略的五個目標任務很艱巨。要去完成，一定要抓黨員的思想，要靠黨員的先鋒模範作用的發揮來帶動群眾。所以，我對我們村的黨員有三句話，也是要求：第一句是作為黨員幹部，力氣要吃虧得起，要多做實幹；第二句是話要吃虧得起，要大度；第三句是錢要吃虧得起，要先公後私。我們要求黨員幹部這三方面必須要做到。

我當了這麼多年的支部書記，體會有三個方面，一是黨員本人的信念，還有理想，黨組織的作用非常重要；二是要一直抓黨建；三是抓經濟。到現在為止，我們的一二三產業都是集體的，村級實體經濟的發展非常重要。

——在產業扶貧和鄉村品牌建設圓桌論壇上的發言

（根據錄音整理）

融合發展助力鄉村振興 *

　　大家都知道，到 2020 年要全面建成小康社會，這是我們第一個百年的奮鬥目標。今年和明年是全面建成小康社會的決勝期和關鍵期。按照我們當初提出全面小康的要求和國家統計局的全面建成小康社會的監測指標，我們對標對表，我覺得今明兩年主要有這樣四個方面的任務需要我們完成。

　　第一個任務是要保證糧食安全和重要農產品供給。正因為有這樣的要求，2019 年的"中央一號文件"特別明確，提出糧食的播種面積要穩定在 16.5 億畝，糧食的產量要穩定在 6 億噸以上。除了糧食安全要保障之外，棉、油、糖、肉、蛋、奶這些產品也要保證供給。那怎麼樣保證供給呢？我認為有三個方面需要我們做：一是要加強高標準農田建設。二是要加快科技創新，沒有技術沒有產品，既不會增產也不會提質。實際上這兩個方面就是一句話，要"藏糧於地、藏糧於技"。三是我們要調整農產品結構，發展綠色農產品和優質農產品。

* 宋洪遠，農業農村部鄉村振興專家諮詢委員會副秘書長，農業農村部農村經濟研究中心主任。

　　第二個任務是要實現農民收入翻番，縮小城鄉差距。我們當初提出農民收入要翻一番，現在看這個翻一番問題不大，核心任務是城鄉居民收入差距要縮小。既要翻番又要縮小差距，這就要求農民收入增長要實現"兩個高於"，一是農民收入的增長速度要高於GDP的增長速度，這是分配效益；二是農民收入的增長速度要高於城鎮居民收入的增長速度，這是增長效益。要實現這"兩個高於"，主要有以下四個重點：一是要發展農業的特色產業，特別是"土字號"的、"鄉字號"的；二是要發展農產品加工業，光種糧，不加工不轉化，產業鏈不能延長，價值鏈不能提升，也不會實現增產、增值、增效、增收；三是要促進農村勞動力轉移就業，工資性收入是收入的主要來源，所以要促進轉移就業；四是要促進創新創業。這些發展都需要新產業新業態，需要一個平台。所以今年提出，要實施"數字鄉村振興戰略"。怎麼樣發展數字經濟，就是四個字──"物、雲、大、智"，即物聯網、雲計算、大數據、人工智能，這是第二個主要任務。

　　第三個任務是要決戰決勝脫貧攻堅。脫貧攻堅是全面小康的基礎，也是全面小康的前提。怎麼樣決戰決勝脫貧攻堅呢？一是要咬定目標不放鬆，按照不愁吃、不愁穿，義務教育、基本醫療、住房安全有保障的要求，到2020年，要實現現行標準下貧困人口全部脫貧，貧困縣全部摘帽。二是要聚焦深度貧困地區脫貧攻堅。三是要解決脫貧攻堅中的突出問題。比方說產業扶貧方面，現在有產銷脫節的問題、風險保障不足的問題、扶貧和扶智相結合的問題等都需要解決。四是要實現脫貧攻堅和鄉村振興的有機銜接。因為我們正處在歷史交匯期，在空間上，貧困地區努力打贏脫貧攻堅戰時，非貧困地區已經在實施鄉村振興戰略。脫貧攻堅完成了，接著就是鄉村振興，要解決好銜接問題。有些地方脫貧了，但是還會返貧，怎麼樣幫助減少返貧，這是要研究的，還要研究2020年脫貧後的戰略思路等問題。

　　第四個任務是要補齊農村人居環境和公共服務的短板。這個問題主要有三個方面：一是人居環境整治，你說都全面小康了，垃圾亂堆、污水橫流，能叫全面小康嗎？所以要圍繞垃圾、污水治理和廁所革命，搞好人居環境整治；二是要對村莊的基礎設施建設提擋升級，比方說水、電、路、氣、房，還有互聯網；三是要提升公共服務水平，比方說科、教、文、衛、保，加上醫院和學校，這 7 件事也要做好。

　　這些建設要搞好，還是要做好規劃，規劃要引領、規劃要先行。目前來看，做規劃要注意三個問題：一是在縣級層面主要是做佈局規劃。佈局要有一個好的安排，要注意今後還有變化；二是要做好村莊內部規劃，一個村定下來，一段時間要穩定，把內部規劃做好；三是要把農房設計搞好，到底蓋什麼樣的房子，能夠把當地的風俗、風土、習慣體現出來，保護好文化。

　　藉此機會，我就對標全面建成小康社會的目標，對我們"三農"工作提出的四個硬任務：保安全、保供給、促增收、促縮差以及補齊人居環境和公共服務短板，打贏脫貧攻堅戰等談以上幾點意見。

　　　　　　——在全國鄉村振興與扶貧協作（寧波）論壇上的主旨演講

　　　　（根據錄音整理）

做好農業農村優先發展的五篇文章 *

非常高興再次來到美麗的寧波。浙江年年來，寧波今年也已經是第二次來了，剛才聽了各位領導和嘉賓的演講，很受啟發。2019 年的"中央一號文件"主題就是實現農業農村優先發展，農業農村優先發展內涵深刻，怎麼樣理解把握農業農村優先發展？我想從五個方面來談相關看法。

一、把握農業農村優先發展的深刻內涵

鄉村振興是一篇大文章，2017 年，習近平總書記在黨的十九大報告中第一次提出了鄉村振興戰略，鄉村振興載入史冊。十九大報告中又明確提出堅持農業農村優先發展。2018 年"中央一號文件"明確提出，優先發展，要在人才、要素投入、公共服務和基礎設

* 張紅宇，清華大學中國農村研究院副院長，農業農村部鄉村振興專家諮詢委員會委員，原農業部農村經營體制與經營管理司司長。

施四個方面著力。2019 年"中央一號文件"，主題就是聚焦"優先"兩個字。我理解"優先"有四個方面的含義。

第一，理念要優先。農業農村優先發展，內涵主要體現在理念上。改革開放 40 多年，新中國成立 70 年，我們做了很多工作。但是重城輕鄉、重工輕農的格局沒有得到大的改觀，這方面我們還有很多需要改革的工作要做。針對城鄉發展不平衡、農村發展不充分的問題，在考慮我們黨的方針政策的時候，要把農業農村擺到優先的位置，理念是第一個層面的東西，只有理念堅定了，我們的工作才能落到實處。共產主義目標一定要實現，這是理念；創新、協調、綠色、開放、共享，這是理念；到 2050 年我們要全面實現中國夢，這是理念。那麼農業農村優先的理念，就是把重城輕鄉、重工輕農的理念轉變成城鄉融合發展的理念。這是第一個大的層面。

第二，制度要優先。所謂制度優先就是要制定相應的法律法規，把城鄉一體、城鄉融合融入我們的血液中去，特別是在城鄉要素交換平等上、土地資源等一系列問題都要做到城鄉平等對待，要實現農業農村跨越式發展、超常規增長。比如在我們寧波，2018 年城鎮人均可支配收入是 6.5 萬元，大大超過全國的平均數，寧波農民收入 2018 年也實現了 3.7 萬元可支配收入，城鄉之比 1:1.7，大大低於全國的平均水平。那什麼時候能實現 1:1，這就是我們的體制要求解決的問題。

第三，政策要優先。在理念確定以後，有了相關的法律，我們還要有優先的政策。很簡單，寧波市招募了 100 個公務員，這 100 個公務員怎麼安排，其中 50 個報到第一天、第二天，下到基層，或者援疆援藏，剩下 50 個分到各個機關去。5 年以後，援藏援疆的，到第一線鄉村工作的，優先提拔重用，而在機關工作的可以暫時不考慮，這才叫優先，不然優先就是空話。我們講城鄉居民收入都要增長，什麼叫農民收入超常規，什麼叫農民收入跨越式？農民收入增長 10%，城鎮居民收入增長 5%，才是優先。我堅定地相信，唯有如此，經過 10 年、20 年、30 年，中國的城鄉居民收入一定會實現平等增長。

第四，保障措施優先。鄉村振興是中央提出的具有歷史性的、革命性的戰略舉措。習近平總書記講，鄉村振興要落到實處，必須成為一把手工程。"五級書記"親自抓、親自管。特別是縣鄉兩級黨委主要負責同志要親自抓鄉村振興，要抓農業農村農民工作，並將其作為重要考核指標。從這個角度來講，優先表現在理念、表現在制度、表現在政策、表現在保障措施上。這是我講的農業農村優先發展的第一篇大文章。

二、糧食安全事關大局

2019 年 "中央一號文件" 提了八個方面的任務，習近平總書記在 "兩會" 期間，在河南代表團座談的時候提到河南的鄉村振興，有五個方面的重大任務，第一個大的任務叫 "扛穩糧食安全" 這個重任。糧食安全事關重大。如果去年這個時候討論這個問題，大家沒有什麼感覺，但是今年大家感覺就很不一樣，糧食安全如此重要，在國際局勢風雲變幻的複雜背景之下，中國搞好糧食安全事關重大。我們講手機的芯片是大國重器，那我今天更要講，糧食安全更是大國重器。手機芯片事關我們的發展問題，糧食安全事關我們的生存問題，發展很重要，但是發展和生存擺在一塊，生存最重要。所以習近平總書記講，"悠悠萬事，吃飯為大"。在今年再次強調，要扛穩糧食安全這個大旗。

　　在糧食問題上，我們第一要有足夠的底氣，第二要有足夠的底線。所謂的底氣就是嚴格按照中央的要求，穀物基本自給，口糧絕對安全。我們是當今世界第一農產品產出大國，在座的各位也知道中國是當今世界最大規模的農產品進口大國。我們去年進口的全部農產品佔到全部農產品供給的 30% 以上。令人慶幸的是，第一點，穀物基本自給我們是做到了。第二點，口糧絕對安全。我們寧波的口糧是什麼？水稻，北方的口糧是小麥，我們口糧進口從來沒有超過 1000 萬噸。2018 年，在國際形勢變化很大的情況下，我們小麥和水稻僅僅進口了 610 萬噸左右，610 萬噸是什麼概念，是 2018 年糧食總量 6.58 億噸的 1%。從這個角度來講，口糧絕對安全，我們也做到了，中國人用自己的能力解決了吃飯問題，中國飯碗端在中國人自己的手裏，中國飯碗裏裝的是中國自己產的糧食，這叫底氣。但是底氣來自我們的底線思維，底線思維就是習近平總書記一再強調的，"藏糧於地、藏糧於技"。第一點，"藏糧於地"，我們有了 18 億畝耕地，那麼中國人要產出自己的糧食，這個前提必須存在。在寧波這樣的地方，包括在浙江、在江蘇、在廣東這樣的地方，你說糧食不掙錢，能不能種點蔬菜？可以，蔬菜也不掙錢，能不能搞點房產？不可以，這叫底線。只有保證了 18 億畝耕地的底線，我們的糧食基礎才有保障。第二點，"藏糧於技"，什麼叫"技"？科學技術。正因為我們有強大的農業科學技術，40 年前，我們的耕地產出的總量是 3.04 億噸糧食，40 年過去了，我們的耕地在不斷減少，但是糧食總量達到了 6.58 億噸，所以我們中國需要袁隆平這樣的農業科學家們。正是因為他們，支持了中國在農業科技方面足夠的進步，使糧食單產水平不斷提升，確保了總量不斷增加，從而確保了國家糧食安全。這是我想講的農業農村優先發展的第二篇大文章，要放到糧食安全的保障上。

三、決戰決勝精準脫貧

2019 年"中央一號文件"第一個任務，決戰決勝精準脫貧問題，剛才很多專家和領導都講了聚焦決戰決勝脫貧攻堅的問題。我們現在還剩下 1660 萬的貧困人口，主要集中在高寒地區、高海拔地區、丘陵山區，我們在解決了"兩不愁三保障"的前提之下。我認為精準脫貧有三個問題需要解決：

第一，產業脫貧。最近幾年，很多貧困地區紛紛脫貧出列，貧困縣摘掉了貧困帽子，靠什麼？靠產業。江西的贛南，陝西的延安，靠什麼？靠柑橘、靠蘋果，發展這些特色產業，在農民收入增長中和脫貧致富中發揮了很好的作用。解決脫貧攻堅以後後續可持續發展，產業脫貧仍然是一篇大文章。

第二，生態脫貧。綠色發展是理念，綠色發展在貧困地區怎麼體現，我以為要因地制宜。內蒙古、新疆，有的地方要禁牧限養、少養，做到草畜平衡；湖南、湖北，退出一部分低端水稻種植，實行休耕輪作。河北 5 年前種小麥，一畝地國家補助 100 元。現在不種小麥，一畝地國家補助 500 元，目的就是要解決生態問題，實現可持續發展。解決生態脫貧問題，實際上我們得到的生態效益和社會效益，遠遠高於在這些局部地區生產部分糧食所帶來的經濟效益。

第三，瞄準精準脫貧一定要瞄準收入增長的後續問題。2010 年的脫貧標準是人均收入 2300 元。現在的標準可能是 3000 元，這個標準也是偏低的。怎麼讓貧困地區乃至全國農民的收入跟上城鎮居民收入增長的節拍，要做長遠考慮。在收入增長上要有一個約束性的指標，而不是預期性指標。有關部門要牽頭制定農民收入增長計劃，致力於在較短時間內，消除城鄉收入差距，致力於解決貧困地區包括更廣大的農民收入長效增長問題，這是第三篇大文章。

四、補齊農村公共服務短板

我最近到浙江看了很多好的樣板，深以為然，我們浙江人民、寧波人民，在綠色發展理念方面比全國超前了 10 年以上，浙江的行動，現階段已經成為全國共同發展的理念。怎麼樣做好人居環境整治三年行動，這就是補短板的一篇大文章。從去年開始，今年再到明年，一定要為人居環境改善創造一個堅實的基礎。要致力於解決三個問題，廁所問題、垃圾問題和村容村貌問題。我以為，浙江、寧波已經為我們創造了好的經驗和做法，就是因地制宜。在浙江、在我的老家四川，用水沖廁所沒有問題。但是在西北，在甘肅、在寧夏、在青海，要打造衛生廁所，就應根據當地資源條件，特別是要充分考慮到經濟社會發展的水平，結合實際情況，把這項工作引向深入。

與此同時，繼續抓緊補齊農村社會事業，包括鄉村基礎設施建設所面臨的短板問題，如教育問題、醫療救助問題、社會保障問題。基本設施建設要著重解決老百姓的飲用水安全問題、鄉村道路修建問題、農村電網改造升級問題，特別是最近幾年網絡建設問題。此外，要搞好鄉村規劃。工業化、城鎮化帶給我們的大背景是，數以億計的農村勞動力要轉移進城，確確實實很多村莊面臨著要麼被拆，要麼被合併。我過去對這件事有些不同的看法，我是主張農民為先，但是現在認真觀察，隨著現代化的不斷進步，廣大鄉村確確實實有需要保留的村莊，也有需要拆併的村莊，但是拆併的前提，鄉村規劃非常重要。在寧波，我們看到的先進的村莊當然很美好，包括前兩天我看到奉化的滕頭村，就是非常先進的典型。但是一般的農村地區，給我留下的印象也非常好，原因是這些地區非常注重規劃，注重歷史傳承，而不是搞大一統，我認為這是一個很值得觀察、很值得研究的大事，這是第四篇大文章。

五、把農村改革引向深入

寧波召開這個論壇，更多談到的是發展問題。但是別忘了，寧波農村改革方面一直走在全國的前列。改革有三件大事：第一，是土地制度改革。在農村承包地確權登記頒證完成以後，進一步推進農村承包地所有權、承包權、經營權"三權"分置的實踐。2019年"中央一號文件"釋放了利好的消息，一是堅持農村土地集體所有，不搞私有化。二是堅持農地農用，不搞非農化。三是堅持保護農民的承包地和宅基地權益，不得以退出承包地和宅基地權益作為農民進城落戶的條件。在這三個堅持的前提之下，我們要把宅基地的"三權"分置落實到位，擴大試點，補充改革內容，完善相關制度設計，在縣域範圍內把閒置的廢棄地、閒置的廠房用地包括校舍用地盤活用好，用於農業觀光旅遊休閒等新產業、新業態，包括返鄉創業的用地。這是第一件大事。

第二，是發展壯大各類新型經營主體，加強農民合作社、家庭農場建設，鼓勵支持各種各樣的工商資本進入農業。這幾年在這方面的發展勢頭很好，下一步要著重抓家庭農場和合作社的提升發展。家庭農場怎麼樣樹立典範，合作社怎麼樣規範化，我們樹立全國性的合作社示範縣，通過合作社和家庭農場在組織農民、帶動農民、服務農民、實現小農戶和現代農業有機銜接方面，發揮最大的功能效益，這兩類新型經濟主體，制度是最健全的，運行機制是最符合中央要求的。這是第二件大事。

第三，是農村產權制度改革。這在寧波有很深入的實踐。中央要求，在今年全部完成農村集體經營性資產的清產核資工作，在這個基礎上，盤活用好農村集體經營性資產，組織發展股份合作制經濟，壯大集體經濟。我注意到寧波不少的區縣，農民收入三四萬元，但是在農民收入佔比裏面，財產性收入達到了 15%，甚至 20%，這在全國其他地方是難以想象的。財產性收入絕對數在寧波達到 5000—8000元。2017 年、2018 年，全國的農民收入構成裏面，財產性收入只佔2.3% 左右，而寧波竟佔到 15% 到 20%，很了不起。我認為改革永遠是推動發展不懈的動力，這是第三件大事。

實現農業農村優先發展，內涵深刻，外延寬廣。要做好每一項工作，一件一件地抓落實，使各項工作務必抓出成效來，這是第五篇大文章。

———在全國鄉村振興與扶貧協作（寧波）論壇上的主旨演講

浙江鄉村振興的制度和體系建設 [*]

　　鄉村振興提出來以後，我們全省上下認真學習了習近平總書記關於"三農"工作的重要論述，按照"八八戰略"指引的路子，高起點謀劃，高站位部署，高標準推進，一批框架制度和體系都已經形成，可以用五個數字來做一個簡單匯報介紹。

　　一是一個總目標。浙江要高水平地推進農業農村現代化，爭當全國鄉村振興的排頭兵。浙江無論是生態農業的發展，還是高標準消除絕對貧困、城鄉統籌，都走在了全國前列，打下了很好的基礎。2018 年，浙江是唯一一個共享共建鄉村振興的示範省。這項工作也得到了農業農村部的大力支持。在省委、省政府的重視下，2018 年兩個綱領性的文件，一個是鄉村振興的五年規劃，還有一個是農業農村現代化的五年行動計劃，都已經繪就，綱領性闡述了這方面下一步工作的藍圖和作戰圖。

　　二是兩條產業。一個是融合發展的主線，還有共建共享的主線。融合發展還包括鄉村振興自身一二三產業融合，還包括生產、生活、生態的融合，浙江在設計這些制度中不僅包括這些融合，還把制度建設、長三角一體化、"一帶一路"的融合發展理念都融合

＊　劉嬪珺，浙江省農業農村廳副廳長。

到這個理念中。共建共享也是浙江一直以來以農民建設為主題，把鄉村振興的紅利分享給農民，都體現在一些制度和政策的安排上。

三是三大體系。因為大家都知道鄉村振興是一個系統性的戰略，務必要體系化、系統化推進，我們最近構建了三大體系。第一個是"五級書記"抓鄉村振興，各級黨委政府一把手做組長的領導小組，橫向到邊，縱向到底，能動推進。第二個是務實的管用的政策體系，我們圍繞兩個規劃，梳理了80多個政策，這樣一個政策配套體系，為下一步的鄉村振興政策保障立起了"四樑八柱"。還有一個是科學的評價體系。我們最近新出了發展指標，完善了評價體系，還進行了實際考核。最近，還要發佈2018年浙江省鄉村振興的年度發展報告，出台浙江省鄉村振興的發展指數報告，我想這些體系肯定會對下一步工作有個很好的推進。

四是四個優先。浙江最近提出"兩回兩進"，號召鼓勵親緣回鄉村、鄉賢回鄉村、資本進鄉村、科技進鄉村，無論是資源要素配置也好，公共服務配套安排也好，都做了一些優先的安排。

五是開展"五萬工程"。即萬家新型農業主體的提升工程，萬家文化禮堂的引領工程，萬村善治的示範引領工程，萬元農民收入的新增工程，萬個景區村莊的創建工程。這"五萬工程"也是下一步新農村建設的主載體和主抓手。最近，省委、省政府提出要創建新一輪的新時代美麗鄉村，研討怎麼樣將標杆拉高、區域擴大。我相信，隨著這些載體和措施的落實，儘管過程中有問題和困難，在中央和省委、省政府的正確領導下，社會各界和在座嘉賓的支持關注下，依靠我們浙江省人民群眾的主體作用的發揮，浙江的鄉村振興宏偉藍圖一定會得到有效實施，落地開花！

　　　　　　　　　　——在產業扶貧和鄉村品牌建設圓桌論壇上的發言

（根據錄音整理）

高質量打造鄉村振興的“寧波樣板”*

　　我們省裏提出全國學浙江，浙江怎麼辦？寧波市在浙江省的經濟社會發展中具有舉足輕重的地位，寧波該怎麼做？經過前幾年的改革，寧波經濟社會發展，尤其是農村社會經濟發展取得了很大的進步。去年我們的農民人均收入就有 33633 元，城鄉居民的收入差比是 1.79∶1。率先進入了基本實現農業現代化的階段，應該說基礎非常紮實。我們的“小微權力清單”“村民說事”，都寫入了“中央一號文件”。新型主體培育、家庭農場、農民專業合作社，入選全國的六大樣本，這些都為下一步高質量推進鄉村振興戰略打下了紮實的基礎。

　　2018 年 2 月 28 日，習近平總書記給橫坎頭村全體黨員寫來了回信，為下一步高質量實施鄉村振興戰略指明了方向。市委、市政府高度重視，認真貫徹落實回信的精神，明確提出了要堅持農業農村優先發展，高質量打造鄉村振興的“寧波樣板”，其實就是要求我們以更高的標準和要求把中央鄉村振興戰略 20 字方針的總目標在寧波的大

＊　李強，寧波市農業農村局局長。

地上詮釋好、發展好。

根據中央的總目標要求，結合寧波的實際，我們也提出了"六個有"，即融合深度有序、產業綠色有質、村居生態有韻、生活幸福有味、治理規範有效、改革創新有勁。圍繞這六個方面的目標，我們高質量推進"六大行動"，以實際行動回答好寧波該怎麼做的問題。

第一個是高質量推進城鄉融合發展行動。通過體制機制、政策、理念的融合，大力推進農村的三產融合、三生融合、三智融合，進一步推進城鄉融合發展。通過規劃引領、制度供給、制度要素的保障，實現公共基礎設施的共享化、公共服務的均等化、社會保障的一體化，加快推進創建城鄉融合發展的先行示範區。

第二個是高質量推進鄉村產業的發展行動。就是以"12521"工程為抓手，深入實施綠色興農、科技興農、質量興農、品牌強農的戰略，大力發展特色產業，以園區建設為平台、發展特色產業、發展農產品加工業、發展鄉村服務業、發展數字鄉村等，進一步打造優質高效、特色精品、綠色生態、田園美麗、產業融合、健康養生的綠色特色農業。

第三個是高質量推進美麗鄉村的建設行動。以整鎮示範、整縣提升為載體，通過縣鄉村的三級聯動，梯度推進山、水、林、田、路、房整體提升，讓村莊既有顏值又有韻味，3年內實現新時代美麗鄉村達標村全覆蓋。

第四個是高質量推進富民強村行動。通過進一步健全促進完善富民強村的政策體系，創新發展壯大村級集體經濟，進一步提升農民的財產性收入比例，讓農民共享產業鏈的各個增值效益，實現農民的增收。

第五個是高質量推進鄉村的"三治"行動。全面加強基層黨組織的建設，以黨建為引領，進一步推進善治融合以及法治、德治、自治的融合，打造"村民說事"和村級小微權力的升級版，打造法治鄉村。

第六個是高質量推進改革創新行動。向改革要動能，紮實開展全國農村集體產權制度改革的試點、農村金融體制、政策性的農業保險等改革。在我們這裏進行了幾年，尤其是重點深化承包地、宅基地的"三權"分置，得到了省、部領導和中央領導的充分肯定。

同時，我們還要完善鄉村人才的培育機制，為鄉村振興解決突出的人、錢、地三大問題，這是制約鄉村振興進一步發展的突出問題。為鄉村振興戰略提供更強烈的支撐，實現我市農業更強、農村更美、農民更富。

——在產業扶貧和鄉村品牌建設圓桌論壇上的發言

（根據錄音整理）

第二部分

鄉村振興與扶貧協作

切實把握脫貧攻堅與鄉村振興的結合點 *

全國鄉村振興與扶貧協作，我認為有六大共同點。所謂共同點，脫貧攻堅與鄉村振興是同根同源、同步同路。就這兩個方面的問題來說，出發點都是在改革開放之前實際上就已啟動，所以出發點是相同的，追求的目標都是共同富裕，共同點是比較明確的。

既然有共同點，這兩個問題放在一塊來談，關鍵是要找出它的區別點和結合點。我感到，鄉村振興與脫貧攻堅有三大區別。

第一，脫貧攻堅是為實現第一個百年奮鬥目標打下的堅實基礎。大家知道，打贏脫貧攻堅戰是 2020 年就要實現的目標。鄉村振興在這個時候開始啟動，將為第二個百年奮鬥目標打下堅實的基礎，所以這個目標可能更遠。

第二，鄉村振興重在頂層設計、整體規劃。振興是一個長遠的目標，脫貧攻堅重在具體對待、微觀實施、精準施策，在一個特殊時期完成一個特殊任務。

第三，這兩者的區別點也有局部和全局的區別。找出它的共同點

* 袁文先，中國扶貧開發協會會長。

和區別點才能深刻認識到如何把握結合點,我感到有五個結合點,是需要緊緊把握的。

一是要抓住產業扶貧與產業興旺的有機結合點。產業扶貧是以市場為導向、以經濟效益為中心、以產業發展為槓桿的扶貧開發過程,是促進貧困地區發展,增加貧困戶收入的有效途徑。隨著脫貧攻堅不斷向縱深發展,各貧困地區把發展增收致富產業作為穩定脫貧的根本出路,可以說取得了巨大的成果,為產業興旺夯實了基礎。在脫貧攻堅中,通過壯大集體經濟、深化農村土地制度的改革、深化農村集體產權制度的改革等手段,促進農村一二三產業融合發展,構建現代農業產業的生產體系、經營體系等。貧困地區產業要不斷發展,提高可持續發展能力十分關鍵。所以實現產業扶貧和產業興旺的有機結合,是今後一個時期需要關注的問題。

二是要緊緊抓住旅遊扶貧與生態宜居的有機結合點。很多貧困地區具有豐富的旅遊資源,脫貧攻堅工作中要根據地方的實際大力發展旅遊扶貧,實現貧困地區居民或者地方財政雙脫貧致富,旅遊脫貧可以帶動當地生活的改善。寧波與延邊的扶貧就是抓住了這個結合點。第一個是要加快構建農業農村生態環境的保護,包括農業綠色發展、農村污染環境的治理、多元保護等等。第二個是要著力實施好農業的綠色發展。第三個是穩步推進農村人居環境的改善。

三是要把握好精神扶貧與鄉村文明的結合點。脫貧攻堅可以說到了關鍵時期,政府對扶貧越來越重視,各項優惠政策不斷落地,部分農民群眾脫貧致富,但是他們的主動性會降低、依賴性會增強。為了激發廣大群眾的主動性、積極性和創造性,現在提出精神扶貧,這個問題也是我們今後特別需要關注的問題。

四是要緊緊抓住東西部協作駐村幫扶和有效治理的結合點。鄉村的有效治理是鄉村振興的一個重要方面。從 2018 年開始,東西部對口支援已經提上日程。為了打贏脫貧攻堅戰，全國各級政府、事業單位一共抽調了 200 多萬駐村幹部，深入到農村，與村民同住同勞動，幫助建立致富的計劃，為農村帶來了人力、物力、財力，在幫扶貧困人口的同時，也幫扶了基層的黨組織建設，組織建設的觀念得到了一定的增強。所以，在這方面要把東西部扶貧和駐村幫扶及治理有效緊密結合起來。

五是要緊緊抓住高質量脫貧與生活富裕的有機結合點。習近平總書記反覆強調，扶貧工作必須務實，脫貧必須紮實，脫貧結果必須真實，使脫貧攻堅成效獲得群眾的認可，經得起歷史的檢驗。只有真扶貧、高質量脫貧，才能真正達到"兩不愁三保障"的基本目標，經濟寬裕，衣食無憂，生活便利，這是高質量脫貧的具體體現。

黨的十九大報告把鄉村振興戰略作為黨和國家的一個重大戰略提出來，是基於我國社會現階段發展的實際需要確定的，是符合我國全面實現小康邁向社會主義現代化強國的需要的，是中國特色社會主義建設進入新時代的一個客觀要求。中國扶貧開發協會作為一個全國性的專職扶貧的社會團體，在脫貧攻堅和鄉村振興方面，願意與廣大企業一起投入脫貧攻堅的偉大事業，積極探索脫貧攻堅與鄉村振興的有機結合，為鄉村振興作出應有的貢獻，為實現中華民族偉大復興的中國夢作出貢獻。

——在全國鄉村振興與扶貧協作（寧波）論壇上的主旨演講

（根據錄音整理）

扶貧協作與全面小康無縫對接 *

　　黨的十八大以來，習近平總書記特別關注扶貧工作，把扶貧工作擺到了一個更重要的位置上，指出要"舉全國全黨之力，打贏脫貧攻堅戰"。黨的十九大報告列了三大戰役，其中一個戰役就是要打贏脫貧攻堅戰。習近平總書記對扶貧工作特別重視，體現在他親自謀劃、親自掛帥、親自出征、親自督戰。他每次到地方去視察、去考察，都有一項安排，就是考察脫貧攻堅。

　　2016年7月20日，習近平總書記在寧夏主持召開了東西部扶貧協作座談會。這是一個時間節點，就是東西部扶貧協作正好20年了。會上進一步明確了今後東西部扶貧協作和對口支援的方向和任務，對一些對口支援的關係作出了一些微調。

　　新形勢下對口支援工作的意義，一是第一個百年奮鬥目標的必然要求，是推動我國區域協調發展的大戰略，對外開放的新空間，是共同富裕的大舉措。很多貧困地區都是邊境地區，而且是民族地區，把這個地區的扶貧工作搞好了，對我國的民族團結、邊疆穩定都是有非

---

* 鄒勇，國家發展和改革委員會地區經濟司巡視員。

常重大意義的。

東西部之間各有優勢，東部地區率先發展了，西部地區相對落後，但是西部地區有後發的優勢，而且有一些比較優勢和資源，所以東西部扶貧不是單方面的資源扶持，而是一個互贏互利的新局面。

1996 年確定了東西部扶貧協作的結對關係。2016 年進行了一些新的調整，把原來的遼寧對口支援青海給拿出去了。因為東北地區還是比較困難的，遼寧就退出了，其他的地區也進行了新的調整。比如，寧波對口支援增加了吉林省的延邊州，還有貴州省的黔西南州。有些發達地區增加了扶貧的任務。

對口支援搞了 20 多年了，主要是以下幾個方面。

一是對口支援西藏、新疆、青海等省區的藏區，這個結對關係大家一目了然。還有這幾年新搞起來的與東北地區的對口合作，大家知道東北地區是我國的老工業地區，這些年比較落後了。經黨中央、國務院研究決定，長三角包括北京、天津、廣東都對口支援東北地區，浙江支援吉林，其中寧波對口支援延邊朝鮮族自治州。

新時期脫貧工作的目標是 2020 年一定要全面建成小康社會，這個目標實現以後，扶貧要達到全面脫貧，所有的貧困縣都摘帽，所有的貧困人員都脫貧，任務比較重，但是我們有信心能如期完成。

現在有一個誤區認為脫貧就是達到小康。"脫貧"和"小康"是兩個概念，小康有更高的要求，脫貧只是奔小康的第一步。

二是貧困線過了，就算是脫貧了。我們現在是按人均 3200 元定的貧困線，過了這個線，基本算脫貧。但是脫貧了還需要鞏固，後續產業必須跟上，不能一過了貧困線就算脫貧了，以後的工作就靠老百姓自己做了，那是鞏固不了的。

2000 年搞了一個扶貧規劃，當時有 8000 萬的扶貧人口。為什麼越扶人口越多？就是因為這個線越抬越高，所以還是按照合適的貧困線來實現扶貧目標，然後再朝著小康一步一步走。

貧困有相對貧困和絕對貧困，2020 年只能說消滅了絕對貧困，但是相對貧困還是存在的，所以 2020 年結合鄉村振興，我們還有一些相對貧困的扶貧工作要做。

扶貧主要是在三大領域，第一個是深度貧困地區，目前全國 199 個深度貧困縣，除了 30 個“三區三州”的貧困地區以外，還有 160 多個深度貧困縣，這是最難啃的硬骨頭。第二個是革命老區，嚴格來說不是都窮得不行的，像延安、井岡山、韶山等一些地方還是發展得不錯的。但是這裏有一個政治因素，革命老區為新中國的成立作出了犧牲和貢獻，不能忘了這些地區。第三個就是邊境地區，像新疆、西藏，還存在邊境安全的問題。這三大領域是重點。

要採取一些措施，有一個辦法是消費扶貧，大家也講到了。消費扶貧是要積極主動購買貧困地區優質的綠色產品，還有多到貧困地區旅遊，把那兒的旅遊事業發展起來。還有就是農村的危房改造，農民自己蓋房、翻修是很困難的。再就是易地扶貧搬遷，“十三五”已經搬了 1000 萬人口，今年全部搬完，完全改善老百姓的居住條件。

農村的扶貧工作能夠鞏固，除了東西部扶貧協作，給西部創造務工條件到東部地區打工以外，更主要的是在農村搞一些符合實際的產業，首先是發展村集體經濟，實際上脫貧的一個標誌還是要求有集體經濟，集體經濟也不是新鮮事物，原來就搞過，包括浙江的“溫州模式”、江蘇的“蘇州模式”，鄉鎮企業都有。搞了這麼多年，鄉鎮企業有點走下坡路，或者叫作以另一種形態出現，我覺得鄉鎮企業有條件的還是要發展壯大。

鄉鎮企業要因地制宜，不能“一刀切”。要重視五個方面：一是領導班子。致富帶頭人裏頭就包括領導班子，基層政權要能夠把集體經濟辦好。二是摸清家底，心裏有數，不能亂搞。三是因地制宜，摸準市場。四是規範民主管理，讓廣大群眾都能夠參與。五是把所有的資源能夠重新整合。

我們搞扶貧若干年，有這麼幾方面體會。

第一，習近平總書記強調，沒有農村的小康，特別是沒有貧困地區的小康，就沒有全面建成小康社會。我們的體會是，脫貧攻堅不僅僅是一項經濟任務、增加老百姓的收入，更重要的是一項政治任務，是只能成功不能失敗、沒有任何退路和彈性的，這是黨賦予我們的責任。

第二，習近平總書記也說了，脫貧攻堅是第一個百年奮鬥目標的重點工作，是最艱巨的任務，是黨和政府義不容辭的歷史責任，我們必須肩負起這個責任，要有政治擔當。

第三，習近平總書記也講過，小康不小康，關鍵看老鄉。關鍵是老百姓的感受，收入上沒上來，獲得感有沒有，參與感有沒有。所以我們只有對基層幹部群眾懷著深厚的感情去做、認真地去做，把群眾的事當成自己的事，放在心上，才能把脫貧攻堅這個工作做細做實。

希望我們今後能共同交流、共同努力，打贏 2020 年的脫貧攻堅戰，實現脫貧攻堅的目標。

——在全國鄉村振興與扶貧協作（寧波）論壇上的主旨演講

（根據錄音整理）

用心當好特殊的"寧波幫"
助力結對地區的脫貧攻堅 *

　　非常榮幸有機會向各位領導匯報我們寧波市在對口支援幫扶工作當中的一些做法和想法。

　　寧波是心學創始人王陽明先生的故鄉。我在陪同黔西南州劉文新書記考察王陽明故居的時候,劉書記頗有感觸地說,陽明先生龍場悟道之後,在貴州開展講學活動,移風易俗,文明開化,培養了大批的人才。他說:"陽明先生可以說是寧波對貴州教育扶貧的先行者。"他又說:"你們現在對我們貴州進行幫扶,你們就是當代的王陽明。"我覺得陽明先生是聖人,我們是無法企及的,不敢比擬。但是劉書記跨越時空的思路卻給我以啟發,我覺得我們成不了當代的王陽明,但是我們可以做當代特殊的"寧波幫"。

　　"寧波幫"這個詞,主要就是指幫寧波的寧波人。鄧小平同志當年在會見寧波人"世界船王"包玉剛先生的時候說過一句著名的話:"把全天下的全世界的寧波幫都動員起來建設寧波。"今天,我把這個概念延展一下,我們今天的"寧波幫",指的是特殊的"寧波幫",

---

＊　何國強,寧波市對口支援和區域合作局局長。

就是指寧波人怎麼樣幫好人家，是一個這樣的"寧波幫"。

從 1992 年開始，寧波先後與重慶、貴州、新疆、西藏、青海、寧夏、四川、吉林的有關地區建立了對口支援關係，20 多年了，彈指一揮間。回看來時路，總結起來就是這項工作有所成效，就是從王陽明先生那裏拿了一個"心"字，從"寧波幫"那裏拿了一個"幫"字，就構成了今天談的主題，"用心當好特殊的'寧波幫'"。

回首 20 多年的扶貧之路，寧波始終堅持高位推進，自開展對口幫扶工作以來，寧波始終堅決落實黨中央、國務院和省委、省政府的決策部署，著眼大局、服務大局，堅定不移地把"先富帶後富"作為義不容辭的重大責任。我們開展這項工作以來，寧波也獲得很多含金量很高的榮譽，比如先後被國務院表彰為"全國民族團結進步模範集體""全國東西部扶貧協作先進集體""全國扶貧開發先進集體"等。可以說歷屆市委、市政府都高度重視。攻堅戰打響以來，特別是 2018 年以來，我們市委、市政府書記和市長都高度重視，扶貧親自擔任領導小組的組長，我覺得做到了頂格的重視、頂格的要求。我們現在每個月常委會和常務會都要聽取、研究扶貧工作。

回首 20 多年的扶貧之路，寧波始終堅持精準的方略。我舉一個例子。貴州有一個很熱門的景點叫西江千戶苗寨，其實這個景區裏面就凝聚著寧波幫扶的智慧和汗水。回想當年，進寨的道路就是用我們寧波的資金維修的。從此開始，到帶領寨裏的一些同志來寧波考察鄉村旅遊的經驗，寧波為此傾注了大量的心血。所以在座的寧波同志如果去西江千戶苗寨，細細觀察一下，進寨的道路，還有 8 座風雨橋，都是用我們寧波的資金修建的。

2018 年以來，我們幫扶的力度更大，光財政這一塊的資金就達到了 5.89 億元，增長了 6.1 倍，無論是總量還是平均皆居全國前列。我們實施精準脫貧的項目 242 個，惠及貧困人口 13.21 萬人。達成的產業合作項目，2018 年實際到位資金達 39.06 億元。我們還組織教師、醫生等專業人才 837 名赴對口地區掛職，還組織 87 家醫院、130 所學校、116 個鄉鎮、121 個村與對口地區結對共建。

回首 20 多年的扶貧之路，我們寧波還有一條經驗，就是始終堅持全員發動，把動員全社會的力量參與也作為一項重要的措施堅持不懈。2018 年，社會層面的捐資捐物達到 1.2 億元。比如說鄞州區的“支教奶奶”，現在寧波人都知道。這裏我還想回憶一下，我們有一批海外的“寧波幫”也參與到東西部扶貧協作當中，比如說朱玉龍（音）先生當年個人累計捐資 2.7 億元，幫助建造了 1000 多幢教學樓和校舍，資助了 7600 多名學生。

回首 20 多年的扶貧之路，我們寧波還始終堅持互促互進。我始終堅信，扶貧協作不是單向的，應該是雙向共贏的。通過對口合作交流，對口地區得到發展的同時，我們寧波也是受益的。在工作當中，我們學習到了對口地區不怕困難、艱苦奮鬥、攻堅克難、永不退縮的寶貴精神。我們在組織發動資助困難群眾、貧困孩子的過程當中，培育了市民的愛心；我們前方這支工作隊伍在對口地區也得到了寶貴的鍛煉。同時，通過經濟合作、勞務協作，我們也帶動了寧波自身企業的向外拓展和產業的轉型升級。

在剛剛結束的全國“兩會”當中，習近平總書記又發出了闖關衝刺的最後號令，我覺得 2019 年是決戰當中的決戰。今後兩年怎麼做，圍繞目標標準，我覺得要抓住三個關鍵詞：分內事、體系化、主戰場，來做好我們的對口幫扶工作。

所謂“分內事”，就是對口地區的發展也是我們寧波自身的事，用這樣的真情實意來服務扶貧的戰略大局，當好“寧波幫”。可以說黨中央、國務院和省委、省政府把這麼重大的政治任務交給寧波，是對我們的高度信任，也是對我們的重大考驗。我們要把對口地區的脫貧致富奔小康與寧波自身的發展看得同等重要，同步謀劃、同步佈局、同步安排、同步推進，不分你我，真正用心用力，把對口地區的所需當成寧波自身發展的所需，責無旁貸、義無反顧，抓緊抓好，抓出成效。

所謂"體系化"，就是我們要憑真抓實幹，來決戰決勝脫貧攻堅，來當好"寧波幫"。習近平總書記多次提到的知行合一，也是來自王陽明的浙東學派。改革開放以來，寧波人以"走遍千山萬水、道遍千言萬語、想盡千方百計、吃盡千辛萬苦"的"四千"精神，在改革開放當中書寫了壯麗的寧波篇章。如今面對脫貧攻堅這場硬仗和苦仗，更加需要我們的新作為和新擔當。

寧波市對口支援和區域合作局是市委、市政府在機構改革過程當中專門成立起來開展從事對口支援的部門，這在全國也是少見的。我們局作為牽頭部門，正在全力打造"四個四"體系。

第一個"四"，我們要注重構建四輪驅動的工作體系，包括市委、市政府的領導決策體系，對口支援局的強力協調體系，區縣市政部門和前方工作隊的職能體系，以及社會力量全力的參與體系，形成全市一盤棋、一條心的工作格局。

第二個"四"，我們局作為牽頭部門和核心的發動機，要發揮好四個"部"的樞紐和平台作用，也就是我們要當好市委、市政府的參謀部，市政各部門的指揮部，前方工作隊的保障部和對口地區的協調部，努力在規範管理機制創新上下功夫。

第三個"四"，我們要注重四大制度的運行機制。也就是說我們設計了標準化的台賬制度，工作的交辦督辦制度，"最多跑一次"的前方後方的響應制度，扶貧工作品牌化的交流推廣制度。通過統籌整合資源、夯實工作基礎，來營造良好的氛圍。

第四個"四"，是用好四時評價，也就是年度考核、季度點評、月度排名、每天通報，把上級的要求變為可量化可考評的剛性指標，掛圖作戰。

"四個四"體系，兩個是靜態的體制層面的、兩個是動態的機制層面的，相互咬合、嚴密無縫，通過體制的構建和機制的運行，力爭各項工作能夠走在全國的前列。

我們要用真刀真槍，共同打好攻堅戰，當好"寧波幫"。有的同志可能會認為，脫貧攻堅的主戰場，或者說一線戰場，應該在我們對口幫扶的地區，我們這裏是後方，是二線戰場。但是我覺得在幫扶工作的內容當中，有些內容特別是產業和消費扶貧，在這些內容上我們就是主戰場。打個比方，消費扶貧，怎麼樣幫助對口幫扶地區把產品運出來，怎麼樣擴大寧波市民對對口幫扶地區的產品消費，這些都是我們重點要做的，產品在對口幫扶地區，消費在寧波，這樣我們這個後方就成為前方，成為主戰場，我覺得這是我們幫扶理念的一個重大轉變和提升。所以立足主戰場的理念，產業上再深化。我們要充分發揮寧波的先進製造業、塊狀特色產業、現代農業等優勢，出台專門的、專項的激勵政策，鼓勵大家到對口幫扶地區投資興業，加快建立一批對口幫扶地區的合作示範城園區。在消費扶貧方面我們有一系列的動作，建立健全消費的協作機制，拓展線上線下兩個渠道，利用好我市組織開展的消博會、食博會等各類展會平台，持續推進前貨出山、北糧南運等。同時我們要打造全國第一個在鄞州消費扶貧的產業綜合體等等。

在社會幫扶方面，我們的善園，給在座很多領導留下深刻的印象。社會幫扶要重點做好各方面的宣傳，加大中國社會網的推廣力度，完善社會的參與方式，廣泛動員社會各界來積極開展捐資助學、慈善公益、資源服務等相關活動。

脫貧攻堅事關人民的福祉，也事關區域的協調發展，更事關國家的強盛和民族的復興。寧波將用心當好“寧波幫”，貢獻更多的寧波智慧、寧波經驗、寧波做法和寧波模式。在這場波瀾壯闊、史無前例的偉大事業當中，勇當排頭兵、生力軍！

　　　　　　　——在全國鄉村振興與扶貧協作（寧波）論壇上的主旨演講
　　　　　　　（根據錄音整理）

充分利用鄉村振興的政策
夯實扶貧攻堅的基礎 *

我原來在國家發展和改革委員會農村經濟司工作，主要從事農村發展中長期規劃制定，安排中央財政預算內支農投資，參與黨中央、國務院"三農"問題重要文件的調研、起草等工作。現在在中國投資協會農業和農村投資專業委員會，主要任務是以農業農村投融資創新為主線，致力於推動鄉村振興，推動農業和農村產業轉型升級，推動落實精準扶貧，推動特色小城鎮發展，積極為各級政府和會員企業提供政策諮詢、決策諮詢、項目落地、培訓交流、投融資服務等。我們也和地方政府和企業聯合舉辦論壇、研討和培訓活動，我本人也參加了很多地方政府制定的鄉村振興規劃的評審工作。

鄉村振興戰略是黨中央提出的全面建成小康社會的七大戰略之一，其中又把脫貧攻堅作為一個硬任務。我體會，實現鄉村振興和脫貧攻堅目標，就大部分地區來看，一個重要的方面，就是怎麼樣利用好國家支持農業農村發展政策，夯實鄉村振興和脫貧攻堅的基礎。

黨的十八大提出一個要求，國家的基礎設施建設和社會事業發展

---

* 胡恆洋，國家發展和改革委員會農村經濟司原巡視員。

重點要放到農村去。根據這個要求,從中央到地方各級政府積極調整財政的支出結構,加大對農業農村的支持。"十二五"期間,中央預算內投資用於農業農村的支出超過 1 萬億元,目前,中央預算的投資用於農業農村投資的支出超過 50%。

在國家制定的鄉村振興戰略規劃中,提出了 80 多項重大工程、重大行動、重大計劃。其中有些是近些年來已經進行的,有的是根據需要開展的。這些重大工程、重大行動、重大計劃都是有具體的政策跟進的。這些重大工程、重大行動和重大計劃關係到農村長遠發展的基礎,各級地方政府特別是貧困地區政府,要利用好這些政策把鄉村振興和脫貧攻堅的基礎打好。具體來說,有以下幾個重點。

第一,是利用好國家支持現代農業發展政策,夯實鄉村產業發展的基礎。近年來,按照黨中央提出實施好"藏糧於地、藏糧於技"的戰略要求,提高農業綜合生產能力,保障國家糧食安全和重要農產品有效供給,把中國人的飯碗牢牢端在自己手中。中央預算內投資重點支持高標準農田建設、農田水利建設、農業技術推廣體系、動植物疫病防控體系和農產品質量檢驗檢測體系建設,實施現代種業工程,加大現代倉儲設施建設、農產品物流體系建設等,這些都是關係鄉村產業發展的基礎建設,這些工程都有專項規劃,有具體的支持政策。例如,高標準農田建設,2011—2014 年,中央預算內資金、國土整治資金和農業綜合開發資金等共安排資金 2290 億元,建成高標準農田 4 億多畝。"十三五"期間要繼續整合相關方面的資金,再安排一部分專項建設基金,提高建設標準,充實建設內容,完善配套設施,推進高標準農田建設,到 2020 年確保建成 8 億畝、力爭建成 10 億畝集中連片、旱澇保收、穩產高產、生態友好的高標準農田,並且優先在糧食主產區建設確保口糧安全的高標準農田。《鄉村振興戰略規劃(2018—2022 年)》再次明確提出,到 2022 年確保建成 10 億畝高標準農田。各地要利用好國家支持現代農業發展政策，夯實鄉村產業發展基礎。

第二，要利用好國家支持農村民生發展的各項政策，加快農村民生的改善。"十二五"期間，累計安排中央預算內投資 2560 億元用於農村民生工程。集中抓了農村飲水安全、農村公路建設、農村電網改造、農村能源建設以及各種房屋改造。比如說飲水安全，"十二五"期間，解決了 3 億多人的飲水安全，下一步重點是提高農村的集中供水水平。到 2020 年，農村自來水的普及率要達到 80%，要利用現有的縣城和重點鄉鎮管網向農村延伸。農村公路建設，"十二五"期間改擴建農村公路 100 萬公里，"十三五"期間，要繼續改擴建農村公路 100 萬公里。還有農村的電網改造、農村房屋改造等，也都有專項規劃。各地要利用好這些政策，夯實農村民生的基礎。

第三，要利用好國家加強農村社會事業的發展政策，進一步提升農村的公共服務水平。"十二五"期間，中央預算內投資累計安排 1400 億元用於農村社會事業基礎設施建設。重點支持農村中小學危房改造，解決農民子女上學難的問題。在農村進行大規模的縣綜合醫院、鄉鎮醫院、中醫院、婦幼保健醫院、疾控中心等的改造，解決農民看病難的問題。在農村進行大規模的養老設施的建設和改造，解決養老難的問題。對農村的黨支部、村委會、村級辦事中心進行大規模改造，解決農民辦事難的問題。各地要利用好這些方面的政策，繼續提升農村公共服務水平。

第四，要利用好國家支持生態環境建設和保護的政策，繼續建設美麗鄉村。這幾年我們重點抓了天然林資源保護、退耕還林、退牧還草，防護林體系建設、防沙治沙、水土保持、石漠化治理等工程，這些工程要繼續向前推進。

第五，要利用好國家支持貧困地區發展的特殊政策，加快脫貧步伐。中央預算內投資重點支持，一是以工代賑。重點在以集中連片特困地區的縣和國家扶貧開發重點縣為主體的農村貧困地區，支持建設基本農田、農田水利、鄉村公路、獨立橋涵、人畜飲水、水土流失治理、草場建設等中小型基礎設施工程。以工代賑工程建設還為貧困地區提供了大量的臨時就業機會，有效解決了貧困地區的農村勞動力剩餘問題，激發了貧困群眾自力更生、艱苦奮鬥的精神，擺脫"等、靠、要"思想。當地貧困群眾通過參加以工代賑工程建設直接獲得就業機會和勞務報酬。二是易地扶貧搬遷。通過對生存環境惡劣地區的農村貧困人口實施易地搬遷，根本改善其生存和發展環境。還通過引導、帶動其他相關支農投資和出台配套政策，加強了住房、農田水利、鄉村道路、人畜飲水、農村能源、教育衛生等設施建設，大幅提高了搬遷群眾的生產條件和生活質量。同時，統籌解決了勞動力外出務工和特色產業發展問題，有效拓寬了增收渠道和致富空間，緩解了遷出區的人口壓力，有效恢復和保護了生態環境。除了這些政策之外，有關部門配合國家的脫貧攻堅計劃，出台了專門為貧困地區量身定做的扶持政策，這些政策有很強的指向性，含金量非常高，各地應當把這些政策用好，把貧困地區發展的基礎打牢。

　　總之，各地要從實際出發，抓緊做好鄉村振興戰略規劃，做好農村基礎設施建設規劃，和國家的規劃對接，和國家的支持政策對接，爭取更多的政策支持，加快鄉村振興和脫貧攻堅步伐。

——在全國鄉村振興與扶貧協作（寧波）論壇上的主旨演講

努力提供全方位服務　助推脫貧攻堅 *

　　京東集團從 2015 年開始在國務院扶貧辦的領導下，在各級政府的指導下，開展了扶貧工作。從最開始到現在，我們分了三個階段，2015 年到 2017 年，當時是 1.0 版本，結合京東自己的特色，從經營扶貧、電商扶貧、人工扶貧和培訓扶貧 4 個方面開展。2018 年開始，我們深入貫徹國務院扶貧辦消費扶貧的倡議和指導意見，重點從 8 個方面開始了電商的消費扶貧，在這個領域做了很多探索。我簡單介紹一下。

　　第一，拓寬了貧困地區農產品的銷售渠道。2018 年，我們在京東專門開設了消費扶貧的頻道，專門銷售貧困地區的農產品，同時也對這些貧困地區的農產品進行了搜索的加強和進一步的達標。京東還把線下的渠道、零售店的渠道開放給貧困地區的農產品和特色產品。

　　第二，打造貧困地區農產品的消費品牌。我們聯合地方政府一直在挖掘貧困地區農產品的消費品牌，在河北的貧困地區進行了一些品牌的打造，進一步把京東的能力進行系統化的輸出。2019 年開始，

---

*　王濤，京東集團京東雲農業雲總經理。

我們打造了自己的《村長來了》這個欄目，讓貧困地區的村主任代言他們當地的農產品或者品牌。同時和相關單位舉辦了扶貧的活動。京東眾籌也和紅十字會啟動了針對貧困地區的扶貧行動，把京東的優勢利用起來，助力貧困地區農產品品牌的打造。

第三，發揮優勢促進貧困地區物流服務體系的升級。農產品能不能走出去，能不能賣得好，物流是非常關鍵的環節，這正是京東全自營體系、物流體系的優勢。我們不斷把技術、標準、設施進一步下沉，幫助貧困地區打造產、地、倉這樣的物流方式。

第四，加大對貧困地區技術賦能和人才培養。我們在貧困地區不斷幫助當地的龍頭企業老板，包括在地方主抓這一塊的政府幹部，讓他們不斷走進京東進行培訓。

第五，加快農產品標準化體系建設。聯合很多行業專家，不斷把我們農產品的品牌體系建立起來。

第六，促進貧困地區的鄉村旅遊發展。京東也有旅遊板塊，我們在不斷開發"鄉村遊"，促進整個產業調整。

第七，加大貧困地區產業和服務的消費力度。京東把更多幫扶的貧困地區的農特產品進行定點採購，供給食堂。

第八，牢牢把握消費扶貧的精準性。2019年，我們重點打造在"三區三州"的貧困地區的產品品牌體系，提高消費扶貧的精準性。

今後，我們會向3.0版本發展，圍繞聯合地方政府打造深度產業平衡，為鄉村振興賦能和服務。

——在全國鄉村振興與扶貧協作（寧波）論壇上的發言

（根據錄音整理）

"五位一體" 打造鄉村品牌 *

　　鄉村振興，產業興旺是重點。產業興旺，農民增收才有根基，消除貧困才有保障。而品牌是農業競爭力的核心標誌，是現代農業的重要引擎，更是鄉村振興的關鍵支撐。農產品品牌是一種寶貴的無形資產，"品牌強農" 是加快脫貧攻堅、轉變農業發展方式、實現鄉村振興的必然選擇。習近平總書記指出，要 "推動中國製造向中國創造轉變、中國速度向中國質量轉變、中國產品向中國品牌轉變"，為 "品牌強農" 工作指明了戰略方向。品牌強農要實施 "五位一體"。

一、產品要特色化

　　根據品牌相關理論，一個成熟的品牌必然包含著消費者在搜尋同等商品時感興趣的元素。區域農產品是具有地理標誌保護的產品，其

---

*　趙強社，西北農林科技大學鄉村振興研究中心主任，咸陽市鄉村振興研究院院長。

特色完全或大部分取決於當地的地理環境，包括自然和人文因素。如洛川蘋果、西湖龍井茶、贛南臍橙、五常大米等。一個區域的特優農產品很多，打造品牌不能貪多求洋，要堅持"優生優育"，把最有特色的產品作為主導產業來做，做出亮點、做出成效，切忌全面出擊，平均用力。我們常說的"一村一品"，是一村做好一個產品，不是一村做一個品牌。要認證一批"三品一標"產品，即無公害農產品、綠色食品、有機農產品和農產品地理標誌，從中選擇最有特色的安全優質農產品作為公共品牌培育。如陝西的洛川縣數十年如一日地做強蘋果產業，使"洛川蘋果"這個公共品牌全國馳名。

二、特色要產業化

塑造一個農產品品牌，不僅需要靠生產環節保障，還需要流通和消費環節共同配合和努力，這是農產品品牌塑造的獨特之處。產業化並不是要盲目地上規模、一味地求做大，許多農業產業都死在規模化上。而是要拉長產業鏈，"一產接二連三"。僅靠傳統的種植、養殖，產業做不強，農民增收也無法保證，甚至"多收了三五斗"反而收入減少。因此，特色農產品產業化，必須種養加、產供銷、農工商、農旅文、一二三產業一體發展，促進產業鏈相加、價值鏈相乘、供應鏈相通"三鏈重構"，構建全環節提升、全鏈條增值、全產業配合的農業產業體系、生產體系、經營體系。實現從田間到餐桌、從初級產品到終端消費的無縫對接。把農產品價值鏈上的每一段利潤都吃乾榨淨，增值收益都留在農業、留給農村、反饋農民。如陝西省咸陽市袁家村十多年來圍繞創建鄉村旅遊"第一目的地"目標，實施品牌化的營銷策略，從發展民俗旅遊開始，從弱到強，推動了第三產業的快速發展，第三產業發展又反推手工作坊，相繼擴張成立"前店後廠"和加工企業，加工業的升級推動了第二產業的發展壯大，從而對優質農副產品的需求快速增大，倒逼出遍佈各地的種植養殖基地和訂單農業，推動了第一產業規模的不斷擴大，最終形成了"三產帶二產促一產"的三產融合發展的"袁家村模式"，實現了年吸引遊客 600 萬人次，銷售收入 10 億元的成績。

三、產業要企業化

區域農產品品牌塑造、產業的壯大，靠小農戶是不行的，必須有強大的企業法人式的市場經營主體，以及有擔當、善經營、會管理的企業家作為產業發展的載體和支點。這裏的企業法人式的市場經營主體就是職業農民、農民專業合作組織、家庭農場、農業產業化龍頭企業等新型農業經營主體。要把小農戶鑲嵌在產業鏈上，利用新型農業經營主體把農戶組織起來、發動起來、帶動起來。六盤水創造的"資源變資產、資金變股金、農民變股東"的"三變"改革，離開了新型經營主體，"三變"就無法實現。因此要通過市場手段，以農產品為中心，以特色產業為紐帶，把農產品品牌培育與招商引資結合起來，引進一批知名度高、影響帶動能力強的農產品生產、加工、銷售等名牌企業，通過扶持龍頭企業，支持發展社會化服務組織，拓展拉長品牌農業產業鏈，引導龍頭企業與小農戶和現代農業有效對接，提升產品品質和影響力。如作為陝西省重點產業化龍頭企業和現代化乳品企業，涇陽縣陝西雅泰乳業有限公司創新"五連四統兩保護"（"五連"即村企聯合、產業鏈接、基地連戶、股份連心、責任連體，"四統"即統一標準、統一技術、統一收購、統一管理，"兩保護"即保護價全部收購、農業保險兜底）方式，帶領廣大農戶“抱團”闖市場、合作促共贏，走出了一條企業帶動精準扶貧、精準脫貧的“羊產業”致富之路，“羊產業”帶給貧困戶戶均年收入 6000 元以上。

四、企業要品牌化

沒有特定的符號和特色的內容，就只能叫產品；不能刺激消費者的消費慾望，就只能叫牌子；不能給消費者帶來豐富的聯想，就沒有增值的空間，所以品牌就是以特定的符號、特色的內容能給消費者帶來無窮無盡的聯想的產品。所以新型農業經營主體要從生產產品、銷售產品的產品觀念中走出來，用品牌戰略、手段和方法塑造農產品的形象，提升農產品價值。企業品牌化重在標準化，要以農民專業合作組織為依託，根據組織章程和規定來指導所有的成員按照標準化流程進行生產活動，為創建農產品品牌提供技術支撐。農業企業要加大對品牌創建、品牌認證、質量提升、技術創新、品牌宣傳推廣的扶持，通過品牌註冊、培育、拓展、保護等手段，創建自身品牌。品牌化不是給農產品搞一個華麗的包裝，而是農產品本身的品質認證，綠色生態有機安全農產品就是賣點，地理標誌和特色的風味就是賣點，品質是農產品品牌的核心價值所在。給大家介紹一個成功的品牌策劃案例：陝西咸陽紅太陽現代農業有限公司的“1216 蘋果”。大家知道，陝西是蘋果生長的優生區，陝西淳化縣是優生區中的特優區。抓住這個特點，西北農林科技大學王征兵教授和陝西咸陽紅太陽現代農業有限公司策劃出具有淳化地域品牌的“1216 蘋果”。“1”表示蘋果生長在海拔 1 千米的高度，所以色紅、味美。“2”表示黃土層厚度 200 米，土層厚，果樹根系能充分伸展，營養豐富。“16”表示晝夜溫差 16 攝氏度，溫差大，蘋果就甜。"1216" 概況了蘋果的特質。生長在海拔 1 千米以上、黃土層厚度 200 米、晝夜溫差 16 攝氏度地域的蘋果是很少的，"1216 蘋果" 每盒裝有 12 個蘋果，在許多城市一盒賣到了 300 元。

五、品牌要市場化

　　品牌建設要堅持管理與保護並重，發揮政府與市場兩個作用，但要以市場作用為主。品牌靠政府不行，政府打造農產品品牌，受地方主義限制，立足地域，目的是給當地產業打造知名度，給政府打造美譽度，其用意不是打造商業品牌、企業品牌，所以經不起考驗。農產品品牌要適應市場需要，經得起市場檢驗，以消費者為中心，以市場為導向，培育具有自主造血功能的農產品經營主體品牌和產品品牌，這樣才能長久。所以品牌塑造只靠政府扶持、政府補貼不行，要信市場而不是市長。

　　　　　　　　　　——在全國鄉村振興與扶貧協作（寧波）論壇上的發言

培育脫貧致富帶頭人
聚集鄉村振興新動能 *

　　很高興能在百花綻放的春季來到美麗的寧波，很高興能在中華民族即將迎來實現第一個百年奮鬥目標之際，與各位領導專家研討事關國家興旺、民族復興的話題：鄉村振興與扶貧協作。

　　自古以來，消除貧困就是人類夢寐以求的理想，是各國人民追求幸福生活的基本權利。消除貧困，改善民生，逐步實現共同富裕是社會主義的本質要求，是中國共產黨的使命追求。消除貧困不僅是我國全面建成小康社會的底線目標，也是當今世界面臨的最大的全球性挑戰，是國際社會面對的重大理論和實踐難題。黨的十八大以來，以習近平同志為核心的黨中央，把脫貧攻堅擺到了治國理政的重要位置，動員全黨全社會力量打響了脫貧攻堅戰，取得了舉世矚目的成就，展現了中華民族優秀的品質，詮釋了中國特色社會主義制度的優越性，為人類發展進步和反貧困事業積累了寶貴經驗，受到國際社會

*　劉曉山，國務院扶貧辦全國扶貧宣傳教育中心副主任，國務院扶貧辦貧困村創業致富帶頭人工作組組長，國務院扶貧辦扶貧工作培訓師資庫成員，民進中央參政議政特邀研究員。

一致好評。脫貧攻堅已經向世界證明了中國道路的優勢，證明了中華文化蘊藏著的智慧之光和強大生命力，為我國在國際社會提升了形象、聚集了中國新動能。同時，脫貧攻堅極大地激發了中國人民的創造力和建設熱情，為黨增添了凝心、聚力、匯智，團結人民砥礪前行的磅礴力量，成為一道亮麗的中國風景，一曲新時代的《東方紅》。

習近平總書記在黨的十九大報告中首次提出鄉村振興戰略，並將它列為決戰全面建成小康社會需要堅定實施的"七大戰略"之一，這是新時代農村工作的總綱領，是中心任務，也是解決"三農"問題、全面激發農村活力的重大行動。習近平總書記指出，農村、農民、農業問題是關係國計民生的根本問題，必須始終把"三農"問題作為全黨的重中之重，作為國家戰略關係全局長遠前瞻的總佈局，它是國家發展的核心和關鍵。鄉村振興關係到我國是否從根本上解決城鄉差別、鄉村發展不平衡不充分的問題，也關係到可持續發展問題。中國是一個典型的農業國，中國社會是一個鄉土社會，承載著中國人千迴百轉的鄉愁。中國文化本質是鄉土文化，鄉村振興既開拓中華民族的復興之路，又重塑中華傳統文化之魂，沒有鄉村振興，就不可能有中華民族的偉大復興。

目前，我國還有 1660 萬貧困人口，到 2018 年底還有 2.6 萬個貧困村，近 400 個貧困縣，中西部貧困農村基礎設施還很薄弱，整體發展滯後，尤其在深度貧困地區攻克貧困、鞏固成果、防止返貧的任務依然艱巨，鄉村與城鎮差距較大的局面沒有得到根本改變。農業現代化仍是同步發展的短板，現在距決勝脫貧攻堅戰還有一年多的時間，要實現全面建成小康社會的底線目標，補齊這個短板，任務十分艱巨。

習近平總書記指出，農村要發展，農民要致富，關鍵靠支部。並指出，鄉村振興，人才是關鍵。為保障鄉村振興的順利實施，就需要造就一批懂農業、愛農村、愛農民、會幹事、能幹成事的"三農"工作隊伍，健全基層戰鬥堡壘。鄉村振興，"五個振興"是基礎，人才振興和產業振興是基礎當中很重要的一環。要打贏脫貧攻堅戰，為鄉村振興奠定基礎，以優秀人才充實健全基層組織，是一個重要途徑和法寶，而致富帶頭人是鄉村優秀人才的重要組成部分，是實現鄉村振興戰略的重要力量。國務院扶貧辦將培育貧困村創業致富帶頭人列入 10 項重點工作並分成了 10 個工作組，我在其中的貧困村創業致富帶頭人工作組擔任組長，所以，今天就這個話題談一談我的一些體會和認識。浙江省及其寧波市作為發達地區，在脫貧攻堅和東西部扶貧協作上投入了大量的物質和人力。我了解到，這幾年寧波投入的人力，光援建的幹部就有 80 多人，還有一部分志願者，總計有 800 多人，這是每年的數據。政府投入達到 6 個多億，還有社會資金和產業發展資金，將近 40 個億。為脫貧攻堅和東西部扶貧協作做了大量工作，發揮了重要作用。其中，在培育貧困村創業致富帶頭人工作中也進行了積極探索和實踐。當前，雖然貧困地區還有一部分致富帶頭人的能力不強，還存在一些需要提煉、提升、總結和改進的問題，但是，我們能及時發現這些問題並努力加以解決，就為脫貧攻堅的決戰決勝起到了重要作用，為鄉村振興、為實現農村"產業興旺、生態宜居、鄉風文明、治理有效、生活富裕"、讓農業成為有奔頭的產業、讓農民成為有吸引力的職業、讓農村成為安居樂業的美麗家園奠定了基礎，為脫貧攻堅與鄉村振興有效銜接提供了有力的抓手，為東西協作的各項措施落實提供了有力保證。在此，我想從五個方面講講培育致富帶頭人在鄉村振興和脫貧攻堅相銜接的過程中所起到的作用。

　　一是成為發展本土產業的中堅力量。脫貧攻堅、鄉村振興，提升產業的附加值是根本措施。西部要發展產業，要實現在現有客觀條件下，如何將東部發達的人才、資金、技術、管理等優勢與西部的自然資源、相對廉價或者低價的勞動力，以及未開發的市場等優勢資源稟賦相連接，這裏面缺一個環節，最關鍵的環節就是致富帶頭人，也就是在發展產業的帶頭人上。在西部長期閉塞的自然條件下，人員的觀念、素質本身在客觀上就造成了差異化。改革開放以來，中西部的人大量外出打工，人才流失嚴重，現在有些貧困地區出現了一種現象——"386199 現象"，"38" 是婦女，"61" 是兒童，"99" 是老人，即剩下了婦女、兒童和老人，甚至還有的地方只剩下了一部分殘疾人，這種現象在前幾年的西部地區還是比較多的。西部的發展，人才是重要支撐，是關鍵中的關鍵，培育致富帶頭人就是要將具有帶頭興辦鄉村產業項目實力和能力作為基本條件，從脫貧縣的鄉村幹部負責人的素質來看，基本都是發展本土產業的行家裏手，而且在產業發展上下的功夫最大，確確實實成為脫貧攻堅和鄉村發展當中的中堅力量。我們今天看到的灣底村有三句話：第一句話叫 "窮則思變"，第二句話叫 "創業萬歲"，第三句話叫 "人民第一"。沒有創業，產業不發展，"人民第一" 的口號，"人民第一" 的情懷是很難落到實處的，這也說明了產業的重要性。

二是成為引領群眾在本鄉參與生產或創業的 "領頭雁" "壓艙石"。近年來，農民工返鄉創業數量大幅度增加，很大程度上是家鄉吸引他們的產業興旺起來了，家鄉帶領產業發展的帶頭人站起來了、領起來了。他們能在家鄉通過勞動有穩定的收入，既能建設家鄉，又不背井離鄉。本土創業為穩定家庭、養老敬老、教育後代、支撐農村的興旺穩定起到了 "壓艙石" 的作用。

三是成為促進經濟社會發展的新動能。經過對此項工作做得好的貧困村和向發達地區學習，我們感到，每個做得好的村基本上都有一個共同的特點，即有一個帶頭能力強、為民情懷深、聽黨話的好的致富帶頭人。我們看的灣底村，就是先進基層組織，他們綜合實力明顯增強，基礎設施不斷完善，生活環境質量不斷改善，基本公共服務明顯提升，人民生活水平顯著提高，社會治理體系逐步健全，而且取得了非常大的成效。把有新思想、好模式和在強經濟過程中有重要貢獻的人作為帶頭人、引領者，是促進鄉村經濟社會全面發展的新動能或者是重要動能的關鍵。

四是成為提升鄉村社會治理水平的重要力量。我國鄉村社會治理千百年來，貫穿經濟活動和道德倫理這兩個基本方面，加上管理者的制度和法規，三方面構成了鄉村治理的主體格局。治理水平高低取決於三方面的水平高低和協調發展，現在看依然如此。帶頭人是經濟活動的主導者，自然也是道德倫理的重要影響者，三方面中，帶頭人在兩個方面發揮著重要作用，自然也就成為鄉村治理水平的重要力量。

五是成為健全基層組織的生力軍。習近平總書記指出，人民對美好生活的嚮往是我們的奮鬥目標。黨只有代表人民、團結人民、依靠人民才有生命力、凝聚力、戰鬥力。我們在培育、支持致富帶頭人的全過程中始終不能忘記黨性與人民性相統一，培育帶頭人就是要為我們黨的事業培養人才、培養骨幹力量，要將帶頭人培養成黨員，培養成 "村兩委" 成員、鄉幹部，培養成基層組織的生力軍、骨幹力量。我們基層黨組織的主要建設任務就是打贏脫貧攻堅戰，這是檢驗 "村兩委" 是否落實黨中央決策部署能力水平的 "一把尺子"。致富帶頭人能否在打贏脫貧攻堅戰中發揮重要作用，是檢驗其是否認真履行了對黨對人民忠誠的一種標誌。

為了開展培育好致富帶頭人工作，2018 年，國務院扶貧辦、科學技術部、財政部、人力資源和社會保障部、農業部、中國人民銀行、中國銀監會、中國保監會 8 個部委下發了《關於培育貧困村創業致富帶頭人的指導意見》，在支持培育致富帶頭人的過程中，要求始終堅持帶動貧困群眾、科學選擇產業、堅持生態發展理念、堅持群眾滿意的標準。

習近平總書記在出訪歐洲的時候說：我將無我，不負人民。不忘初心，方得始終。中國共產黨的使命和初心就是為人民謀幸福。讓我們緊密團結在以習近平同志為核心的黨中央周圍，認真貫徹落實黨中央和國務院的決策部署，心繫群眾，紮實工作，齊心協力，精準施政，聚天下英才，為脫貧攻堅、鄉村振興培育一批政治可靠、想幹事、能幹事、有為民情懷、有責任擔當的致富帶頭人。這是脫貧攻堅的治本之策、鄉村振興的重要抓手。功在當代，利在千秋！

──在全國鄉村振興與扶貧協作（寧波）論壇上的主旨演講

鄞州的鄉村振興與產業扶貧之路 *

　　"越山長青水長白，越人長家山水國。" 900 多年前，知鄞縣 3 年的王安石，離任途中寫下《登越州城樓》，這兩句詩寫出了他對鄞縣山水田園的眷戀。今天，全國"兩會"閉幕不久，大家伴著春風，來到古鄞大地，親身感受山水之美、田園之美、鄉村之美，共同探討鄉村振興與扶貧協作，我覺得非常有意義、也非常榮幸。

　　習近平總書記多次提及王安石縣域治理之策、名垂青史之功。如果說，王安石是過去鄞縣鄉村治理的奠基者、開拓者，那麼習近平總書記就是當代鄞州鄉村發展的擘畫者、指引者。2003 年 6 月，在時任浙江省委書記的習近平同志親自調研、親自部署、親自推動下，浙江全面啟動以生產、生活、生態"三生"環境改善為重點的"千村示範、萬村整治"工程。

　　同年 9 月，習近平同志就來到鄞州灣底村視察，殷切囑託我們把村莊整治與發展經濟結合起來，與治理保護農村生態環境結合起來，走出一條以城帶鄉、以工促農、城鄉一體化發展的新路子。16

---

* 　褚銀良，寧波市委常委、鄞州區委書記。

年來，我們牢記習近平總書記的諄諄囑託，堅持一張藍圖繪到底、一任接著一任幹，大力激發"實幹、擔當、奮進"的新時代鄞州精神，把總書記的"灣底囑託"幹成了鄉村振興的"鄞州樣板"，灣底村成為全國文明村、國家 4A 級旅遊景區，鄞州獲浙江新農村建設"九連冠"，成為中國美麗鄉村建設示範區（縣）；轉化成了發展領跑領先的強大動力，2018 年 GDP 全市第一、全省第三，連續 4 年名列全國綜合實力百強區第 4 名，位居全國中小城市綠色發展百強區第 2 名。回顧鄞州區的鄉村振興之路，我有五點感受和體會。

最根本的一條是堅持戰略定力不動搖

鄉村振興，舉什麼旗、走什麼路是最根本的問題。16 年來，我們始終把習近平總書記的諄諄囑託牢記在心上、落實在行動上，堅持一個方向走到底，按照總書記指引的"兩個結合、一條新路"，先後實施了新農村建設行動綱領、建設質量提升戰略、鄉村振興戰略；2018 年 9 月，重走總書記灣底考察之路、重溫總書記親切囑託，提出實施"五大工程"、推進"三融五美"，即推進發展融合、形態融合、民生融合，促進產業美、鎮村美、環境美、生活美、鄉風美，打造浙江美麗鄉村示範區、城鄉融合發展先行區。我們堅持一套理論用到底，把習近平總書記提出的"兩座山""兩隻鳥""兩隻手"等重要理念作為傳家寶，運用到鄉村振興實踐中，提出了"接二連三"的農業發展之路、全景打造的環境治理之路、統籌聯動的鎮村建設之路、"五金富民"的增收致富之路等，學出了鄞州感悟、用出了鄞州解法。

最核心的一條是堅持產業為基不動搖

習近平總書記來灣底村考察時，深有感觸地說："'千萬工程'只有以業為基，才有持久生命力。"我們始終抓牢產業這個根本，一是"接二連三"發展美麗經濟，通過"服務+""平台+""數字+"，大力發展田園綜合體、民宿經濟、全域旅遊，促進了農業與工、商、文、體、旅的融合發展。像各位領導考察的灣底村，他們通過"農產品精加工+鄉村旅遊"，15年間，村集體可用資金增長了5倍多，農民人均收入增長了4.5倍，正在努力創建5A級旅遊景區。二是"化零為整"促進集聚集約，加大涉農資金、村級留用地等整合力度，土地流轉率達84%，讓農村散亂污小工廠走進了小微產業園。我們鄞州的民意社區與中信香港、中信泰富合作開發村級留用地，這個社區總資產達到了6.8億元，村民分紅最多可達到9萬元。三是"多渠引水"拓寬致富路子，推行土地流轉金、股金分紅、養老金、經營租金、勞動薪金"五金富民"，農民的錢袋子一天天鼓起來，2018年人均可支配收入達3.6萬元，城鄉兩個收入之比控制到了1.7以內。

最關鍵的一條是堅持統籌融合不動搖

我們牢記習近平總書記城鄉一體融合發展的要求，主動針對鄞州半城半鄉的現實，以"千萬工程"為抓手，堅持城鄉統一規劃、統一建設、統一管理，2008年率先進入全面融合發展階段。

一是一張圖推進城鄉全域統建。依託城市"六大新空間"開發建設，聯動建設特色小鎮、美麗鄉村，近1/3的村創建成省級以上各類示範村，2019 年我們所有的行政村村莊規劃實現全覆蓋。特別是村級層面打造風景線，系統構建了十大風情鎮、百個特色村、千里遊步道、萬里農業園，畫好了鄞州的"富春山居圖"。

二是一盤棋推進環境全域治理。持之以恆打好環境整治、治危拆違、散亂污治理、垃圾分類等一系列攻堅戰。比如東吳鎮三塘村，"三自"垃圾分類法比城市更規範，成為省衛生村，捧得浙江"五水共治"最高榮譽"大禹鼎"，創建為省級生態區。

三是一張網推進基礎全域聯通。統籌建好互聯互通的基礎設施網、共建共享的優質公共服務網，先行建設 5G 網絡示範區，成為浙江省"四好農村路"示範縣，公共服務水平走在全國前列。

最重要的一條是堅持治理創新不動搖

習近平總書記多次強調，依靠群眾力量，推進基層治理創新。我們著眼把群眾積極性最大限度調動起來，堅持共治共管、共建共享、共同締造，以"最多跑一次"改革為牽引，落細落小"三治融合"。在自治上，建設說事長廊，推行"三民治村"，即村事民議、村務民定、村權民管，特別是發揮"老娘舅""老潘警調"的作用，我們有一個著名的品牌叫"老潘警調"，給出了 36 計調解民間的糾紛矛盾，也就是說做成了 36 種案例和方法，這樣一個警調室一年就可以調解 400 多起矛盾糾紛，而且成功率達到 100%，做到了村裏的事情由群眾商量著辦，群眾的矛盾由群眾互相來解。在法治上，重點推進基層公權力"三清單一流程"城鄉全覆蓋，發揮好村監會"村級紀委"作用，讓幹部用好權、群眾好監督。在德治上，創新文化禮堂市場化運作機制，強化文明鄉風培育、最美系列創建，打響了"週日文化""義鄉鄞州" 等品牌，形成了崇德向善的淳美鄉風。像邱隘鎮回龍村，一個村級文化禮堂，每週有兩三場演出，而且是市場化運作，每年給村級集體經濟帶來 16 萬元的租金收入，這是市場的力量。

最基礎的一條是堅持固本強基不動搖

習近平總書記指出，農村富不富，關鍵看支部；老百姓說，老鄉富不富，關鍵靠幹部。只有打牢基層基礎，才有鄉村振興事業 "萬丈高樓平地起"。我們堅持一切工作抓到支部，區委建立村社書記交流例會制度、開展村社治理競技賽，極大地激發了基層戰鬥力，湧現了灣底 "幸福指數工作法"、雲龍 "書記一點通" 等一批基層黨建品牌，成為全省基層組織建設先進區。"書記一點通" 就是老百姓只要手機按鍵按一按，就可以找到村社書記，由村社書記來解決村民反映的問題。我們堅持有生力量下到基層，大力實施基層黨建 "百千萬" 工程，創新 "第一書記" 全日制選派機制，引導鄉賢能人返鄉治村。在這裏很高興地跟大家報告一下，我們推出 "第一書記" 制度之後，有一位中國工程院的陳建平院士，主動請纓，來擔任東吳鎮南村的 "第一書記"，熱心反哺家鄉，從而形成了 "頭雁領航，群雁高飛" 的格局。我們堅持幹部服務沉到一線，區委組織開展 "三進三訪" 活動，實現走親連心。4 個多月來，我們的幹部走訪村社 353 個，實現了全覆蓋，收集群眾反映的問題 3689 個，問題的解決率達到 73.9%。2018 年平安考核當中，我們比上個年度前移了四十多位。以 "三亮三考" 來倒逼擔當作為，以 "六賽六比" 來激勵比學趕超，全區廣大幹部群眾一起，把總書記的 "灣底囑託" 幹成了 817 平方公里大地上鄉村振興的實景樣板。

在推進鄞州鄉村振興的同時，我們始終認為，一地振興不是全局振興，共同振興才是全面振興。我們主動把習近平總書記的諄諄囑託帶到對口幫扶地區，把鄞州鄉村振興之路複製到扶貧協作中，讓脫貧攻堅的過程變成了鄉村振興的過程，形成了一些"鄞州經驗""鄞州解法"。

一是融合為先，變"對口協作"為"發展融合"。把對口扶貧協作放到區域融合發展、互促共進的高度來謀劃、來推進，形成了"發展共謀、資源共享、產業共興、協作共建、合作共贏"的總體思路和總體格局，得到吉林省委主要領導同志的批示和肯定。

二是產業為基，變"輸血扶持"為"造血幫扶"。以產業鏈融合發展為牽引，走出了"鄞州總部＋衢江製造"園區共建之路、"商務飛地＋工業飛地"飛地經濟發展之路；以產業模式創新為重點，創出了和龍"共享稻田"的解法，建成"共享稻田"705 畝、市場收益376 萬元、帶動農戶致富 858 人，同時建立網上網下展銷平台，延邊農產品在鄞銷售達 1514 萬元。

三是以人為本，變"黨政獨舞"為"社會共舞"。30 餘家社會組織幫扶 37 個項目、受益近 2 萬人次，獲得中華慈善獎的善園發起100 餘個公益幫扶項目、募集善款 500 餘萬元，湧現了"造橋女孩"嚴意娜、"支教奶奶"周秀芳等一批全國先進。周秀芳老師退休後在湖南捐建希望小學 27 所，在吉林又設立周秀芳愛心驛站，讓當地400 名貧困生得到結對幫扶，她獲得"全國脫貧攻堅獎奉獻獎""中國好人"等榮譽。我覺得，共同推動對口地區從脫貧攻堅走向鄉村振興、從一時脫貧走向持續發展，這才是長效的東西部脫貧協作機制。

在不久前閉幕的全國"兩會"上，習近平總書記指出，鄉村振興仍是"希望的田野"，脫貧攻堅正值最吃勁的時候。在這個關鍵時期，大家相約寧波、相聚鄞州、相互啟迪，十分及時、十分必要。衷心希望本次論壇取得圓滿成功，也誠摯歡迎各位貴賓多來鄞州指導把脈，一起譜寫新時代"春天的故事"，一起唱響新時代"希望的田野"。

今天的發言是以《登越州城樓》開始的，最後，還是以《登越州城樓》結尾，在這裏把王安石這首詩的尾聯獻給在座的各位，"人間未有歸耕處，早晚重來此地遊"，獻給我們的鄉村鄉愁，獻給我們鄉村振興的偉大事業。

——在全國鄉村振興與扶貧協作（寧波）論壇上的主旨演講

第三部分

消費扶貧與鄉村振興

消費扶貧是社會力量參與
脫貧攻堅的重要途徑 *

在這百花爭豔、春意盎然的季節裏，我們來到我國改革開放的窗口——深圳，共同為消費扶貧與鄉村振興集思廣益、群策群力，我深感責任重大，使命光榮！

實施鄉村振興戰略是黨的十九大作出的重大決策部署，是決勝全面建成小康社會、全面建設社會主義現代化強國的重要歷史任務，是中國特色社會主義進入新時代做好"三農"工作的總抓手。消費扶貧作為幫助貧困人口增收的一種方式，是社會力量參與脫貧攻堅的重要途徑。大力實施消費扶貧，對於打贏脫貧攻堅戰，全面推進鄉村振興具有重要的作用。

今年，是中華人民共和國成立 70 週年，也是決勝全面建成小康社會第一個百年奮鬥目標的關鍵之年。今天，我們中國小康建設研究會在有關單位的支持下，在這裏隆重舉辦"2019 消費扶貧與鄉村振興（深圳）大會"，以"實施消費扶貧，助力鄉村振興"為主題，共同探討消費扶貧模式，研究消費扶貧良策，交流消費扶貧經驗，引導

---

* 白長崗，中國小康建設研究會會長。

和激勵全社會積極參與消費扶貧，全面構建大扶貧格局，為堅決打贏脫貧攻堅戰，實施鄉村振興戰略作出新貢獻，具有重要的現實意義。

近兩年，消費扶貧在經過探索實踐後，進一步得到了社會的重視，也得到了社會各界的擁護，發展進程明顯加快，呈現出範圍更寬、方式更多、影響更大的新趨勢。消費扶貧讓扶貧思路有了新的變化、新的升華，幫扶有了新的載體，居民消費有了新的期待，鄉村產品有了新的銷路。消費扶貧最大的特點，在於不只是搞單向的幫扶，而是憑藉市場機制、資源整合實現合作共贏、互惠互利，由簡單的給錢給物，向深度資源開發演化，重點是提升貧困地區與貧困戶的發展能力，體現了幫扶的道義，避免了依賴思想，有利於貧困戶的穩定收入和自我發展。

2018 年 12 月 30 日，國務院辦公廳印發了《關於深入開展消費扶貧助力打贏脫貧攻堅戰的指導意見》（以下簡稱《意見》）指出，要堅持政府引導、社會參與、市場運作、創新機制，著力激發全社會參與消費扶貧的積極性。自此，消費扶貧納入了國家脫貧攻堅政策體系，豐富了國家現有扶貧政策體系內容，提升了相關政策的可操作性。《意見》要求，各級機關和國有企事業單位等要帶頭參與消費扶貧，並引導全社會參與消費扶貧。這為消費扶貧的健康發展注入了強大信心和動力、提供了根本指引和遵循。可以預見，中央對消費扶貧的支持力度會更大，發展環境會更好。我們要抓住新機遇，帶頭參與到消費扶貧的行動中，豐富消費扶貧形式，推動消費扶貧向縱深發展，讓消費扶貧在助力打贏脫貧攻堅戰的過程中發揮越來越重要的作用。

中國小康建設研究會作為全國性社團組織，自成立以來，圍繞"研究發展問題，促進經驗交流，提供政策依據，推進小康進程，服務中央決策"的發展宗旨，積極開展工作，為國家關係國計民生重要決策提供參考，為地方脫貧致富奔小康提供智力支持，為全面建成小康社會作出了一些應有的努力和貢獻。上個月，在寧波剛剛結束的全國鄉村振興與扶貧協作（寧波）論壇上，舉行了中國小康建設研究會鄉村振興研究院成立揭牌儀式和鄉村振興百縣巡迴大講堂啟動儀式，可以說，為打贏脫貧攻堅戰全面建成小康社會，我們一直在努力、在前行。中國小康建設研究會也期待與在座的各位朋友、各位領導一起，助力廣大農民增收致富，積極為實施消費扶貧、脫貧攻堅建言獻策，為決勝全面建成小康社會、同心共築中國夢作出新貢獻，以優異成績慶祝中華人民共和國成立 70 週年。

　　　　　　　　——在 2019 消費扶貧與鄉村振興（深圳）大會上的發言

健全政策導向　有序健康發展 *

　　黨的十九大提出了"五位一體"的鄉村振興戰略。作為新時代"三農"工作的總抓手，統籌農業、農村各項事業的發展，同時，黨中央又提出了精準扶貧任務，把扶貧攻堅作為建成小康社會三大攻堅戰之一擺在了更高的位置。黨中央對"鄉村振興"與"扶貧攻堅"作出了全面具體的部署，提出了明確的要求。有關部門也制定了相關的規劃和方案，提出相應的政策和舉措，幾年來，各地按照既定規劃方案在推進，在推進過程中，大家都有一個普遍的共識：要確保鄉村振興戰略和脫貧攻堅任務順利實施推進，離不開人、地、錢等相關要素的配置和合理使用，這方面有一個政策導向問題。我先談幾個現象。

　　第一，人才問題。目前，我國農村有勞動能力的人口約 4.8 億人，其中小學及以下文化程度佔 40%，初中文化程度佔 48%，高中及以上文化程度僅佔 12%，受過職業培訓的僅佔 5%，這是目前農民整體文化素質的狀況。從人才培養來看，最近，四川農大校長介紹了

* 　李春生，第十三屆全國人大農業與農村委員會副主任。

一組數字，四川農大在校生 4 萬多人，其中只有 20% 學傳統農業專業，其餘 80% 是學近農業和非農業專業的，而就這 20% 學傳統農業專業的學生畢業後，真正從事農業工作的也不多，到農業基層一線工作就更少，全國農業院校每年畢業生 100 多萬人，加上農業職業院校畢業生數量是比較可觀的，學生畢業後的去向與四川農大類似。這些年，儘管國家對農村人才培養很重視，也取得了比較大的進展，但人才短缺仍然是農業農村各項事業發展特別是推進脫貧攻堅的 "瓶頸"。

第二，土地資源利用問題。目前，我國耕地大約有 20 億畝，每年經濟建設佔用耕地 1000 萬畝左右。現在一些地方發展相關產業，搞經濟建設都有用地的衝動，特別是鄉村旅遊等，用起地來很是慷慨，少則幾百畝，多則上千畝，還有二期、三期，但是卻很少考慮土地的使用效率。前不久，我到西部一個貧困縣看到，當地正在建設 "萬達小鎮"，一期工程 1500 畝，二期工程 2000 畝，一期已開發完成，正著手準備搞二期，至於這個項目發展前景如何，考慮得並不多。西部地區的一個村，一位回鄉企業家做的項目 "檸檬小鎮"，全村幾百戶宅基地部分集中蓋起了樓房，其餘的加上大部分村裏土地建起了遊樂場等設施，耕地已基本沒有了。類似的現象還有不少，鄉村振興、脫貧攻堅要有基本資源要素等保障，這種不講效益，盲目地利用資源使用資源是不可持續的。

第三，資金使用問題。目前，地方經濟建設資金主要有兩個來源：一個是土地出讓金，另外一個是發債。2017 年地方的土地出讓金超過了 5.2 萬億元，去年達到 6.5 萬億元。過量發債現在也是普遍的現象，前不久我到中部地區一個貧困縣，這個縣財政收入 1 年不到 2 億元，財政負債累計達 16 億元，每年還新增 1—2 個億的債務。

上述的這些現象不是孤立的、局部的，而是一個比較普遍的現象。說明我們政策配套不健全，現行的政策制度還有不完善的地方，部分地方在執行過程當中有不嚴謹的情況。應盡快健全我們的政策導向，完善相關制度設計，確保鄉村振興和脫貧攻堅能夠有序健康發展。

大家知道，這些年我國脫貧攻堅很大程度上是自上而下由政府組織發動、增加投入推動實施的，這種模式的好處是在短時間內，使脫貧進程迅速縮短，立竿見影，效果明顯，但這種模式也帶來一些問題，就是容易形成貧困地區和貧困群體的內升動力不足，主動性、積極性不夠，加上當前貧困地區產業發展，普遍存在產業鏈條短，相關產業銜接融合不夠，產業發展的同質化現象比較嚴重，產業發展的後勁不足，很難形成脫貧致富的長效機制，很難保障明年脫貧攻堅任務完成後，貧困地區的穩定和可持續發展，這個問題要引起我們足夠重視。那麼，如何在脫貧後保障穩定可持續發展，有幾點應注意解決好。

第一，現階段政策、制度設計應重點向農業農村，特別是貧困地區傾斜。促進有關制度、政策有效引導人才、土地、資金等資源要素合理的流動配置。長期以來，農村特別是貧困地區的「人才、土地與資金」等相關要素都是單向地向城市流動，儘管這些年這種狀況有些改變，但還遠遠不夠。農村和貧困地區長期處於「失血、貧血」狀態，很難保證鄉村振興和脫貧攻堅的順利進行。因此，要促進農村和貧困地區相關條件的改善，為相關資源要素向農村流動打基礎、創條件。

第二，從國家和省級層面應先做好頂層設計。從區域佈局、產業發展、產業調整角度，都要有利於促進城鄉融合發展，促進產業發展起來有效率、可持續，為我們鄉村振興、脫貧攻堅提供強有力的產業支撐。在實際工作當中，要注意橫向、縱向的規劃方案的銜接，強化相關部門的聯動。效益形成公平合理，使相關政策導向真正發揮作用，使上上下下、方方面面的協同配合有效運作，高效發展。

　　第三，全方面動員社會力量參與農村產業發展，助力脫貧攻堅。應鼓勵引導龍頭企業參與和引領，形成有效的產業經營載體；引導合作社來參與，提供一個有效的產業組織載體，並注重形成“龍頭企業家＋合作社＋農戶”的產業組織經營模式，還有相關產業的融合發展，產業鏈條的延伸，努力形成全產業鏈條、複合型的產業，真正推動脫貧攻堅任務的完成。

　　第四，應建立有效的工作運行機制。如部門之間，有關方面的協調推進機制；各方參與的激勵機制；貧困地區創業的激勵機制；貧困群眾主動作為的激勵機制等。政府和有關部門應抓緊建立機制運行的配套政策，真正發揮導向和約束作用，使鄉村振興、脫貧攻堅按照既定的目標和方向去走，不跑偏、不走樣，充分調動方方面面的力量，為鄉村振興戰略的順利實施、脫貧攻堅任務的順利完成，進而為保障穩定可持續的發展奠定堅實的基礎。

——在 2019 消費扶貧與鄉村振興（深圳）大會上的主旨演講

建立"消費扶貧"的長效機制 *

　　消費扶貧是貧困地區、貧困群體的一個痛點、難點，同時也是解決貧困問題很重要的切入點。消費扶貧不能僅停留在消費扶貧的層面，更要以此為切入點和契機，推動城鄉二元化的破解，推進農村產業的調整和升級，推動農村改革。

　　我曾調研貴州六盤水的水城，這是一個貧困程度比較深的縣。2018 年人均收入只有 9000 元，但當地資源條件很好。提到茶，大家就會想到浙江、安徽、福建和廣東，其實貴州茶才是全國面積最大的，擁有 550 萬畝，產量是最高的，品質也不差。我看了一個茶園，400 多項檢測標準都合格，問題在於賣得不好。當地總是宣傳茅台酒，但很少宣傳貴州茶。

　　消費扶貧可以幫助把大山裏面偏僻地區和貧困地區的土特產品、功能產品、優秀產品推向市場，同時，也要作為切入點，作為破除城鄉二元結構的良好舉措，可以推進一二三產業融合、實現城鄉互動的一個契機。例如"品牌問題"，貧困地區的好產品最主要的問題不

＊　劉堅，國務院扶貧開發領導小組原副組長、辦公室主任。

是加工問題，不是交通問題，而是品牌和宣傳不夠的問題。英國品牌"綠燈茶"就是成功的案例。貴州茶面積大、產量高，大家都買貴州的茶，就會看到貴州貧困地區的脫貧希望。所以，要宣傳貴州茶，產品、品牌一起抓。一個地方的品牌是政府、企業和個人共同維護起來的，要大力宣傳，對消費者的具體選擇也有幫助。比如"綠燈茶"是英國的品牌，"綠燈茶"進入國外五星級飯店，它其實是來自中國、來自貴州、來自浙江。中國農科院的茶葉研究所做了一個調查，10個城市1萬名消費者認企業品牌的只佔11%。我過去都是喝綠茶的，後來我搬到雲南接觸到普洱茶，覺得普洱茶不錯。但是，我卻不知道雲南的普洱茶到底哪個企業的好，這個很難選。所以要做好品牌。貧困地區產品要搞品牌，只有這樣才可以形成長效機制。

習近平總書記給東盟國家寫信提到："脫貧是第一步，先讓大家富起來。"脫貧攻堅難，形成扶貧的長效機制更是任重而道遠。所以，我們的消費扶貧要為消除貧困的長效機制服務。

第一，樹立品牌，建立有影響的產業。讓老百姓有穩定、長久、有競爭力的產業。品牌是一個非常重要的切入點，而且現在是一個升級換代的有利時機。消費扶貧，講環境問題，產業興盛對貧困地區是一個很大的機會。我專門關注了一下統計學，例如家庭年收入在10萬—50萬元人民幣的稱為"中等收入"家庭，這種家庭願意吃高品質的、安全的、功能性的土特產品，滿足這種需求，就要以消費扶貧為切入點，塑造品牌，構建富饒的、長期的產業。通過消費扶貧推進城鄉融合、推進一二三產業融合，破除城鄉二元結構，是一個有效的好辦法。

第二，互通有無，建立共享經濟機制。我去東北調研大米，那裏的大米在唐代就是貢米，是浙江寧波對口扶貧的。浙江寧波的同志購買了當地的農產品，也就是我們講的消費扶貧。以此為契機搞"共享農田""共享農房"",把浙江寧波和這個地區緊密結合起來了。

第三,要以消費扶貧為切入點,推進資源變資產、資金變股金、農民變股東。這是 2015 年習近平總書記在扶貧工作當中指出的。本人對這個問題學習以後,感受到這是繼家庭聯產承包責任制的又一個重大改革,希望大家可以共同深入思考。

消費扶貧一定要政府、企業、農民一起發力。消費扶貧要按照市場經濟規律,為改革服務,不能保護落後產品,不能沒有誠信。我去湖北調研,有一個同志告訴我,在推動消費扶貧進程中,地方給他們供應的馬鈴薯都是發芽的,這是不行的。總而言之,消費扶貧是解決貧困地區的痛點、難點,更是一個切入點,要以此為契機,推動產業振興,進而推動農村改革,推動農村城鄉二元化的破解。

——在 2019 消費扶貧與鄉村振興(深圳)大會上的主旨演講

(根據錄音整理)

消費扶貧是打贏脫貧攻堅戰的
重要手段 *

我就"消費扶貧"談一點自己的看法,與大家分享國務院辦公廳《關於深入開展消費扶貧助力打贏脫貧攻堅戰的指導意見》的學習體會。

第一,要充分認識消費扶貧的重要意義和特點。國務院辦公廳的文件作了一個定義,指出消費扶貧就是動員社會各界通過消費來幫助貧困地區的產品能夠持續消費、助力扶貧。實際上,從經濟學意義來講,任何產品如果不能進入商品流通,不能最終消費出去,前期的生產綜合成本都會沉澱,不僅不能盈利,還有可能負債。不管是工業也好,農業也好,產品和服務一定要進入市場,一定要賣得出去,而且要賣個好價錢,能夠盈利,不能賠本賺吆喝。馬克思講從產品到商品有"驚險的一躍",如果產品不能成為商品賣出去,受到損害的不僅僅是產品,還有生產者。

現在農村農民的問題是有好產品和服務賣不出去,最終就脫不了貧。經濟學講生產、流通、消費,消費的關鍵是作為生產者、銷售者

---

* 季曉南,國務院國有重點大型企業監事會原主席,中央第九巡視組副組長。

一定要把產品和服務賣出去，讓消費者把資金給你，你把商品給消費者。做企業和產業的人一定要實現這個 "驚險的一躍"，否則就摔死了，如果這個問題不解決，鄉村基本扶貧就很難完成。農業、農村和農民 "三農" 的問題，根本的問題是把產品變成商品。商品賣不出去，不可能成為產業，產品和產業是兩個概念，產品上下游不打通就不能成為產業，就不能持續發展。前兩年，美麗鄉村、新型城鎮化都講 "產業振興和產業扶貧"，帶來了一個同質化的問題。雖然有好產品，賣不出去也形成不了產業化，就是產能過剩，反而加劇了產業鏈上各種生產者、服務者的負擔。

產業振興扶貧，一定要結合消費者，最終要把產品和服務賣出去。國務院辦公廳的文件關於扶貧講了很多，不是過去簡單地給錢給物，而是想通過消費轉化，這是關於消費的意義和特點。我認為，關於消費扶貧，可以分為直接消費扶貧和間接消費扶貧。直接消費扶貧是動員個人來買貧困地區貧困人口的產品和服務，要提供一個合理的價錢。間接消費扶貧是通過我們的體系和平台，幫助其盡快實現產品銷售。所以資金方面很重要。此外，社會各界參與消費扶貧，怎樣把貧困地區的產品銷售出去，幫助其提高品質和品牌，這就是社會各界的責任。要抓好直接消費扶貧，不可能人人都自己去買，肯定要通過中間的渠道。所以更重要的是建立社會間接消費扶貧體系，這對 2020 年打贏脫貧攻堅戰很重要。

第二，要發揮國有企業特別是中央企業在消費扶貧中的帶頭和示範作用。國務院文件給我們的調研報告中，反覆提到了中央企業，現在的國有企業有員工 4200 多萬，這是在崗員工，如果把家屬算起來，平均一家 3 個人或者 2 個人，是 1 億人口。如果直接消費買貧困地區的產品，對拉動消費扶貧助力打贏脫貧攻堅戰很重要。我們的員工和企業遍佈全國，不管是發達地區還是貧困地區，問題是如何把這項工作做好。我們機關也有很多食堂，內部培訓院校也有大量農產品需要，如何建立體系，怎麼在同類商品當中選擇購買，這個很重要。

這些年，國有企業和中央企業按照中央的要求在扶貧方面做了大量工作，包括援疆、援藏扶貧。"十二五"期間，中央企業參與定點扶貧 300 多家，中央事業單位佔了 1/3，中央企業幫扶 240 多個國家開發重點項目，佔到 42%。"十二五"期間扶貧資金直接援助 5 個億，應該說已經做了大量工作。同時，國有企業和中央企業在消費扶貧方面還有很多潛力可挖。比如把貧困落後地區的產品融入企業的體系，對企業也很有幫助。現在全國加油站超過 10 萬個，城市裏面、城鄉接合部包括比較大的鄉村加油站，每個加油站不僅僅是加油，當中都有商品零售店，像中石化那樣。在我監管期間，中石化 300 多個加油站非油產業，不是賣汽油、柴油，就是賣土豆、大米、礦泉水，每年以 35% 的速度遞增。中石油的加油站有 5 萬多個遍佈全國的連鎖店，如果貧困地區產品融入這個體系，可以帶動一大片貧困地區脫貧，這方面潛力巨大。

此外，像中糧集團，是從田間地頭到餐桌，全產業鏈糧油食品及各種消費品，例如金龍魚食品油、德芙巧克力產品和奶製品等等，基本全覆蓋。另外還有一些企業，例如中國農業發展集團，原來是"十大企業"劃出來的，包括海洋捕撈。中央企業擁有 1100 萬員工，是一個很大的消費體，加上家屬 1 億人口，再加上體系裏面很多跟消費直接相關的，以及跟農產品直接相關的，對接起來應該說對消費扶貧可以發揮很重要的作用。

第三，要努力消除制約消費扶貧的痛點、難點和堵點。光有熱情是不夠的，因為市場競爭很慘烈，講幾個需要注意的問題，痛點、難點和堵點是農產品銷售信息不對稱，要大力發展電商平台促進農產品銷售。就像電商平台，大家都已經關注到電商平台是未來創新創業的熱門，這幾年我看到至少有 10 家左右的電商在做農產品。據了解，做電商企業特別是做電商平台的，6 年到 8 年之內是不盈利的，不是說商家有熱情建立個電商平台，消費者、生產者都到這個平台上交易，不是如此簡單，現在也不可能做"壟斷"，這當中的問題是，建立電商平台的同時，如何讓廣大農戶和廣大消費者知道平台交易，需要自身具有競爭力，還需要考慮到盈利。

電商平台要解決自身從生產者到消費者中間的痛點，而且要更便捷、更經濟。通過平台有助於產品快速銷售出去，壯大產業。我們看到，民營企業有人說平均超過 300 萬，平均壽命是 2.97 年，3 年後就銷聲匿跡了，現在大家都想做馬雲，都有雄心壯志，但是我知道的大部分電商平台 8 年左右普遍都不盈利，這值得去思考。

如何提高"地區品牌、企業品牌、產品品牌"，可能有幾個途徑。

第一，做區域品牌。"上有天堂，下有蘇杭"，這就是區域品牌。如雖然普洱茶都不錯，但也有良莠之分。

第二，請企業做。根本是品質以及性價比。所以，要讓大家知道"消費扶貧"能夠為生產者、貧困農戶找到可信賴的消費者，對消費者來講是可以找到可信賴的農產品。同樣，品牌中間還有性價比的問題。消費扶貧是系統的工程，好比深山老林，青山綠水，產品是很好，但是交通運輸不便，信息不對稱，也沒有競爭力，所以這裏面要有大的企業來做，另外國家要解決基礎設施建設，還要解決誠信等問題。

第三，做大品牌要鼓勵各類人才，特別是企業家積極投身消費扶貧當中。我最近連續幾次去了浙江省，包括台州和湖州，當地的"美麗鄉村"和"鄉村振興"最大的制約就是人才流失，年輕人都出去了，其中一個縣長陪了我一整天，到 3 個鎮去看，留守的都是老年人和小孩子，這樣能作出著名品牌和產品競爭嗎？顯然不能。國家發改委剛剛發了督促城區常住人口 300 萬以下的城市全面取消落戶限制的文件通知，這方面是大趨勢，另一方面是進一步吸引農村年輕優秀人才到城市，農村人才科技化。依靠農村本地留下來的人振興消費扶貧是沒有辦法支撐的。要有有效的激勵機制，吸引各類人才和企業家回來辦企業和產業，幫助把家鄉的產品賣出去，這個方面依舊存在很多問題。著名企業依文集團，把貴州的刺繡跟國際市場聯繫起來，研究國際上最前端的服裝品牌、時髦的元素，同中國的元素結合起來，通過招聘八千多個繡娘進入人才部，多次在巴黎舉辦時裝展。沒有優秀的企業家，沒有優秀的企業，我認為這種消費只能是直接消費，缺乏持續性。另外，陝西的蘋果很有名，彬州市經濟相對比較落後，企業家馬軍回來後租了 10 萬畝蘋果園，從研發到最後包裝、加工，把法國的果酒著名品牌引進來，用他的蘋果加工。這是農戶變股東，土地變資產。農民不僅有土地補償收入，進入合作社，還有打工掙的錢，就可以脫貧了。這就需要有更多的優秀企業家，除了做公益事業，還要有回報，改善營商環境，所以消費扶貧一定要可持續發展。

第四，要創新金融支持消費平台的途徑和模式。現在都說融資貴、融資難，貧困戶沒有資金，資金從哪裏來？傳統的金融機構怎麼支持貧困戶生產？傳統的金融機構必須創新。消費扶貧是打好脫貧攻堅戰的重要手段，中間要做的工作還很多，只要我們社會各界共同努力，一起來解決痛點、難點和堵點，我相信消費扶貧在中國一定會取得新的積極進展。

——在 2019 消費扶貧與鄉村振興（深圳）大會上的主旨演講

（根據錄音整理）

積極促進消費扶貧　打贏脫貧攻堅戰 *

今天在深圳這個改革開放的前沿城市研討"消費扶貧與鄉村振興"具有特殊意義。消費扶貧是社會各界通過消費來自貧困地區和貧困人口的產品與服務，幫助貧困人口增收脫貧的扶貧方式，是社會力量參與脫貧攻堅的重要途徑，也是一種先富幫後富的具體舉措。

我們知道，國務院扶貧辦 2014 年就提出了消費扶貧的理念，結合第一個"1017 扶貧日"，還設計了"邀你一起（1017 的諧音）來扶貧"等口號，但從目前我們在各地調研的情況看，消費扶貧的理念還主要限於扶貧體系內，尚未形成廣泛的社會影響。因此，開展消費扶貧，首先需要在消費者中做大量的宣傳，以形成必要的社會氛圍。這方面，有兩個發力點：一是感召消費者的公益心，消費扶貧是所有消費者都可以參與的公益行為，購買貧困地區的產品就是扶貧；二是挖掘和宣傳貧困地區產品的優點，尤其在當今消費者對農產品和食品

---

* 劉曉山，國務院扶貧辦全國扶貧宣傳教育中心副主任，國務院扶貧辦貧困村創業致富帶頭人工作組組長，國務院扶貧辦扶貧工作培訓師資庫成員，民進中央參政議政特邀研究員。

安全高度關注的情況下，來自貧困地區的產品因工業污染少，一般更符合綠色、生態的要求。就此而言，消費扶貧，不僅是做公益，而且對消費者本身也是物有所值的。

消費扶貧，除了在消費者一側，還必須在供給側下功夫，特別需要圍繞產品開發、服務體系品質建設與提升發力。來自貧困主體的產品、服務，是開展消費扶貧的載體。要想將消費扶貧廣泛、持續地開展下去，做出成效，就必須把產品中的價值特別是它的潛在價值發掘出來，讓消費者享用接受。對做電商的企業常說，好產品不等於好網貨、好網貨不等於好銷售、好銷售不等於好體驗。貧困地區的產品，一般而言開發得不夠，加上服務體系或供應鏈支撐上的各種問題，往往導致好產品賣不出好價錢。再有，消費扶貧不應該只是一次性的行為，還要助力貧困主體內在能力的培育和提升，這就更需要對消費扶貧有一種長遠的認識和政策安排。

消費扶貧的前提是要解決供需兩端的對接，即實現廣大消費者與來自貧困主體的產品、服務的有效對接。為此，需要拓寬供需兩端對接的渠道。電子商務在消費扶貧兩端對接中能夠發揮非常重要的作用，而且，在“互聯網+”的時代背景下，開展消費扶貧需要電子商務來助力；另外，從消費扶貧的目標來看，其實現的手段可以不拘一格。線上線下的渠道都可以助力消費扶貧，並且，從現階段農產品上行的實踐來看，“線上營銷+線下走量”的情況，也是很常見的。

消費扶貧，需要政府搭台、企業唱戲。要盡快建設一個由政府主導、專門促進農村扶貧開發的“1017網”，用來溝通各方主體，動員和整合資源，促進共識，協調行動，提升扶貧績效。這個網在性質上，是與電子商務關聯，為電商扶貧活動的買賣雙方及其服務商、幫扶機構等主體服務的開放平台；在功能定位上，建議從信息服務網起步，向服務支撐網發展，貼近交易但不做交易，讓交易由市場主體去完成。目前，承擔電商消費扶貧重任的"中國社會扶貧網"已經開通，在農村電商平台多元化背景下，它如何打通和拓展與交易平台的連接，如何解決平台接口、數據沉澱、產品追溯、服務保障、資源共享、業務協同等問題，還有較長的路要走。

消費扶貧，還需要在消費對接、商流、組織乃至產業上有一系列的創新。比如，要建立和擴大消費者對生產者的信任，可以鼓勵開展社區支持農業的實踐，通過對生產者"人"的信任，解決對農產品信任的問題；通過跨區域合作和商流再造，以 B—B—C 解決長距離 B—C 物流成本過高的問題；再比如，通過農旅結合，發展休閒農業、田園綜合體等"接二（產）連三（產）"的方法，改變貧困地區農產品的形態和性質，使其保值增值，等等。

2019 年 1 月，國務院辦公廳印發了《關於深入開展消費扶貧助力打贏脫貧攻堅戰的指導意見》，這對社會各界用實際行動參與脫貧攻堅，踐行"先富幫後富"、實現共同富裕提供了遵循和動力，拓寬了渠道。綜上所述，讓消費與扶貧積極互動起來，是貧困地區產業發展的要求，是貧困地區發展優質產業實現穩定脫貧的重要保障，同時也是促進社會文明進步的有效途徑。

那麼，如何讓消費與扶貧積極互動、實現雙贏？本人作為扶貧工作者，同時也是國務院扶貧辦貧困村創業致富帶頭人工作組的組長，在這項工作上做過一些思考，我認為，需要做到以下三個堅持。

一、堅持扶貧的初衷

消費是手段、方式，助力打贏脫貧攻堅戰是初衷、目的。消費扶貧，一頭連著貧困地區、貧困人口，一頭連著廣闊的消費市場，其最大特點是運用市場機制實現供給與需求的有效對接，引導和發動社會力量參與脫貧攻堅戰，促進貧困地區產業發展、貧困人口增收，出發點和落腳點是"扶貧、脫貧"。要讓政策不走偏，實現初衷和目的，精準確定所消費產品的扶貧作用是前提，因此，在執行政策時要提前進行效益評估：一要看產品、服務輸出地；二要看建檔立卡貧困戶是否得利；三要看對穩定脫貧能否給力（如優化產業結構、穩定帶貧機制、壯大集體經濟等）。這樣才能靶心不散，政策紅利精準"滴灌"到位。

二、堅持可持續發展

消費扶貧是帶有"溫度"的消費。只有消費和溫暖並存、物有所值和"心"有所值，消費扶貧才能成為良性循環，才可持續。我國近14億人口就是巨大的消費市場，這個市場還將影響國際市場，消費規模之大，可拓展的空間之闊，為消費拉動扶貧產業結構優化、提升品質，注入了良性互動的自轉力。消費的基本規律是買有所需，賣有所值。所要買的是需要的商品，且質量好、價格合理、售後服務跟得上，"物美價廉"是消費扶貧可持續發展的基礎、良性自轉的源泉。這就要求貧困地區、貧困人口生產商品時，一是要瞄準消費者所需。按市場所需合理選擇產業、發展產業，促進產業結構優化升級，加速供給側結構性改革，打造消費扶貧產業的科學結構。二是要瞄準質量信譽。按市場需求開發產品，努力提高扶貧商品的質量，逐步形成扶貧商品綠色、優質、原生態等特色，實現標準化、可追溯機制，增加常規產業的規模分量，增強特色產業的品質特性，提升地標產業的標值名氣，樹立扶貧商品的質量信譽品牌。三是要瞄準物有所值的合理價格和服務。按經營規律提升商品附加值，讓貧困群眾的勞動付出利潤最大化，讓產業鏈上的附加值更多地惠及貧困群眾，給予其合理回報，賣出價值、賣出熱心、賣出舒心，實現扶貧的目的，讓扶貧商品物有所值，成為傳遞溫暖的商品，形成良性互動多贏的局面，提升消費與扶貧的溫度。

三、堅持弘揚社會風尚和促進文明進步

消費對推進人類社會文明起到了重要作用，是人與人交往過程中，體現價值觀、人生觀、世界觀的社會活動之一，是直接促進社會文明進步的重要推手。國務院辦公廳印發的《關於深入開展消費扶貧助力打贏脫貧攻堅戰的指導意見》，將消費與扶貧相聯，本身就是宗旨意識的體現，帶有"溫度"。我們在開展消費扶貧的過程中，一開始就應該有意識地把為人民服務的意識、社會主義主人翁的意識、社會主義核心價值觀的精神境界注入其中。讓社會各界特別是先富起來的一部分人，將為人民服務的意識、扶貧濟困的優良傳統體現在消費扶貧中；將貧困群眾的主人翁意識、自強精神、尊嚴和獲得感，以及"幸福是奮鬥出來的"體驗感進一步煥發出來。讓消費與扶貧積極互動，成為促進為民服務、扶貧濟困、自立自強、平等友善、誠實守信等社會文明風尚的助推器，成為高質量打贏脫貧攻堅戰、全面建成小康社會的加速器，從而實現鄉村振興的宏偉目標。

——在 2019 消費扶貧與鄉村振興（深圳）大會上的主旨演講

提升質量　增加效益　創新平台[*]

　　2019 年"中央一號文件"對扶貧工作作出重大的判斷，近兩年是打贏脫貧攻堅戰和實施鄉村振興戰略的歷史交匯期。脫貧攻堅，產業扶貧是第一個任務；鄉村振興，產業振興也是第一個任務。今天，圍繞怎樣推動農業高質量發展這一主題跟大家交流一些我的思考、觀點和想法，重點有三個關鍵詞。

　　第一個關鍵詞：提升質量。我們現在的農業數量大，主要是質量的問題和品質的問題。所以我們提出"從生產導向轉向提質導向"。怎麼提升產品質量？首先，要立標準，按標準化生產。特別是在規模經營主體、加工廠、農業合作社推行標準化生產。其次，要強監管。我們產品產出來了，但是後面還有儲運、加工、轉化，這些環節如果管不好也會影響產品的質量。所以產品的質量不僅是產出來的，也是管出來的。最後，要樹品牌。質量的好壞要有背書，還要推廣營銷。所以要抓好品牌創建、品牌認證、品牌推廣、品牌營銷各個環節。

---

* 宋洪遠，農業農村部鄉村振興專家諮詢委員會副秘書長，農業農村部農村經濟研究中心主任。

　　第二個關鍵詞：增加效益。現在我們農業效率不高，我們的勞動生產率是用 25% 的生產力，創造 8% 的產值，很多地方搞種植和養殖的，辛辛苦苦種植兩年不如外出打工。要增加效益，首先，要降成本。現在的成本很高，比如搞規模經營，土地成本、人工成本、農地作業成本都在上升。其次，要擴規模。規模太大單位成本也會增加，規模太小也不行，要適度擴大規模，一方面是土地規模經營，另一方面是社會化經營。最後，要拓功能。我們的農業只看種糧，生產效益是不高的，如果我們能夠把農業的產業鏈延長，拓展生態、文化、環境，價值就會提高了。

　　第三個關鍵詞：創新平台。效益要提高，首先，要調整優化農業結構，包括產品的結構、生態的結構、產業的結構和產業的佈局。其次，要進園區。園區是產業經濟、產業發展的平台，也是經營主體活動的大舞台。比如搞得很多的園區，像糧食生產功能區、生產示範保護區、特色農產品優勢區、現代農業示範區、現代農業科技持續發展實驗區，我們有農業科技創業園、產業園、創新園等等，這是我們發展的平台。最後，要促融合。我們的產業發展就環境和產業來看，發展是低的，如果可以沿著延長產業鏈、拓寬價值鏈、完善利益鏈、發展新產業、發展新業態、發展新模式方向推進，就會實現一二三產業融合發展。

　　我藉這個機會，就“脫貧攻堅產業扶貧和鄉村振興的產業振興”和大家以推進農業高質量發展為主題交流以上幾個方面。

　　　　　　　　──在 2019 消費扶貧與鄉村振興（深圳）大會上的主旨演講

　　　　　（根據錄音整理）

消費扶貧落地與實施的建議 *

　　2015 年 11 月，中央召開了我國歷史上最高規格的扶貧大會，習近平總書記提出目標：確保 2020 年所有貧困地區和貧困人口和全國人民一起邁進全面小康社會。這是非常艱巨的任務。緊接著這幾年扶貧攻堅工作列入了政府最重要的工作日程，全黨全社會包括企業各界都非常關注。2016 年 11 月，國務院扶貧辦牽頭 15 個部委出台了《關於促進電商精準扶貧的指導意見》，明確提出消費扶貧的概念。由於我們不斷地調整扶貧方式方法，這幾年扶貧成果非常顯著。2016 年到 2018 年有 433 個貧困縣脫貧了，佔全國 832 個貧困縣的一半以上。2019 年 1 月 14 日，國務院辦公廳出台了《關於深入開展消費扶貧助力打贏脫貧攻堅戰的指導意見》，文件提出兩個重點：一是開發式扶貧。過去我們國家這麼多年都是政府投入扶貧，對激發扶貧地區的內升增長動力不足。二是鞏固脫貧成果。大家知道這幾年扶貧成果很顯著，但是返貧形勢也很嚴峻，怎樣鞏固脫貧攻堅成果非常重要。無論開發式扶貧還是鞏固脫貧成果都要依靠社會力量，而簡捷的途徑就是社會各界通

＊　方言，中國小康建設研究會副會長、國家發改委農經司原副司長。

過消費來自貧困地區和貧困人口的產品與服務,幫助貧困人口增收脫貧。所以這個文件的意義非同尋常。

一、落實文件精神,消除痛點、難點和堵點

《關於深入開展消費扶貧助力打贏脫貧攻堅戰的指導意見》提出,需要"著力"四個方面工作,即激發全社會參與的積極性、拓寬渠道、提升質量、推動旅遊,從而消除生產、流通、消費環節制約消費扶貧的痛點、難點和堵點。消費扶貧的具體內容,一方面是產品,另一方面是服務,二者密不可分。對於產品來講,除了需要機關團體的幫助,還需要通過鄉村旅遊帶動產品消費,這就涉及農村基礎設施和服務能力的提升。對此,文件中提出了開發式扶貧、精準消費、多方消費、搭建橋樑、提升能力、措施落地等舉措。政策出台只是第一步,政策落地才是最重要、最關鍵的。從我個人 30 多年農村工作經歷感覺到消費扶貧當中還是有很多難點、堵點。

從產品方面看。一是產量規模的制約。現在 832 個貧困縣多半都是在山區,這些山區的特點是耕地少、水資源少、土壤貧瘠,自然資源方面有缺陷,要做成規模非常不容易。除了黑龍江、內蒙古等糧食主產區的貧困縣,大部分貧困縣的農產品是"有產無量,有品不優",產品規模很小,做品牌成本高;或者是產品品質較好但是不優,大大降低了消費者的體驗感,進而影響了產品銷售的持續性。為什麼會出現這種情況,主要由於產量小,品種改良滯後,更何況沒有規模很難做品牌,沒有品牌就難以打開市場,這就是產品的短板。二是質量監管問題。現在電商使流通渠道暢通了,但是電商在鮮活產品流通中難以把控質量規格,貧困地區在這方面有明顯缺陷。三是民間

工藝品的提升，重點在少數民族地區的原生態產品。對原生態工藝品要進行適當的藝術加工和改造，"三區三州"中的藏族區和彝族區由農奴制、奴隸制直接進入社會主義，社會制度跨越式改變，由於社會發育和文化習俗等歷史原因，影響文化產品和民間工藝品內涵的提升，這也是消費扶貧的一個難點。

消費扶貧第二個方面是服務性消費。服務性消費未來增長空間非常大，主要是開展鄉村旅遊，通過這些年改善水電氣路等基礎設施，農村的基礎設施有很大改善，為開展鄉村旅遊創造了條件，如何把鄉村旅遊和農產品銷售銜接起來是一篇大文章。現在旅遊部門提出的"後備箱經濟"，就是城市居民從周邊地區短期的旅遊後，把從農村買回來的農產品帶回城裏，帶動了農民增收。這種家庭自主購物的個體形成一個龐大的消費群體，這是我們下一步的關注點。

二、補齊消費扶貧的短板

開展消費扶貧，一是要解決好農村基礎設施這個硬件。雖然近年新增農村公路里程 400 多萬公里，實施了"村村通動力電"工程，實施農村環境整治，帶動了電商扶貧，使 274 萬貧困戶增收，光伏扶貧直接惠及 80 萬貧困戶，旅遊扶貧 2.3 萬個貧困村。但水、氣、廁、垃圾仍是貧困地區開展鄉村旅遊的障礙，體驗不美，可持續性差。特別是公路、網絡對農產品銷售非常重要。832 個貧困縣中，有 90 個縣是產糧大縣，位於平原和丘陵地區，有形成產品規模的條件，但這畢竟只是 832 個貧困縣的 1/9，其餘各地條件較差。此外，茶葉也是貧困地區的另一個特色產品，在貴州、雲南等地已形成規模，要加強公路、網絡建設，從而推動與電商平台、大型商超對接。

二是要打通貧困地區科技 "最後一公里"，針對貧困戶開展技術服務，這對於山區、邊遠地區是最困難的。李春生主任講，幾百萬大學畢業生有多少回鄉？基層農技人員缺乏確實是個大問題。現在除農業部農業技術推廣系統外，供銷社、農資供銷體系、涉農的企業、跨國企業都在搞技術推廣，但是貧困地區的科技 "最後一公里" 還是沒有打通。既然有這麼多企業參與，政府可以多採取購買式服務，解決貧困地區農業技術社會化服務。

三是開展誠信教育。在有條件和有產品規模的貧困地區，要對農民、合作社開展誠信教育，目前企業的誠信度有欠缺。我參加過電商的研討會，有的電商反映，陝西獼猴桃一盒12—16個，總有1—2個外觀上不符合規格。另外產品的質量安全怎麼保障？質量安全是每一個生產環節積累而成的，一個環節出問題，產品質量安全就大打折扣。生產者生產環節的誠信教育對於貧困地區打造品牌至關重要。

三、促進消費扶貧要分類施策

促進消費扶貧，在產業發展上還是要實施分類政策，要生態保護優先。貧困縣當中的大部分是生態脆弱區，我認為把握生態優先的原則最為重要，有了綠水青山才有金山銀山，不能因為急於脫貧破壞綠水青山。15年前，我去貴州關嶺，雖然是喀斯特地貌，但山上植被覆蓋率還不錯，現在滿山種了火龍果、油茶，樹下光禿禿的，土地裸露，"遠看綠油油，近看水土流"，遇到下雨，水土流失嚴重。因此，不管發展什麼產業都要以生態保護優先，生態良好是貧困地區的最大優勢，破壞生態勢必加劇當地的貧困程度。當然有很多好的案例，比如貴州黔西南州發展種草養羊，效果就很好，非常適合當地的實際情況，羊糞增加了土壤有機質，增加了植被和產草量，羊被廣東企業收購，增加了農民收入。另外，要根據當地的環境承載能力做好鄉村旅遊規劃，避免鄉村旅遊一哄而起，旅遊人口在特定時間突發式增長，給當地資源環境造成巨大壓力。

我一直在想，在"鄉村振興脫貧攻堅"中，特別是消費扶貧中政府應該做什麼。我認為，政府千萬不要用錯了力，政府要在公共基礎設施上和服務上重點投入，做非競爭性的基礎公共建設，少干預企業的產業規劃和發展，有時政府初衷是好的，但效果不好，原因在於用錯了力。政府在消費扶貧中要正確把握自己的定位，推進消費扶貧良性循環。

——在 2019 消費扶貧與鄉村振興（深圳）大會上的主旨演講

消費扶貧與城鎮化建設的思考 *

中國城鎮化促進會是按照黨中央推進新型城鎮化的戰略部署，由國家發改委和原農業部、住建部等十多個單位共同發起，經國務院批准成立的新型社團組織，是專門推動我國新型城鎮化建設的社會團體。對於消費扶貧，今天我講兩個問題。

一、消費扶貧與新型城鎮化和
鄉村振興的關係

消費扶貧是一個重大的理論實踐創新。消費扶貧的概念很新，但是從理論溯源看，是消費經濟學在經濟發展到一定階段的一個非常實際的應用。大家知道，消費經濟學是研究在一定的社會生產力的條件下，人們在消費過程中所形成的經濟關係及其發展規律的一門學科。這門學科起源於 20 世紀 "二戰" 時期的美國，當時美國希望通過消

---

* 陳炎兵，中國城鎮化促進會黨委書記、專職副主席兼秘書長。

費推動美國經濟發展，避免經濟蕭條帶來的重創。在 20 世紀 80 年代，消費對我國經濟的拉動起到了重要作用，今天重新把消費與黨和國家重大扶貧戰略結合起來，我覺得是非常大的理論創新，在實踐上也是具有探索意義的。

　　消費扶貧是對消費經濟學的一個重大的理論創新。第一，把消費與脫貧攻堅有機結合起來，重點在於在城鄉消費之間如何建立一個良性互動、資源互補、長效可持續發展的機制。我覺得消費扶貧在理論上具有創新意義。第二，消費扶貧的提出，也是對深化農村供給側結構性改革的一個重要創新。現在農村、城市存在著很突出的"二元經濟結構"，農村要吸納城市大量的資金、人才、信息、資本，更關鍵的是靠自身的結構性改革，供給側結構性改革。今天談的很多話題，都是圍繞如何提高農村的服務和產品的競爭力、創造力，吸引更多的城裏人把自己的錢投入農村。這是我們這個政策的重點。第三，消費扶貧是夯實農村產業基礎、實現鄉村產業振興的一個重要舉措。鄉村振興的核心是產業振興。消費扶貧最核心的問題是如何推動鄉村產業振興，如何保證鄉村可持續發展。第四，消費扶貧概念的提出，對建立城鄉要素自由流動的體制機制是一個非常重要的創新。大家都是響應黨的號召，從道義、感情、責任上扶貧，如果希望廣大農村能夠長久的脫貧致富，需要靠體制機制的建設。最近，中共中央、國務院出台了一個重要的文件《關於建立健全城鄉融合發展體制機制和政策體系的意見》，這個文件是希望從體制機制上建立一個長久的工業反哺農業、城市反哺鄉村的機制，能夠讓城裏的信息、人才、資金源源不斷向鄉村流動。消費扶貧是一個重要的渠道。第五，消費扶貧是按照市場化的原則來推動脫貧攻堅，實現鄉村可持續發展的重要創新。如果要長期地實行脫貧攻堅，要長期讓農村農民富起來，必須按照市場化的原則，充分發揮市場主體的作用帶動脫貧攻堅，消費扶貧就是用

市場的指揮棒引領我們的資本、資金、人才、財富向農村傾斜的一個
非常重要的舉措。

二、特色小鎮建設如何為消費扶貧和
鄉村振興服務

近幾年，特色小鎮成為熱門話題，上到黨中央、國務院，下到省
市，遠到國外，還有國內工業企業都在談特色小鎮建設，的確，在國
際、國內，特色小鎮的探索都取得了很多的經驗。像英國、德國、美
國、日本的特色小鎮建設都非常有成績。我國以浙江為代表的地方實
行特色小鎮的創建模式也取得了非常好的成績。2015 年底，習近平
總書記對特色小鎮建設給予了充分肯定，並作出了重要批示，指出特
色小鎮建設有助於推動經濟轉型升級，推進新型城鎮化的轉型，各地
要大膽創新特色小鎮建設。

2015 年以來，全國各地的特色小鎮建設風起雲湧，也出現了不
好的現象，比如藉著特色小鎮建設盲目開發房地產。特色小鎮的建
設是城鎮化發展到一定程度的必然選擇，從資源配置來看，改革開
放 40 年，很多生產資源、人力財力向大城市集中，出現了 "大城市
病"。根據經濟發展的規律，很多企業把自己的總部都放到了一些小
城鎮，比如德國大眾、奔馳、寶馬公司，還有美國波音公司等都將總
部放到了離大城市不遠的小城鎮。小城鎮如何進行 "消費扶貧和鄉村
振興"，我認為在以下幾方面可以發揮重要作用。

第一，用特色小鎮建設帶動鄉村產業振興。鄉村振興的核心是產
業，我們缺乏的是產業。特色小鎮恰恰是把產業植入小鎮的一個非常
重要的手段。以浙江為例，浙江以高科技雲端設備建設雲棲小鎮、夢

想小鎮、檸檬小鎮、玫瑰小鎮等等，都是把產業從大城市轉移到離農村最近的小鄉村，甚至是小村落，特色小鎮建設可以納入更多的產業。從 2016 年開始，在國家發改委領導下，聯合國家開發銀行、中國光大銀行、中國企業家聯合會、中國企業聯合會共同發起一個重要的工程——"千企千鎮工程"，號召全國所有的大中型企業、大型民營企業與小鎮相結合，實現一個企業帶一個鎮，一個產業興一個鎮。3 年多來，已經成功結合 700 多對企（產）業和小鎮，比如碧桂園很多的科技小鎮，還有華為的小鎮等等，都是非常成功的範例。特色小鎮一定能夠在產業的導入方面，為鄉村振興和消費扶貧提供一個重要的平台。

第二，用特色小鎮帶動鄉村的人才振興和文化振興。歐洲很多新型城鎮化的國家，很多白領階層、富人階層都聚居到非常有生活氣息的小鎮上，很少有人住在大城市，比如紐約城中心很少有大富豪住在那裏，富豪都住到了鄉村。比如基金小鎮、風險投資小鎮都是世界上最富有的富豪居住在這些小鎮，為什麼這些小鎮可以吸引人，是因為它們真正實現了生產、生活、生態融合，在那裏生活覺得很有幸福感。鄉村振興如果可以把特色小鎮建設成為宜居、宜業、宜遊的小鎮，就可以帶來高精尖人才、帶來更多的文化底蘊。

第三，用特色小鎮搭建鄉村振興長期穩定可發展的重要平台。為什麼有 2 億多的農民離開自己的故鄉到城市打工，因為他們在就近找不到可以打工的地方，如果我們的特色小鎮在他們家門口，可以讓他拿到比城裏更好的收入，農民就不會湧入城市，因此特色小鎮建設是一個重要的支撐點。

第四，用特色小鎮建設推動城鄉一體化建設，實現鄉村振興。特色小鎮是離廣大農村最近的地方，實現扶貧"最後一公里"，打通城市到農村"最後一公里"，把城鄉連起來，鄉村振興的目標就指日可待。

　　衷心希望我們特色小鎮的建設為鄉村振興和脫貧攻堅作出應有的貢獻。

　　　　　　　──在 2019 消費扶貧與鄉村振興（深圳）大會上的主旨演講
　　（根據錄音整理）

第四部分
現代農業產業化發展

未來我國農業發展的幾點建議 *

    黨的十九大報告指出，我國社會主要矛盾已經轉化為人民日益增長的美好生活需要和不平衡不充分的發展之間的矛盾，政府職能應該根據新矛盾轉型，各項工作都要圍繞這個目標作出調整。當前，我國農業相對於工業和服務業發展滯後，理應把解決好"三農"問題置於全黨工作重中之重的地位。十九大首次提出了堅持農業農村優先發展，並把精準扶貧列為三大攻堅戰之一，舉全國之力打贏脫貧攻堅戰，創造世界扶貧史上的奇蹟。如今脫貧攻堅進入最艱難的階段，中國小康建設研究會舉辦 2019 現代農業產業化發展高峰論壇，意義十分重大。現就農業發展談幾點建議。

    第一，要推進農村土地制度改革取得突破，促進我國農村生產力的第二次大解放。農業要提質增效，就要走產業化的道路。一家一戶的小農經濟無法完成農業現代化的使命。這就要求必須破除阻礙生產力發展的體制機制弊端，實現由市場配置資源要素，賦予農民更多的財產權、經營權和收益權。40 年前正是以農村家庭聯產承包責任制

---

*   張梅穎，第十一屆全國政協副主席。

為內容的農村改革拉開了中國改革的大幕，今天實施鄉村振興和脫貧攻堅更需要進一步解放思想，向改革要動力。中央提出農村土地承包經營權再延長 30 年，給農民吃了定心丸。一些帶有制度性的變革，如實行農村承包地的"三權"分置，農村經營性建設用地、農村宅基地改革試點也在逐步推進。土地制度改革是"三農"改革的核心問題，既要審慎又要推進，要通過改革源源不斷地釋放紅利，為推進農業產業化鋪平道路。

第二，要不斷完善農業支持保護政策，加大農業基礎設施和農業科技的投入力度。在世界範圍內農業都是弱勢產業，為符合世界貿易規則和我國的"入世"承諾，我們必須不斷完善農業支持保護政策，減少對農產品價格的直接補貼。更多地使用綠色政策，加大對控制性水利工程、農村小土地和黑土地的保護，加大對農田重金屬污染治理、優良品種選育、農業科技推廣及農村信息化建設等項目的投入，紮實推進落實"藏糧於地、藏糧於技"的政策。優良育種包括雜交、轉基因技術能夠大幅度提高產量，整體提高我國農業的產業化水平。只有這樣才能把中國人的飯碗牢牢端在自己手上，而不是光提倡"鋤禾日當午""面朝黃土背朝天"，靠辛苦來解決 14 億人民的吃飯問題。必須發展農業科技，培養更多的農業科學家，走現代農業的道路。

第三，要促進新興農業經營主體的發展。新興農業經營主體是當下我國農業先進生產力的代表，最初的表現形式是傳統規模化種植養殖，發展到今天更多的是指具有一定資金、技術和管理營銷經驗的家庭農場、農民專業合作組織、農業產業化龍頭企業和其他各類農業社會化服務組織及經營者。他們是實現小農戶與現代農業對接，推動農村一二三產業有效發展的載體。當前要完善利益聯結機制，在新興經營主體與小農戶、貧困戶之間建立穩定持久的利益共享、責任共擔的利益聯結機制，提升新興經營主體的扶貧帶動作用。

　　第四，要加大金融支農力度。農業項目週期長、回報低、風險高，所以農業企業在銀行融資難，斷貸現象很突出。各級部門和人民銀行都要加大對農業企業項目金融的資金支持力度，督促金融機構及時、嚴格落實各項支持民營企業發展的優惠政策，降低貸款門檻，簡化貸款流程，進一步降低民營企業融資成本。到 2020 年實現整體脫貧是以習近平同志為核心的黨中央對全世界的鄭重承諾，我們要以只爭朝夕的精神攻堅克難，為全面建成小康社會、建設社會主義現代化強國作出我們自己的努力和貢獻。

　　　　——在中國小康建設研究會現代農業產業化聯盟成立大會暨 2019 現代農業
　　　產業化發展高峰論壇上的講話（根據錄音整理）

現代農業產業化聯盟是
農業經營體制的一大創新 [*]

　　習近平總書記高度重視農業現代化。在黨的十九大報告中強調，要 "加快推進農業農村現代化"。在全國 "兩會" 期間強調，"要加快推進現代農業建設。在一些地區率先實現農業現代化，突出抓好加快建設現代農業產業體系、現代農業生產體系、現代農業經營體系"。

　　現代農業經營體系的三個重點是，加快推進農業結構的調整，加強農業基礎設施和技術裝備建設，加快培育新興農業經營主體。今天，我們在這裏成立現代農業產業化聯盟並舉辦現代農業產業化發展高峰論壇，就是貫徹落實習近平總書記重要指示精神的具體舉措，是在構建集約化、專業化、組織化和社會化相結合的新興現代農業經營體系，是現代農業產業化組織形式的最新體現。

　　一、現代農業產業化聯盟的成立是農業經營體制的一大創新。聯盟打破了就農業論農業，針對農業發展內在行業的局限，在中國小康建設研究會的指導下，由著名的龍頭企業上市公司錦州港股份有限公司聯合中國農業發展銀行遼寧省分行、京東數科等共同發起，以錦州

＊　白長崗，中國小康建設研究會會長。

港為中心和紐帶，與南方糧食需求區有機結合起來，不僅跨地區、跨市場，而且跨行業整合了糧食生產、交通運輸、技術創新、信息服務、智力知識等優勢資源。以利益共享、產業配置為共同紐帶，以經濟效益、社會效益、生態效益共享為動力，把農產品生產加工、銷售、運輸等不同產業利益主體串聯起來，把不同的規模、背景、特色、節點的農業經營主體有機結合起來。協作分工得到利益共享、責任共擔，農業產業鏈、價值鏈能夠有效促進農民增收、農業增效和企業增利，在互動中確保農產品的質量，共享經營紅利，培育壯大聯盟的機制。

　　二、現代農業產業化聯盟的成立是以市場為導向的深化農業改革的示範。聯盟改變了以往由政府主導農業發展的既定模式，按照市場需求，拉動配置企業和社會的相關優勢資源，切實遵循市場規律，合理搭建新興現代農業載體，加快培育農業農村發展的新動能，不斷推進農業供給側結構性改革。

　　三、現代農業產業化聯盟的成立是破解"三農"問題的創舉。這將有利於整合農業全產業鏈的優勢資源；有利於創新產業鏈運行模式，達到建立一個共生、共享、共贏的生態系統；有利於制定農業生產、交易、流通的標準化、精準化和操作規範化；有利於解決農業粗放型碎片化的生產模式及高成本、高損耗、低效益、低收益的難題；有利於實現現代農業特別是糧食產業全過程降本增效；有利於為農村一二三產業探索出一條發展的新路；有利於提升農業產業核心競爭力的同時大力助推精準扶貧工程。

　　四、中國小康建設研究會始終以破解"三農"難題、全面建成小康社會為己任。自 2008 年成立至今，長期深入基層特別是貧困邊遠地區調研，組織各方面專家學者探討研究，為社會各界尤其是著名企業搭建智力支持平台。研究會調研組先後撰寫了十多篇關於"三農"

問題的調研報告，報送後得到了歷任黨和國家領導人的多次重要批示，為制定關乎國計民生，尤其是為破解“三農”問題的重要政策和法規提供了很好的參考。

五、沒有農業農村農民實現小康，就不能全面如期建成小康社會。今年是決勝全面建成小康社會的關鍵年，是脫貧攻堅的決勝年，也是我們中國小康建設研究會全面落實鄉村振興戰略的重點工作年。就在上個月我們在浙江寧波成功舉辦了全國鄉村振興與扶貧協作（寧波）論壇，同時舉辦了中國小康建設研究會鄉村振興研究院成立揭牌儀式暨鄉村振興百縣巡迴大講堂活動，在深圳成功舉辦了 2019 消費扶貧與鄉村振興（深圳）大會。我們在這裏組織成立中國小康建設研究會現代農業產業化聯盟，舉辦現代農業產業化發展高峰論壇就是要為農業現代化搭建一個有利於全產業發展共贏的平台，與加入聯盟的各個會員企業共同為全面如期建成小康社會群策群力，作出新的貢獻！

——在中國小康建設研究會現代農業產業化聯盟成立大會暨 2019 現代農業

產業化發展高峰論壇上的講話

成立現代農業產業化聯盟
為中國農業產業化貢獻力量 *

習近平總書記強調"積極培育新型農業經營主體，促進小農戶和現代農業發展有機銜接"，我們深感切中要害，抓住了現代農業的關鍵所在。錦州港作為北糧南運的重要節點，多年以來以玉米為主要品種，糧食生產量在 2300 萬噸左右。在糧食經營過程中發現，小農戶與高度產業化的糧食市場之間、糧食市場各參與主體之間都存在著巨大的協同障礙，成本高，效率低，浪費驚人。表現在以下幾個方面：第一，糧食銷售難。小農戶很難了解農產品需求的變化，更難以預測市場發展的前景，增產未必增收。以 2018 年秋糧為例，新玉米上市後農民受市場糧食價格看漲的影響，購需下跌，加上天氣影響存糧保管不善，出現黴變，帶來很大的損失。第二，提高糧食產品質量難。小規模經營農戶難以採用現代技術設備，更難以實現標準化生產，小農戶該增產的增不上去，該節支的節不下來。據調查，實現集約化生產糧食產量可以增加 8%—10%，可減少 8%—10% 的化肥農藥施用。第三，糧食儲存流通環節多。糧食由田間產出到最終消費，企業

---

* 劉輝，錦州港股份有限公司總裁。

要經過 10 次以上的環節，每次環節都要增加一定的費用，農戶在糧食收儲過程中要損耗 19%。第四，農機缺乏有效的調動。第五，物流與商流不匹配，導致糧食銷售成本提升。糧食從東北產區運到南方銷區要經過公路、鐵路、航運等多種運輸途徑，在此過程中物流信息缺乏有效的整合，各環節之間往往銜接失調。物流銜接不暢導致運糧的過程中運輸成本每噸玉米增加十幾元到幾十元。第六，農戶和中小加工貿易企業很難與金融機構有效對接。金融機構無法對產銷全鏈條提供風險評估，農戶和貿易企業的資金成本高，保守估計每年成本多支出 10% 以上。

面對上述問題，錦州港股份有限公司作為一家高度市場化混合所有制的上市公司，利用核心物流節點優勢，設立農業產業化服務公司，與中國農業發展銀行遼寧省分行等多家合作夥伴一道建立農業產業鏈條。2017 年開始嘗試搭建連接小農戶為現代農業產業銜接的市場評估體系，針對市場消費需求的判斷與農戶簽訂保底收購訂單，解決了賣糧問題。同時根據訂單預付給小農戶部分資金，解決了農民種地資金的來源。根據訂單的情況統一採購農機服務，既可以實現農民的標準化操作和標準化生產，又降低了農戶的生產資料採購成本，農戶在訂單的指導下不改變農戶土地承包權的基礎上實現了分品種的集中化就業。

此外，農業技術應用水平大幅度提升，提升標準化管理水平，使糧食生產質量和管理水平大幅度提升。秋收時糧食準時送達糧庫，以糧庫港口目的地港為基礎，實現了貿易流和物流一體化經營。根據用糧企業和貿易企業的計劃，鐵路、航運等搭配有計劃的航運班輪，最大幅度地簡化了貿易程序，提高了物流的組織效率，最終形成了從農戶生產準備、生產過程組織與管理貿易物流和用糧企業為一體的完整產業鏈閉環。由單一的龍頭企業為農戶服務轉變為龍頭企業聯合為農戶服務，為小農戶銜接現代農業產業的服務體系建設邁出了探索性的一步。這種經營模式實現了全鏈條的降本增效和提質增效，農民實實在在實現了增收節支，大家共同分享了成本降低和效率提高的紅利。

2018年，這種模式在黑龍江、內蒙古、吉林的10個縣市進行了嘗試，取得了良好的效益。通過實踐我們認識到，糧食產銷儲運是一個系統工程，是一個產業生態體系的搭建過程。但是由幾家企業共同完成，需要用糧企業、鐵路、公路、金融機構、技術單位共同參與，才能完成小農戶對接大市場，實現助力中國農業走向產業化的宏偉目標。

2018年，中國小康建設研究會在總結我們前期工作經驗的基礎上，與中國農業發展銀行遼寧省分行等發起人共同發起了現代農業產業化聯盟，希望通過產業聯盟的形式創新機制體制，利用市場化的手段搭建跨行業、跨市場、跨地域的農業產業化服務體系，推進小農戶與現代農業發展的對接，助力農業產業化發展。經過4個多月的緊張籌備，向全國64家企業發起了成立聯盟的倡議，得到了積極響應，64家企業全部成為聯盟的成員單位，並集體通過了聯盟的工作機制，依據工作機制選出了主任單位、副主任單位及秘書長單位。

今天在各位領導的關心和支持下，經過全體會員的共同努力，終於迎來了中國小康建設研究會現代農業產業化聯盟的成立。未來我們一定在中國小康建設研究會的指導下，積極開展工作，服務好全體會員，與大家一道為中國的農業產業化大計貢獻力量！

——在中國小康建設研究會現代農業產業化聯盟成立大會暨2019現代農業產業化發展高峰論壇上的講話（根據錄音整理）

中國農業趕超發達國家的途徑 *

習近平總書記提出我國趕超發達國家經濟的宏偉設想。我們認為，工業化、城鎮化都能如期實現，甚至提前實現。令人擔心的是農業。

擔心農業，主要緣於農戶經營規模太小。我國既是世界上農戶最多的國家，又是世界上農戶最小的國家。人均一畝三分地，戶均耕耘七畝田，相當於美國的 1/400，歐盟的 1/40，日本的 1/4。農戶經營規模過小，難以實現大批量標準化生產，難以採用現代技術設備，難以推進農產品加工銷售，更難以將產加銷聯成一體。這些難點的疊加，導致農業成為弱質產業，農民成為弱勢群體。

怎樣破解這個難題，中國小康建設研究會組織課題組進行了深入的調研論證。調研情況表明，想方設法引導經營能力強的農戶，吸納能力弱的農戶，擴大經營規模，形成種植大戶，是一種可行的辦法。多數大戶種植二三百畝土地，在我國稱為種植大戶，在發達國家仍屬小規模農戶，產品批量和競爭能力仍然較低。至於眾多沒有吸納進大

---

* 肖萬鈞，中共中央政策研究室原副主任。

戶的小農戶，如何擴大經營規模，則是更難以解決的問題。在我看來，我國這樣人多地少的國家，擴大農戶經營土地規模，存有諸多制約因素。發展培育為農戶服務的載體，引導農戶聯合起來，擴大產品的經營規模，則有眾多的出路。總結農村改革開放以來的實踐經驗，我們發現至少有以下幾個途徑。

其一，依託龍頭企業，推進農業產業化經營。農業產業化經營，以龍頭企業為骨幹，以生產基地為依託，龍頭帶基地，基地聯農戶。農戶生產的農產品經過龍頭企業加工增值，源源不斷地銷往國內外市場，促使農業形成區域化種植、專業化生產、規模化經營、系列化服務的格局，優勢產品形成區域性的主導產業。這些明顯的優勢，使這種經營形式一直呈現方興未艾的發展態勢。據農業農村部統計，龍頭企業帶動的農戶已佔全國農戶的 40%。

實行這種經營形式，龍頭企業為了獲得充足的原料，盡力擴大生產基地，形成大批量生產。農戶藉助龍頭企業的配套服務，不斷擴大生產能力，獲取規模效益。這兩方面的動因，形成擴大農產品經營規模的合力。我們在實地調研中看到，農業產業化發達的地方，到處有幾萬畝、十幾萬畝、幾十萬畝的產業帶，幾百戶、幾千戶、上萬戶組成的產業群。不少龍頭企業的經營區域，不僅跨村、跨鄉，而且跨縣、跨市。有些地區圍繞當地特產形成的產業帶，涉及範圍更為廣泛。位於陝西渭河北側的蘋果產業帶，東起潼關，西至甘肅交界，綿延 800 里，年產優質蘋果佔全國產量近 1/3，佔世界蘋果產量 1/10。甘肅的土豆產業帶，種植面積上千萬畝，產量佔全國 1/10。新疆的番茄產業帶，種植面積上百萬畝，加工的番茄製品佔世界貿易量 1/4。我們在調研中感到，如何擴大經營規模，思路應更寬一些，辦法應更多一些。促進土地流轉，培育種植大戶，固然是一種形式，通過龍頭企業，帶動生產同類產品的農戶，建立大規模的生產基地，則是更為廣闊的規模經營。以品牌為紐帶，按照不同產品，一條龍地形成大批量的產業群體，將是我國農業實現規模經營的重要途徑。

其二，發展農產品批發市場，形成大規模流通網絡。農產品龍頭企業不僅包括加工企業，而且包括銷售企業。農產品銷售企業，尤其是大型銷售市場，其所銷產品大都來自大規模標準化生產基地。採用現代流通方式的農產品批發市場，帶動生產基地的規模，不亞於甚至高於加工企業。我們在不同區域調查的農產品批發市場，都是鮮明的例證。

坐落在農產品銷區的北京新發地農批市場，從15個小販15畝地起家，發展成擁有上千家營銷企業、佔地上千畝的大型批發市場。全國31個省區市的名優農產品，43個國家的知名水果，均彙聚於此。農產品年交易量達1693萬噸，交易額達1080億元。這個擁有15家分市場的大型市場，從新疆到海南均建有生產基地，高標準的生產基地達330萬畝。

坐落在農產品產區的山東壽光農產品批發市場，從塑料大棚起家，如今已建有60萬畝鋼樑框架的塑料大棚，銷售千餘種本地和引進的知名品牌蔬菜，帶動附近縣20餘萬種菜大戶，種植基地遠遠領先全省各地，成為遠近聞名的蔬菜之鄉。

有的地方還湧現專門建設經營農產品批發市場的企業集團。深圳農產品股份公司先後在20個省區建設53個現貨交易和電子交易市場。其中18家現貨交易市場，年交易量2900萬噸，交易額1700億元，據業內人士估算，農產品基地達千萬畝。

總的來看，改革開放以來，我國農產品市場有較大的發展，但仍遠遠不適應市場需要。實踐證明，提高標準化農產品供應，必須建設現代市場體系，在全國形成佈局合理、設施先進、功能完備、機制健全、運行規範的現代農產品市場網絡。在市場帶動下，培育越來越廣的標準化生產基地，這是促使我國農業實現規模化標準化的有效途徑。

其三，引導農戶聯合起來，發展合作經濟。在家庭承包經營基礎上，由農戶自願參加、自主經營、自我服務的合作經濟，解決諸多自己難以克服的困難，深受農戶的歡迎。據農業農村部統計，全國合作經濟吸引的農戶已有 1/3 左右。今後 5 至 10 年如擴大到 1/2 至 2/3，農業規模化經營將進入新的階段。實現這樣的目標，亟須發揮龍頭企業、批發市場的帶動作用。龍頭企業、批發市場均帶動農戶建立生產基地，引導基地的農戶聯合起來，組成合作經濟，形成 "龍頭企業 + 合作社 + 農戶" 的經營模式，順理成章，簡便易行，成效明顯。坐落在錦州港的大型糧食運轉龍頭企業，在東北 10 個產糧縣市，組建上百個合作社，聯合 4 萬多農戶，輻射 300 萬畝糧田。龍頭企業通過合作社與農戶簽訂收購訂單。春耕前將糧食收購資金預付到戶，統一購置農機、化肥、農藥等農用物資，統一機耕、機播、機收。糧食收獲後，由田間直接送到指定的糧庫，糧庫與公路、鐵路、航運部門協調運輸線路，迅速運到銷區，有效地減少轉運環節，降低流通費用。種糧農戶通過增產節支，增收 30%。

這 10 個縣市實行的經營模式，在東北引起強烈反響，其他縣市紛紛要求這樣做。由中國小康建設研究會牽頭，在錦州成立現代農業產業化聯盟。該聯盟不僅囊括眾多龍頭企業，而且囊括中國農業發展銀行、糧食貿易公司、交通運輸部門、農業科技中心等職能部門，形成完整的服務體系，包括信息體系、科技體系、倉儲體系、物流體系、金融體系、監控體系，各個體系緊密銜接，收益共享。由龍頭企業引領成立合作社，在更大範圍更高層次上組建服務實體，這是建設現代農業的重大創新。我們應引導扶持現代產業聯盟擴大覆蓋範圍，提升服務效益。這對促進我國農業的跨越式發展將起巨大的作用。

上述龍頭企業、市場網絡、合作組織,是市場經濟發展的必然產物。從世界範圍看,不管哪個國家,只要發展市場經濟,就必然產生農戶生產的產品如何進入市場的問題、產生如何提高農產品市場競爭力的問題。發達國家農戶經營規模比我國大得多。經營規模再大,單靠自己的力量,從事農產品加工、儲藏、運輸、銷售,並將這些環節聯結起來,也很難實現。於是,產生聯合起來建立服務載體的需求。尤其是農戶經營規模小的國家,聯合的要求更為迫切,服務載體更為普遍。當然,各國的國情不同,發展的重點亦有所不同。荷蘭、丹麥等國家,側重發展產加銷一體化經營。圍繞主導產業,配套地建立信息收集、產品開發、生產加工、市場營銷體系。這兩個國家耕地面積只相當於我國的 2%,卻成為世界上農產品出口大國。荷蘭農產品出口額僅次於美國、法國,居世界第三位。丹麥養豬業形成完整的高度現代化的產業鏈條,豬肉出口額居世界第一位。日本、韓國等國家,在家庭經營的基礎上,農村普遍成立稱為"農協"的服務載體,對農戶提供從農資供應到產品銷售綜合性的服務。我們考察所見,幾乎每個村都有農協,每個農戶都參加農協。農協將各戶的農產品送到遍及城鄉的批發市場,銷售到消費者手裏。眾多事實說明,推進農業規模化集約化,既要實行家庭經營,又要發育為家庭服務的載體,兩者相輔相成,相得益彰。這些發達國家經歷上百年探索實踐所走的路子,是建設現代農業遲早要走的路子。我國市場經濟剛剛起步,為家庭經營服務的載體即開始發育起來。我們應因勢利導,採取強有力的政策措施,富有成效地向前推進。經過長時期艱辛的歷程,形成成千上萬能夠與國外同行業相抗衡的龍頭企業和企業集團,採用現代化交易手段的農產品市場網絡,帶動全國大部分農戶組成的產業群體。龍、網、社聯結億萬農戶,覆蓋各行各業,我國農業便會形成區域化、規模化、標準化生產的格局。這種格局形成之日，便是我國農業趕超發達國家之時。

——在中國小康建設研究會現代農業產業化聯盟成立大會暨 2019 現代農業產業化發展高峰論壇上的講話

為精準扶貧和糧食安全戰略打造新引擎推進農業產業化發展 *

　　中國農業發展銀行是國家政策性銀行，因糧而生，伴糧生長，全力服務國家糧食安全，是國家賦予我們的職責和使命。自 1994 年成立以來，積極參與國家對農業發展、糧食收購的調研與決策，根據中國特色，探索實施新的運行模式，有效解決了農民"打白條"問題，為農業生產連續十多年的豐收作出了積極的貢獻，得到了黨中央、國務院的充分認可。近年來，隨著國家深入推進糧食收儲制度改革，糧食生產體系、流通體系、產業體系正在發生系列變革。農發行始終以服務國家戰略、執行國家政策、保障國家糧食安全為己任，在變革中迎來了全新的挑戰和機遇。

　　在新形勢下，我們逐步認識到人多地少、整體產業化水平低是困擾我國農業發展的核心問題，這一問題導致了農業生產效率低下，農民收入水平總體偏低，產業化資源配置效率低，農產品缺乏國際競爭力，產銷脫節，經營成本高，損耗驚人，急需有一個跨地域、跨行業、跨市場，集需求、物資、資金、技術、信息、物流、貿易等多維

---

*　劉喜峰，中國農業發展銀行遼寧省分行行長。

於一體的有效服務體系的集成。只有建立了有效的服務體系才能實現小農戶生產的集約，才能實現小農戶與生產、與市場的對接，實現糧食交付的便捷高效。

　　經過深入調研和反覆論證，在幾家牽頭單位的全力倡導推動下，在中國小康建設研究會的大力幫助下，在行業內 60 多家企業的響應下，現代農業產業化聯盟應運而生。現代農業產業化聯盟將以農業產業鏈全要素的資源整合為紐帶，以全過程降本增效、提質增效和風險管控為主要目的，以契約關係為保障，基本涵蓋了農資供應、農業技術、生產服務、糧食收儲、糧食貿易、物流服務、港口終端、加工企業和虛擬性技術等方面。聯盟成立以後將協同糧食產業的各方優質資源，優化要素資源配置，共同著力於產學對接的訂單合作體系、集約高效的生產服務體系、貿易與物流相協同的交易交付體系、普惠快捷的金融服務體系、暢通透明的 IT 信息體系等五大體系的建設，探索產業鏈運行的一體化模式，搭建產業化服務體系，提高在糧食生產和流通環節中的科學化、標準化、集約化、信息化和有序化水平，解決糧食生產過程中存在的粗放型、碎片化、高成本、高損耗、低效率和低收益的問題，為小農戶與現代農業發展有效銜接提供平台。此外，還提供技術、資金、信息等一攬子的服務。聯盟成立以後，根據我們的初步測算，在現有條件環境不變的情況下，每噸可以降低成本 100 元，錦州港目前每年通過的儲存量是 3000 萬噸，可以有效降低 30 億元的成本損耗。

　　農發行多年來與錦州港保持著密切合作關係，互利合作取得了顯著成效。通過成立農業產業化聯盟將再一次加強合作，藉此平台結識更多的新朋友、新夥伴，繼續過去良好的合作模式，共同開創美好的未來。農發行遼寧分行被選為第一屆主任單位，我本人十分榮幸地被選舉擔任聯盟主任一職，對此，中國農業發展銀行非常支持。在欣喜的同時我們深感使命光榮，非常重視這種基於市場化原則搭成的聯盟，對聯盟的未來發展，我們充滿信心、充滿期待。在今後的工作中，農發行遼寧分行將在總行的統一領導下，充分發揮政策的獨特優勢，按照習近平總書記關於農業供給側結構性改革的重要指示，以聯盟為平台集合各方資源智慧，以普惠理念創新服務方式，從生產、流通、加工等環節深入研究，著力破解農業生產和經營過程中的融資難、融資貴問題，為參與聯盟的企業量身定制一攬子的金融服務方案，為各類企業包括民營企業開展糧食種植、生產、收購、銷售、加工等一視同仁的支持，為農業產業化發展貢獻力量。

同時，我們也堅信在各位領導的關懷下，在全體會員的共同努力下，產業聯盟本著共建、共享、共贏、共生的理念，倡導合作，致力創新，必將在更大的平台上成就更大的成績，為推進我國農業產業化發展，破解"三農"發展"瓶頸"難題，助推精準扶貧和國家糧食安全戰略打造新引擎，提供新動能，作出新貢獻。

——在中國小康建設研究會現代農業產業化聯盟成立大會暨 2019 現代農業產業化發展高峰論壇上的講話（根據錄音整理）

以現代農業產業園為抓手
引領推進鄉村產業振興 *

　　2019 年 4 月 19 日，農業農村部和財政部在廣東省江門市新會區召開了全國農業產業園推進工作會。江門市新會區陳皮現代農業產業園是農業農村部、財政部共同認定的第一批產業園，是立足於新會柑橘打造出的 66 億產值的一個大產業園。新會柑橘是柑橘的一個分支，也是唯一一個皮比肉貴的品種。通過產業園 3 年的打造，建成了 10 萬畝新會柑橘的綠色生產大基地，形成了 150 家深加工企業，通過新科技開發出 100 多個品種，建立了 2 所院士服務站，對接 39 家農業科研院校。此外，通過融合資源，專門建立了一個"陳皮產業＋文化＋金融"等產業服務。然而，就是這麼一個產業，為縣一級的新會區提供了 2.6 億元的稅收，帶動了 5 萬人就業。參會的人都感歎，這是新時代現代農業產業化的升級版。農業農村部韓長賦部長在會上做了講話，指出要充分認識發展現代農業產業園的意義，要把它作為鄉村振興的突破口，作為鄉村產業振興的重要抓手。下面我談一下對現代農業產業園的四點認識。

　　第一，現代農業產業園是農業產業化的 4.0 時代。隨著家庭聯產

---

* 　魏百剛，農業農村部發展規劃司司長。

承包經營制的實施，生產力大解放和大市場的對接出現問題，農業產業化隨之發展，存在鏈條短、融合度低、效益和競爭力還不夠高的問題。我在河北省工作期間就思考現代農業抓什麼？這個抓手在哪兒？如何統一思想？市委書記、市長，縣委書記、縣長都認為這個事應該抓，但是怎麼來調動他們的積極性呢？習近平總書記在正定工作期間談及："上面來幹部，我就騎個自行車跟大家一起就去看莊稼，一說農業就能說半天。" 當前是看現代農業，那現代農業是什麼？2015年在河北省開始抓現代農業產業，通過這幾年的發展，現代農業產業確實是有了產業化的升級。過去是 "龍頭企業＋基地"，後來是 "龍頭企業＋合作社＋基地"，如今在以上的基礎上，打造現代農業產業化聯合體，在縣域範圍內以規模種養為基礎，依據現代生存要素和經營主體，實行 "生產＋加工＋科技＋融合＋品牌" 全鏈條的開發打造，一二三產業融合發展。即一個宗旨、四個堅持，一個宗旨是：要堅持信農、為農、務農、興農，圍著農業幹，帶動農業增收；四個堅持是：要堅持集聚發展、融合發展、創新發展、綠色發展。集聚發展是要素集聚、主體集聚、產業集聚，發揮產業園的效應；融合發展是產業鏈、價值鏈供應鏈，產業滲透，產業交叉，產業重組；創新發展是創新生產組織方式，特別是利益聯結機制；綠色發展是要綠色循環，投入減量，生產清潔，廢棄物再利用。現在我國認定了 62 個國家級的現代農業產業園，已經建設到第三年了，形成了 95 個主要產業園區。2018 年，國家認定了 20 個國家現代農業產業園，我們要打造中國第一、世界有名的產業園。

第二，現代農業產業園能實現農民增收，農業增效，政府增稅。在基層工作時，我常跟縣委書記、縣長在一起探討農業問題，把農業當成最重要的事。我們不但要考慮企業盈利，還要考慮到政府增稅，每個縣選擇一兩個主導產業，一定要是加工鏈條長的產業。每個縣的縣委、縣政府編制產業發展規劃，找到薄弱環節，大抓農產品加工，附加上文化、旅遊、健康等第三產業。例如河南正陽縣，縣委書記非常能幹。這個縣的花生種植面積是 170 萬畝，計劃建生產基地，建立國家現代化產業園，也準備引進魯花花生油的生產。經過這幾年發展，加工企業有 30 家，形成了正陽花生品牌，花生綜合收益 148 個億，品牌價值突破 100 億元，經濟實力排名從 2013 年的全省 102 位躍升到了 2018 年的 62 位。

第三，現代農業產業園成為加速城鄉融合發展的橋樑。抓鄉村振興的難點是"人、地、錢"，"人、地、錢"的問題不破解，鄉村振興就實現不了，這個大家深有體會。建設現代農業產業園能解決人的問題，也能解決地的問題。例如我在河北工作期間，協調國家發改委一年拿出 1 萬畝地用於鄉村的產業建設，用地指標拿出來落實，做重大項目有綠色通道，能夠落地解決問題。此外現在國家的信貸體系、農業信貸體系重點就是要向產業園當中的企業傾斜，因為它們具有園區的平台信用。現在我們中小企業為什麼貸款難？研究發現，全是用抵押物做擔保，而沒有信譽貸款，沒有考慮產業發展的增長潛力貸款，沒把軟因素加進去。

第四，現代農業產業園是推進農業高質量發展的手段和途徑。這項工作是一個探索，剛剛提及的現代農業產業化 4.0 升級版很多都是在探索的過程中。我們通過 62 個產業園已經帶動了 28 個省建了 1000 多個省級產業園，構建三級產業園體系，特別需要在理論上創新。希望在座各位，無論是領導、專家、企業家，社會各方面研究的同志，大家都能關注現代農業產業的發展，發揮更大的作用。

——在中國小康建設研究會現代農業產業化聯盟成立大會暨 2019 現代農業產業化發展高峰論壇上的講話（根據錄音整理）

新時代現代農業產業化發揮的
四個作用 *

　　研究一個新生事物或者談論一個新的組織要發揮什麼作用，首先
要認清我們這個時代的形勢，在大時代裏找準我們的定位。那麼，我
們現在處在一個什麼樣的時代、這個時代有什麼樣的特點？想必大家
都知道，我們正面臨百年未有之大變局，國家發展面臨以百年計也未
必能遇到的機遇與挑戰。這種百年未有之大變局，既包括信息技術、
人工智能等新技術革命帶來的產業變革，也包括我國經濟實力不斷上
升帶來的整個國際力量對比的變化。

　　對於我國農業來講，同樣面臨著巨大的變化。我認為比百年未有
之大變局還要大。目前我國農業發生的變化可以稱得上是千年未有之
大變局。比如，我國農業增加值的比重在不斷下降，農業小部門化的
特徵在不斷彰顯，這個變化恐怕就要以千年來計。又比如，我國農民
持續老齡化，"農二代"不斷城市化，以前，我們擔心的都是沒有地
種，現在擔心的是誰來種地。這恐怕也是千年未有之大變化。再比
如，我國農業長期是封閉市場，2004 年以來我國農業連續出現貿易

---

*　葉興慶，國務院發展研究中心農村經濟研究部部長。

逆差，而且未來這個貿易逆差會進一步擴大，現如今城市化不斷發展，農產品成本不斷上漲，未來國內外農產品價格倒掛的幅度還會進一步擴大，農業的對外依存度還會長期持續上漲，包括未來中美經貿關係變化對農業的影響，毫無疑問可能還要主動地擴大農產品進口。這樣一個變化的國內外市場，連接程度的變化，對中國農業來講也是一個千年未有之大變局。在這樣的大變局下，我國農業產業化要承擔什麼樣的歷史使命？現代農業產業化聯盟要承擔什麼樣的時代責任？我認為，現代農業產業化要在大變局中發揮四個作用。

第一，在創新農業的經營方式中要發揮引領作用。現在農民正在發生分化，以前農業主要的經營形態是家庭經營，從小規模家庭經營到合作社。現在在家庭經營和合作社經營這兩種經營形態並存的同時，給予企業化經營能夠發揮作用的空間會越來越大。以前對工商資本進入農業是有一個界定的，適合發展產前產後、加工流通等社會化服務，如農業機械化收割服務等生產性服務業，也開始有企業的經營形態來把農民分包出來的作業環節承接起來，融入下一步農業經營方式的創新中。

第二，在推動農業綠色發展中，工商資本應該發揮標杆作用。現在我國農業的產能很大，但 13000 萬噸的糧食產能、8500 萬噸的肉類產能、6500 萬噸的水產品產能中，相當一部分是不可持續的，是要退出的邊際產能。此外，我們面臨農產品本身質量安全問題。要推動農業走上可持續發展，走上綠色生態的發展道路，總是要有力量來推動的。要通過市場化讓可持續且綠色的生產方式能夠有更高的市場定價，讓消費者為按照可持續的方式生產出來的農產品付更高價格，這樣生產者才有採用這種生產方式的積極性。問題是市場怎麼給出更高的價格？我認為要創立品牌，要有產業鏈。這就需要創新市場的組織方式。但是，真正的品牌特別是有影響力的品牌要靠企業來運作。

企業在培育品牌上有投入能力和維護能力，在其產業鏈上的大量農戶按企業的要求進行標準化生產，企業能起到督導的作用，督導產業鏈上的農戶如何採用安全的、綠色的生產技術，這就是企業在發揮它的標杆作用。

第三，企業在促進三產融合方面要發揮重要的平台作用。當前，我國農業勞動力的份額高達 26%，但農業只創造了 7% 的 GDP。提高農業勞動力的收入，一個很重要的出路就是要提高農業的就業密度，要把 26% 的農業勞動力有效地利用起來。如何有效利用這 26%的農業勞動力？那就要向二、三產業延伸，通過產業鏈的延長，把產業鏈價值盡可能留在延長線裏面。要提高農民在這個產業鏈中分享的比例。那麼，這個目標怎麼實現？我們要靠農民、靠農戶來實現三產融合，或者是靠合作社來實現三產融合，這些都是可以的，而且也有很成功的案例。但是真正要實現三產融合，企業這個平台還是更重要一些。在我國，農村的三產融合過程中，企業平台的作用恐怕是難以替代的。

第四，工商企業在增強中國農業的國際競爭力方面要發揮重要作用。我們現在面臨比較大的競爭壓力，未來面臨的競爭壓力會進一步擴大。大家可能從媒體上也看到了，最近 WTO 已經發佈了專家組關於美國訴我國農產品最低收購價政策、農產品關稅配額管理辦法的報告，我們會認真地評估這個報告，但是這也給了我們一個啟示，就是我國農業的支持政策恐怕還要進一步改革、進一步完善。但是，支持空間又有限、農業競爭力又要提高，其中一個很重要的出路就是要提高產業鏈的競爭力。這不是中國的小農戶跟美國的大農場在那兒面對面地競爭，而是我國農產品的產業鏈和美國農產品的產業鏈在競爭。我國要培育和做強我們自己的產業鏈，其中最重要的還是要靠龍頭企業。要建設一批具有國際影響力、具有國際競爭力的龍頭企業，以此提高農業產業鏈的競爭力。未來我國農業在國際競爭力、產業鏈的培育過程中，迫切需要培育一批具有國際競爭力的龍頭企業。

　　未來現代農業產業化聯盟如何跟上我們這個時代的大變局，來找準自己的定位，充分發揮作用，空間非常大，舞台也非常大。因此，我衷心祝願現代農業產業化聯盟在未來能夠切實把握準時代變化的脈搏，切實發揮應有的作用。

　　——在中國小康建設研究會現代農業產業化聯盟成立大會暨 2019 現代農業產業化發展高峰論壇上的講話

用現代經營方式推進農業產業化發展 *

　　農業產業化包含了三個體系：第一個是生產體系，第二個是產業體系，第三個是經營體系。這三個體系有機結合在一起，就形成了農業產業化。

　　生產體系。生產體系重點在兩個方面。一是科技進步，重點關注品種和生產環境兩個方面。品種是科技進步的產物，生產環境主要是栽培技術、植物保護等方面。二是生產方式和經營規模，關鍵是小農戶和專業合作組織的結合。

　　產業體系。產業體系要關注兩個方面。一是上下游的關聯度，在主產區形成產業群。我國在 20 年前提出的農業產業化，以龍頭企業帶動主產區的產業群，在這方面有很多例子。二是對加工及副產品的循環利用，取之於農用之於農，綠色低碳環保。

　　經營體系。經營體系分三個層次。一是產品包裝，如企業標誌、地理標誌、品牌標誌。這是一個將產品變為商品的過程，過去農業生產的是產品，現在進入市場要的是商品。二是產品銷售，現在最熱的

*　方言，中國小康建設研究會副會長、國家發改委農經司原副司長。

是"互聯網＋"的新模式以及配送、零售等。三是如何規避市場風險，隨著農業經營規模的逐漸擴大，企業和專業合作社都在尋求一種方式來規避市場風險，規避市場風險有兩個工具，一個是保險，另一個是期貨。這三個層次就是現代經營方式。在前兩個層次裏面"互聯網＋"和品牌標誌、企業標誌、地理標誌等等是對公眾的、對消費者的一個承諾，是誠信的問題，另外一個層次是公信力問題。

　　為何強調用現代經營的方式推進農業產業化？這是基於我國國情，從宏觀層面上看土地流轉加快了，但是從微觀層面上看小農戶還是佔了98%。從政策層面上看，以往政策取向是提高農產品價格和政策性補貼，而近年出現了三個新情況：一是專業組織發展很快，為小農戶進入市場、規避市場風險提供了一個基礎；二是期貨市場逐漸完善；三是現行的農業支持保護政策面臨挑戰，從中美貿易摩擦可以看出，世界貿易組織表示對中國實行小麥和水稻的最低收購價政策不支持，這意味著我們面臨著農業支持保護政策的調整，也就是農產品價格補貼機制的調整。以往為什麼要實行農產品價格補貼政策？我們看一下近年的糧食、油菜、棉花、甘蔗的生產成本。2010年以來，主要農產品生產成本直線上升，到2017年，淨收益基本上是負的，淨利潤也是負的。2010年以來的四大糧食品種和油菜成本增長了50%，甘蔗、棉花成本增長了75%。上述產品的淨利潤都是下降的，其中小麥、玉米和水稻大概是下降了五到八成。也就是說，生產成本增長了50%以上，而淨利潤都是負增長。這個情況非常嚴峻，主產區的情況就更不好了，農民沒有積極性，農業生產怎麼維持？所以，國家實行了農產品價格補貼政策。

　　這一階段也出現了新情況，即期貨市場和農民專業合作組織發展迅速。但農戶規模小，無法直接利用期貨等現代經營手段。農戶進行一手期貨交易需要多大種植規模呢？最少的是玉米——24畝，最多的是大豆——80 畝。這麼多的小農戶戶均土地不到 10 畝地，怎麼能利用期貨保值呢？期貨市場在這些年發展特別快，現在已經有了 23 個期貨和期權的產品，2013 年以來，農產品期貨年均交易量已經將近 10 億手。

專業合作組織發展的情況。2016 年，專業合作組織 154 萬個，到 2018 年是 208 萬個，發展的速度非常快，規模也迅速擴大，流轉至農民專業合作組織的土地面積達到 1.03 億畝，已佔耕地流轉面積的 21.6%。2016 年底實有社員達 6457 萬戶，社均成員 41 戶，分別是 2010 年的 8 倍和 2 倍。專業組織的發展為小農戶利用現代經營手段創造了條件，但是專業合作組織發展不平衡，組織內部的民主性也比較差，經營狀態也不穩定，也不具備金融服務的能力，需要專業機構的幫助。

國家對農業的補貼支持中還有政策性保險補貼，從 2007 年開始實施。制定的原則是低成本廣覆蓋，只保生產成本，是按一畝地 400 元計。國家補貼 17 個品種。2013 年我國農業保險實現了 "四個突破"：主要農作物承保面積突破 10 億畝，保險金額突破 1 萬億元，參保農戶突破 2 億戶次，保險賠款突破 200 億元。2016 年，糧棉油糖承保面積達 11 億畝次，保險賠款突破 300 億元。種植業保險保費政府負擔 75%，農戶負擔 25%；養殖業保險保費政府負擔 80%，農戶負擔 20%。

那麼這種保險賠付能不能應對農業成本的上升、收益的下降呢？這些年主要農產品生產成本大幅上升，最高的如油菜籽已經上升了 84%，最低的如大豆也上升了 55%，再按每畝 400 元肯定是不夠的。從農作物總成本看，總成本上漲最高的是新疆的棉花和廣西的甘蔗，人工成本上漲最高的是油菜籽和甘蔗，土地成本上漲最高的是大豆。物化成本上升相對上漲較少，只上升了 10 個百分點，所以大豆的總成本上漲有限。

去年，財政部和銀保監會提出了對三大主糧進行全成本保險和收入保險試點。選擇內蒙古、遼寧、安徽、湖北、山東、河南等省區，每省區 4 個縣。大家可以看，這裏面沒有黑龍江和吉林，也沒有新疆。這是因為黑龍江、吉林和新疆開展了"期貨＋保險"的試點和目標價格。"期貨＋保險"的試點有兩層含義，其一是利用期貨市場的價格發現功能來確定期貨價格作為保險產品的目標價格和理賠價格的依據，其二是利用期貨的保值功能分散了農產品價值下跌的風險。為什麼一定要和保險連在一起呢？因為農民合作社是不認可期貨公司的，而保險公司因為這幾年有政策性保險的補貼，人員觸角已經伸到了農村的各個角落，農民認可保險公司，所以把期貨跟保險聯繫到一起。上海、大連、鄭州 3 家期貨交易所和多家期貨公司，在一些省開展了大豆、玉米、棉花、白糖和天然橡膠試點，效果還是比較不錯的。基本模式是，保險公司基於期貨市場上相應的農產品期貨價格開發農產品價格險；農戶或者合作社通過購買保險公司的農產品價格險規避價格下跌風險；保險公司通過購買期貨公司風險子公司的場外期權產品進行再保險，以對沖農產品價格下降可能帶來的賠付風險；期貨公司風險子公司在期貨交易所進行相應的風險對沖操作，最終形成風險由期貨市場承擔、各方受益的閉環。

我們看一下試點情況。以大豆補貼為例，按照每畝 68 元，中央補貼大概是 43%，農場補貼 8%，大連商品交易所補貼 30%，農民出16%，與政府補貼政策性種植險一樣，但受損時得到的理賠額每畝多30 餘元，這就是利用期貨套期保值獲得的收益。所以，在農產品集中的黑龍江、吉林、新疆等糧食、棉花主產區，可以通過這種方式鎖定收入預期，不管遇到市場風險、價格風險還是自然風險，都可以保證收益。

　　那麼，農業的保險補貼政府到底可以補多少？按照 WTO 的規則只能補貼 30%。所以這就帶來了下一個問題：完全成本保險讓農民讓出 30% 的補貼，農民願不願意？農民可能就會猶豫。所以，這就是先在 6 個省開展試點的原因。另外一個問題是財政能不能提供這麼多補貼資金？現在我們面臨著農業支持保護政策的調整，從總趨勢來看，世界各國在農業支持中對保險的支出份額越來越大。美國 2018 年的農業法案跟 2014 年的農業法案變化不大，2014 年的農業法案就已經把保險作為重頭戲，推出了很多新的保險項目。所以，現在 WTO 面臨著改革，在這一輪改革中我們怎樣表示自己的主張？怎樣進一步表明我國擴大開放的程度？現在"一帶一路"國際合作高峰論壇正在召開，習近平總書記已經在會上強調了中國要全面開放，其中農產品開放就是擺在我們面前的一個課題。對於農業來講，既要發展產業，同時又要規避市場風險，特別是我國是一個雨雪冰凍、山洪地質災害多發的國家，開展保險就更加重要。

　　推進農業產業化發展涉及原料基地、加工、營銷多個環節，缺一不可，是一個產品變商品的過程，而用現代經營方式規避風險是其中最重要的一環。

　　——在中國小康建設研究會現代農業產業化聯盟成立大會暨 2019 現代農業
　　產業化發展高峰論壇上的講話

第五部分
保障糧食安全

落實糧食安全戰略　堅持質量興農興糧 *

　　民以食為天。糧食是人類賴以生存的物質基礎，糧食安全則是國家安全的基礎。習近平總書記在參加十三屆全國人大二次會議河南代表團審議時指出："確保重要農產品特別是糧食供給，是實施鄉村振興戰略的首要任務。" 對於我國這樣一個擁有 14 億人口的發展中國家來說，解決好吃飯問題始終是治國理政的頭等大事。為深入貫徹落實黨的十九大精神以及 2019 年 "中央一號文件" 精神，我們今天齊聚一堂，共同學習和討論糧食安全問題，很有意義。下面我談幾點看法和大家交流。

一、保障糧食安全是事關國家穩定的
重大戰略問題

　　習近平總書記指出，保障國家糧食安全是一個永恆的課題，任何

---

* 張寶文，第十二屆全國人大常委會副委員長。

時候這根弦都不能鬆。糧食問題不能只從經濟上看，必須從政治上看，保障國家糧食安全是實現經濟發展、社會穩定、國家安全的重要基礎。我們必須堅持問題導向和底線思維，用心領會和運用貫穿於習近平總書記國家糧食安全戰略思想之中的立場、觀點、方法，保持定力、居安思危，著力破解矛盾問題，有效防範風險隱患，進一步夯實糧食安全基礎。當今國內外形勢複雜多變，中國在發展的同時也面臨著更大的挑戰，黨的十九大報告提出，"確保國家糧食安全，把中國人的飯碗牢牢端在自己手中"，堅決守住管好"天下糧倉"，全力保障新時代國家糧食安全。糧食安全是關係我國經濟發展、社會穩定和國家安全的全局性重大戰略問題，特別是在當前國內外困難挑戰增多的形勢下，確保國家糧食安全意義更為突出。

我國既是農業生產大國，也是糧食消費大國。我國糧食產量實現了連年豐收，但也面臨不少挑戰。糧食生產方式轉變、作物種植結構調整、糧食進口量居高不下、增產邊際成本增加、環境因素制約加劇、結構性矛盾突出等問題日益凸顯。與此同時，我國糧食存儲還存在庫存糧食多、庫存設施水平不高、收儲方式不精細等短板。對於我國這樣一個擁有 14 億人口的大國而言，糧食供求的結構性矛盾仍將存在。具體來看，一方面我國糧食儲備率大大超過世界糧農組織規定的 17%—18% 的安全儲備率水平，但另一方面我國糧食進口量逐年增加，正在成為全球第一糧食進口大國。2017 年，中國糧食進口量為 1.3 億噸，大豆和稻米進口量為世界第一。我們必須高度重視糧食生產和儲備的數量、質量及其與市場需求間的結構性矛盾問題，通過推進農業供給側結構性改革，實現糧食產業高質量發展。

總體來說，我國的糧食安全雖然面臨著一些挑戰和問題，但只要我們居安思危，未雨綢繆，切實做到防患於未然，國家糧食安全是有保證的。

二、切實增強高效協同的糧食安全保障能力

聯合國糧農組織將"糧食安全"定義為，讓所有人在任何時候都能享受到充足糧食，過上健康、富有朝氣的生活。我們不僅要滿足國家對糧食的日常需求，還應在戰略儲備、調控市場等方面不斷加強糧食安全保障能力。要進一步"藏糧於地"，確保土地的可持續發展能力；"藏糧於民"，構建多級主體的糧食儲備體系；"藏糧於技"，提高糧食倉儲的整體技術能力。

一是有效"藏糧於地"，實現可持續發展。當前，我國耕地總體質量下降，致使糧食生產能力不足，只能盡可能地擴大糧食播種面積，這不利於我國糧食產業的可持續發展。"藏糧於地"能適時緩解這一問題，在糧食供過於求時輪作休耕一部分土地，在糧食緊缺時再將這些土地迅速用於糧食生產，通過耕地的增加或減少來維持糧食供求的大體平衡。同時，對於輪作休耕的土地，需要及時修復生態、恢復地力，有效保護土地的糧食生產能力。目前，我國輪作休耕試點面積已由 2016 年的 616 萬畝擴大到 2018 年的 2400 萬畝。在全面推進生態文明建設的當下，中國的耕地保護工作進入數量、質量、生態"三位一體"保護新時代。第三次全國國土調查的土地工作分類已經將過去屬於"未利用地"的沼澤地、灘塗等列入"濕地"，不可能再將其開墾為耕地。因此，耕地保護工作的重心更傾向於質量保護和生態保護。新形勢下，以耕地質量提升為中心的土地整治和高標準農田建設對生態保護和修復的作用更顯得意義重大。

二是鼓勵"藏糧於民"，構建多級主體的糧食儲備體系。世界上主要的糧食儲備體系可以分為市場主導型和政府主導型，我國的糧食儲備體系屬於政府主導型。近年來，我國農民存糧備荒意識逐漸減

弱,糧價上漲促使農民以出售代替儲存,城鎮化的快速推進使糧食直接消費量下降,加之欠缺先進的儲糧設施和科學的技術手段等,我國農戶存糧量趨於下降。要確保我國糧食安全,同樣要重視農戶的糧食儲備。可考慮借鑒國際經驗,立足我國農村實際情況,採取措施保持和擴大農戶的糧食儲備規模,改善和提高農戶存糧質量,積極構建以政府主導,加工、貿易等企業和農民積極參與的多元化國家糧食儲備體系,實現政府儲備和民間儲備的協調發展。

三是推動"藏糧於技",提升倉儲科技應用水平。總體來看,我國糧食倉儲閒置與不足並存,倉儲硬件設施、智能化和節能化水平偏低。對此,應採用先進科學技術對糧倉進行改造升級,延長糧食儲備期限和提升糧食儲備質量。一方面,升級信息化手段,對糧倉進行自動化、智能化管理,對儲糧的真實情況做到心中有數;另一方面,要因地制宜改造提升倉儲設施功能,提高儲存環節的綠色儲糧技術應用比例,提高糧食倉儲效率,提升糧食倉儲質量,延長糧食儲存期。

"藏糧於地、藏糧於民、藏糧於技",是中央對確保糧食產能的新思路,是國家"十三五"規劃的新途徑。這意味著我們將不再一味追求糧食產量的連續遞增,而是通過增加糧食產能、保護生態環境,來促進糧食生產能力建設與可持續增長。

三、用科技創新推動糧食產業高質量發展

黨的十八大以來,以習近平同志為核心的黨中央把科技創新擺在國家發展的全局位置。近年來,我國糧食產業科技水平取得顯著發展,為國家糧食生產和收儲安全提供了重要科技支撐,中國農業發展已從過去主要依靠增加資源要素投入進入主要依靠科技進步的新時

期。目前我國糧食生產能力受到人口老齡化、農村勞動力短缺、後備耕地資源等各種因素制約。要從根本上保障我國糧食安全，關鍵要依靠農業科技創新，及時調整糧食生產策略，為糧食安全作出積極貢獻。

一是要在產業發展路徑上，加強糧食產業科技創新。充分結合我國現有糧食行業發展的既有資源，以可持續發展為原則，升級糧食精深加工工藝，開發引領市場需求的新產品，拓展糧食加工、收儲領域，圍繞產業鏈佈局創新鏈，推動糧食產業實現高質量發展。構建統一高效的糧食科技協同創新機制，延伸產業鏈、提升價值鏈、打造供應鏈是加快推進糧食產業高質量發展的重要途徑。近年來，天府菜油、吉林大米、江蘇稻米、廣西糧油等一批糧食產業科技創新聯盟，有力促進了產業轉型升級。糧食產業科技創新聯盟的宗旨是以提升糧食加工產業科技創新能力為核心，以共同的發展和利益為基礎，利用科技聯盟這一平台，引導企業、大學、科研機構和其他組織機構形成聯合開發、優勢互補、利益共享、風險共擔的科技創新合作組織，集聚糧食科研優勢資源和力量，構建統一高效的糧食科技協同創新機制，促進糧食加工產業科技創新，實現科技興糧、科技創收、科技利民、科技強國的戰略目標。未來在產業轉型升級中，要鼓勵各類企業加大投入，培育一批技術創新中心，圍繞行業增長點，選準科研主攻點，開發一批適應消費需求升級趨勢的新技術新產品，在全國範圍建設一批糧食產業科技創新聯盟，增強協同創新優勢。

二是著力突破我國糧食生產“卡脖子”技術，確保核心關鍵技術自主可控。習近平總書記多次強調，中國人的飯碗要牢牢端在自己手上，而且裏面應該主要裝中國糧。根據《全國現代農作物種業發展規劃（2012—2020 年）》，我國在農作物種子生產佈局上擬建設三個國家級主要糧食作物種子生產基地，分別是西北雜交玉米種子生產基地、西南雜交水稻種子生產基地和海南南繁科研育種基地。其中南繁是"中國飯碗"的底部支撐，南繁關係到國家種業安全和糧食安全，涉及國家核心利益。南繁對保障國家糧食安全、推進種業科技創新，有著不可替代的作用。中國糧食安全形勢緊迫，建設"南繁硅谷"是國家意志的堅定體現，是為保障國家糧食安全提供品種和技術儲備的緊迫戰略需求。打造"南繁硅谷"還是保障中國農業可持續發展的迫切需要。種業是現代農業發展的生命線，是保障國家糧食安全的基石，種業競爭力代表國家農業競爭力，種業搞上去才能掌握現代農業發展的主動權。南繁的農業科技試驗區涉及國內五百多家科研機構，常年育製種面積 1.3 萬公頃左右。黨中央、國務院已明確將"加強國家南繁科研育種基地（海南）建設"作為海南建設自由貿易試驗區的重要內容，加強南繁種業發展的科技創新支撐，將技術創新轉化為加速國家南繁種業發展的原動力任務緊迫，刻不容緩。

三是發揮龍頭企業骨幹作用，帶動糧食產業創新發展。糧食產業高質量發展是個系統工程，要全鏈條整體提升推動"科技興糧"和"人才興糧"，增強產業發展新動能。要以品牌建設為引領，以骨幹企業為龍頭，帶動適度規模經營與標準化生產，增加綠色化、優質化、特色化、品牌化糧油產品供給。骨幹企業是糧食產業化的重要載體和具體實踐者，它肩負著開拓市場、創新科技、帶動農戶增收和促進區域貿易經濟發展的重任。一方面，要建立以企業為主體、以市場為導向，產學科研相結合、科技資源共享、技術優勢互補的糧食科技創新體系；另一方面，也要不斷創新和完善企業運行機制，優化組織結構和經營佈局，鼓勵省市的糧食集團通過創新發展和轉型升級帶動糧食產業的全面發展。

2019 年是新中國成立 70 週年，也是決勝全面建成小康社會第一個百年奮鬥目標的關鍵之年。讓我們緊密團結在以習近平同志為核心的黨中央周圍，按照黨中央的決策部署，銳意進取、攻堅克難，扛穩糧食安全這個重任，堅定不移地落實好國家糧食安全戰略，堅持質量興農、質量興糧，全力推進實施鄉村振興戰略，讓廣大農民同全國人民一道，邁入全面小康社會的美好春天！

　　　　　　　　——在2019鄉村振興暨中國糧食安全戰略高峰論壇上的主旨演講

落實糧食安全戰略
保證我國糧食可持續發展 *

　　糧食安全是一個大問題，也是一個老問題。我國有 14 億人口，吃飯問題是天大的事情。我國又是一個經濟大國，農產品特別是糧食的供給對於滿足以其作為原料的工業和其他產業的需求至關重要。所以穩住了糧食生產，保障了糧食增產，就可視為守住了"三農"的戰略後院，發揮了"三農"在國家經濟社會發展中"壓艙石"的作用。聯合國糧農組織有一個標準，把人均年佔有糧食 400 公斤以上作為一條安全線。從 1949 年到 1998 年，我國用了近 50 年的時間讓糧食人均年佔有達到了 400 公斤以上。2018 年全國糧食總產量達到了 13158 億斤，人均年佔有糧食 473 公斤，實現了多年人均年佔有糧食超過 400 公斤的水平。我國用了全球 7% 的耕地，全球 6% 的水資源，養活了近 20% 的人口，是一件非常了不起的事情。

　　多年來，我國糧食的高位增長，不可否認有科技進步的貢獻因素，但也因為糧食種植面積一直在可耕地中佔有很大的比例，在很大程度上擠佔了其他作物種植。前不久我到貴州調研，貴州耕地非常珍貴，有耕地 6800 萬畝。多年以來一直以糧食種植為主，糧食佔比一直很高，近些年來發生了很大的變化，糧食比例從 8:4 到 6:4，糧食

---

　*　李春生，第十三屆全國人大農業與農村委員會副主任。

種植在減少，這在全國是一個比較普遍的現象。我國糧食生產一直過分依賴化肥、農藥、農化產品的投入，糧食單產比較高，加上土地的復種指數也比較高，才維持了今天這樣一個糧食增產的態勢。但這種種植方式往往造成糧食品質不高，也很難說能夠實現可持續發展。

2017 年，中央提出要實施"藏糧於地、藏糧於技"的戰略，同年，黨的十九大報告提出中國人的飯碗在任何時候都要牢牢端在自己手中。要實現這個要求，並非是件容易的事情。例如剛才說到糧食質量的問題，由於我們多年來過度追求產量，種植業過度使用農化產品，養殖業過度使用抗生素，當前，我國每年的畝均化肥使用量超過了 20 公斤，是發達國家的 4 倍。我們的農膜使用接近 300 萬噸，世界第一。農藥的過量使用甚至濫用，造成農化產品的殘留超標，糧食品質還受大氣、水源、土壤的污染影響嚴重。目前農村每年大約有廢棄物 50 億噸，多數沒有得到很好的處理。全國還有 82% 的農村的生活污水沒有得到及時處理，大多還是直接排放。全國地表水低於Ⅲ類水質標準的高達 31.6%，劣Ⅴ類水高達 8% 以上，土壤重金屬超標，有些地區的土地也不適宜農作物的耕種，所有這些都為糧食和農產品的質量提升帶來了很大的影響。

相對於糧食的質量問題，糧食總量安全更不可掉以輕心。儘管從 20 世紀 90 年代末至今，我國糧食的每年人均佔有超過了 400 公斤，但是糧食總量的供給偏緊。40 年前改革開放之初，人均年消費肉類不到 13 公斤，去年超過了 60 公斤，總量超過了 8800 多萬噸，但仍不能滿足需求，每年還要進口 400 多萬噸的畜禽產品進行市場補充，同時還要進口大量的飼料糧。除了這一因素，我們每年用於飼養所消耗的肉類需要大量的飼料糧來轉化，每 3—4 斤飼料糧轉化 1 斤牛羊豬肉，2—3 斤飼料糧轉化 1 斤禽肉或蛋類，生產這些飼料糧最終還是需要大量的耕地。實際上全國耕地的數量在減少，耕地的質量在降低，對糧食的增產穩產造成了很大的挑戰。

那麼，我們如何應對這些挑戰？現階段關鍵要按照中央的要求，落實好"藏糧於地、藏糧於技"的戰略，同時，充分利用好國際市場，做好補充調劑。

一是關於"藏糧於地"問題。第一，要確保耕地的總量穩定，保持農業綜合生產能力不降低。目前主要問題一是耕地佔用在剛性增加；問題二是土地使用不規範；問題三是土地的使用不集約。目前一些地方為了增加收入、提高經濟作物的比例，搞一些養殖，調整農業的種植結構，是可以的。但是一些地方在做沒有效率的文旅項目，就值得認真考慮了。種植經濟作物、搞養殖土地還在，進行調整復墾比較容易，但是如果變成遊樂場、柏油路復墾就很難了。因此，土地佔用應規範、集約使用，最大限度還地於田、還地於綠，應有剛性的規範制度和管用的機制來保證不留死角，才能將政策落實到位。

第二，要努力提升耕地的質量。目前，我國的土地總體水平不高，耕地質量總體處於中等偏下水平，中低產田佔比大，我國農田基礎地力貢獻率平均 50% 左右，比歐美發達國家低 20 個百分點。耕地總體狀況不容樂觀。應加大農田水利的基本建設，一方面要發展節水灌溉，另一方面要提升有效的灌溉面積，目前有效的灌溉面積只佔到總耕地面積的 50% 左右，這方面發展空間和潛力還是很大的。同時要加大土壤的改良、培肥，降低農業面臨的面源污染，改善耕地的質量環境，加大耕地改造。截止到 2018 年底，全國高標準農田已達到 6.4 億畝，未來兩年每年還要增加 8000 萬畝，要達到 8 億畝，2020 年達到 10 億畝。隨著土地質量的提升，糧食質量提高是可以期待的。

二是關於"藏糧於技"問題。這方面，應充分利用現代科學技術力量，利用生物技術、工程技術、信息技術、高新技術等，努力取得突破，從良種繁育、作物栽培、植物保護、田間管理、收獲、加工、儲藏等環節，積極研究、創新，加快科技成果轉化和推廣，提升科技含量，確保糧食及主要農副產品穩定增長。同時，要利用好國際市場，做好補充調劑，要實現我國糧食及主要農副產品總量穩定，不應該也沒有必要獨立於國際市場。應根據國內市場的需求、國內外市場價格變化，適時組織糧食進口。去年我國糧食淨進口 1 億噸左右，其中大豆 8000 萬噸，玉米 300 多萬噸，還有水稻、小麥等，這對於國內市場的調劑發揮了非常重要的作用。同時，國內一些企業 "走出去"，在俄羅斯、澳大利亞和巴西等國獨立創辦企業或合作辦企業，主要種植糧食和農產品，銷回國內，這對國內市場也起到了很好的補充作用。我們要積極引導龍頭企業，充分利用國際市場、國際資源來滿足國內農產品的需求，緩解國內耕地減少、土地過度墾殖種植造成的壓力。適當休耕，促進農作物適當輪作、倒插，既培植了地力，也儲備了農業生產的能力，這是非常必要的。

　　還應建立切實管用的保障糧食安全的政策和相關的工作機制。目前種糧效益一直在走低，有些主糧種植的淨利潤已經由正轉負。最近我看到一個材料，是中國人民大學教授劉守英和其他專家研究的結果，他們提出我國水稻、玉米、小麥三種主糧，畝均淨利潤已經從 2011 年的 250.76 元下降到 2017 年的 –12.53 元。多數農戶的種糧積極性不高，特別是非糧食主產區，多數農民只種滿足自己的口糧，售糧的意願很低。而糧食主產區又集中了大部分的優質耕地，是我國糧食安全的 "壓艙石"。應完善政策，形成正向的激勵，加大對糧食主產區的傾斜，提高財政對主產區大縣轉移支付的力度和資金獎勵的力度，形成足夠的利益補償，使糧食安全戰略能真正落實到位，真正保障我國糧食安全。

——在 2019 鄉村振興暨中國糧食安全戰略高峰論壇上的主旨演講

關於國家糧食安全的幾點思考 *

　　維護國家糧食安全始終是治國安邦的頭等大事。新時代國家糧食安全面臨世界百年巨變，面臨世界農業百年巨變，面臨我國國情農情深刻變化，必須始終擺在重要的戰略地位。當前我國糧食安全既具有堅實基礎和有力保障，又面對一些新情況、新挑戰。圍繞國家糧食安全問題，我講幾點思考與大家一起交流。

一、我國糧食供求經歷幾個階段性的
重大變化

　　近些年來特別是黨的十八大以來，我國農業現代化建設加快推進。隨著強農、惠農、富農政策的實施，極大地保護和調動了農民種糧和地方政府抓糧的積極性，我國糧食供求關係不斷改善，為維護國家糧食安全作出了重要貢獻。改革開放以來，國家出台一系列扶持糧

---

* 　尹成傑，原農業部常務副部長、中國農業經濟學會會長。

食發展的政策措施，我國糧食綜合生產能力快速提高，從新中國成立時期 6000 億斤的基礎上，連續登上 7000 億斤、8000 億斤、9000 億斤、10000 億斤、11000 億斤、12000 億斤、13000 億斤 7 個大的台階。2019 年我國糧食總產量達到了 13158 億斤，連續 4 年穩定在 13000 億斤以上。目前，我國人均年佔有糧食 470 多公斤，遠超世界平均水平。應該說糧食是我國"三農"事業發展的一個標誌性成就，是我國經濟發展水平和民生保障能力的重要體現。

隨著糧食綜合生產能力的變化，我國糧食供求也呈現出幾個階段性的重大變化。新中國成立以後的一段時期，我國糧食生產發展緩慢，糧食供給明顯小於需求，國家糧食供給處於緊張狀態。1978 年，我國農村改革逐步推開，實行家庭聯產承包責任制極大地調動了農民種糧積極性，糧食產量明顯增加。1997 年、1998 年連續兩年，我國糧食總產量突破了 10000 億斤，但是到 2003 年糧食總產量又一度下滑到 8400 億斤左右。這一時期，我國糧食供求關係發生了根本性的重大轉變，糧食供求基本平衡、豐年有餘。2006 年以來，隨著人口增加、消費需求增長和食品結構變化，糧食供求又表現為供求基本平衡、結構性矛盾突出。從總體上看，我國糧食生產取得了舉世矚目的重大成就，糧食供求基本平衡，國家糧食安全得到有效保障，但也出現了糧食階段性、結構性的供過於求，例如有些品種庫存積壓比較嚴重，結構性矛盾較為突出。

二、糧食安全戰略是國家糧食安全的　　根本保障

改革開放以來，特別是黨的十八大以來，我國糧食安全理念、戰

略、方針和政策發生了重要轉變。進一步牢固樹立糧食安全的新理念，拓展糧食安全的新思路，創新糧食安全的新機制，為國家的糧食安全提供了有力保障。

一是進一步強化了維護國家糧食安全新理念。習近平總書記多次強調：“中國人的飯碗任何時候都要牢牢端在自己手上，我們的飯碗應該主要裝中國糧。”一個國家只有立足糧食基本自給，才能掌握糧食安全的主動權。把飯碗端在自己的手上，這是一個重要的思想基礎。

二是明確提出了糧食安全新方針。我國糧食安全新方針，就是要堅持“以我為主、立足國內、確保產能、適度進口、科技支撐”的20字方針，確保穀物基本自給，口糧絕對安全。糧食安全新方針重點明確，目標集中，指向具體。要合理配置資源，集中力量優先把最基本、最重要的保住，這是我們國家糧食安全的有力保障。

三是明確地提出了“藏糧於地、藏糧於技”糧食安全的戰略性舉措。“兩藏”戰略具有現實性、前瞻性、戰略性，耕地是基礎，科技是支撐，這為國家糧食安全打下重要的物質技術基礎。

四是進一步調整優化了糧食供給側結構和佈局。農業供給側結構性改革深入推進，對糧食生產佈局和品種結構進行了優化，促進了糧食綠色發展和高質量發展，進一步增強了糧食消費需求變化的適應度。

五是進一步強化了糧食儲備體系的建設。我國糧食儲備體系不斷健全完善，特別是注重糧食儲備體制機制改革，健全儲備和調控機制，發揮國家儲備體系的“壓艙石”作用。同時，又注重發揮市場作用，建立“一主多元”的糧食安全儲備體系，為保障國家糧食安全發揮了重要作用。

六是進一步完善和強化了扶持糧食生產發展的政策。糧食生產扶持政策調整取向是穩定存量、擴大增量，增量主要向糧食主產區、種糧大戶、家庭農場和新型農業經營主體傾斜。改革完善糧食價格政策，引導支持延長糧食產業鏈、拓寬糧食增收鏈，促進優質糧食產業發展。

三、新時代糧食安全面臨的
新形勢、新挑戰

當前我國糧食供求總體平衡，但是結構性矛盾突出，進口總量增大，農產品貿易逆差逐年拉大。我國是糧食生產大國，同時也是糧食消費大國，還是糧食進口大國。隨著人口不斷增長，新型城鎮化快速推進，以及糧食國際貿易不確定性等問題，我國糧食安全也面臨著新形勢、新挑戰。

一是我國糧食消費呈現明顯增長態勢。我國人多地少、大國小農、淡水稀缺的基本國情農情沒有改變。儘管近年來農業科技進步帶來單產提高，但由於人口增長和需求升級，糧食消費明顯增長。有關專家測算，2003 年以來我國人均口糧消費呈下降趨勢，但飼料用量逐年增長，每年人均糧食消費增長 0.5% 左右，加上人口自然增長率，總的糧食消費每年增長大約 1%。

二是新型城鎮化給糧食供給帶來了雙重壓力。一方面，城鎮化發展要消耗一部分生產糧食的耕地和淡水，減少一部分生產糧食的資源，這是世界各國城鎮化發展的普遍規律。另一方面，城鎮化要推動居民消費升級，增加糧食消費需求。我國每年新增人口約 600 萬人，新增城鎮化人口 2000 多萬人，因為人口增長和需求升級每年新增糧食消費 100 多億斤。目前我們國家糧食生產能力穩定達到 13200 億斤，但是預計到 2020 年糧食需求將增長到 14400 億斤，還有 1200 億斤左右的缺口。

三是我國農業資源和生態環境對糧食生產的制約"瓶頸"進一步加大。我國戶均耕地 7 畝左右，只有歐盟平均水平的 1/40、美國的 1/400，而且農業資源和生態環境對糧食生產的制約是剛性的、是長期性的。我國農業生態環境脆弱，農業灌溉用水呈減少趨勢，同時還要減少傳統農業投入品使用，要調整作物結構，這樣也必然帶來一些產量的回調。

四是商品糧消費需求增加。我國農村人口加快向城市轉移，目前已經有 2.8 億農民工轉移進城。隨著大中城市戶籍制度逐步放開，將進一步提高戶籍人口城鎮化率。這些轉移出來的人口，以往居住在農村，基本上是糧食自產自銷，現在到了城市就需要吃商品糧，提高了國家商品糧消費比重。城鄉居民收入增長帶來消費結構的升級和變化，增加肉蛋奶消費比重，以及食品工業和醫藥工業等需要，對糧食需求明顯增加，構成新的糧食需求增長的壓力。

五是我國糧食需求對外依存度有所提高。世界糧食市場不具備支持我國糧食安全的能力。據測算，2020 年我國糧食需求將達到 14400 億斤，而當前世界糧食市場的可貿易量只有 6000 億斤，無法保證我國糧食消費需求。比如我國每年消費大米 3800 億斤，而世界市場大米的貿易量只有 900 多億斤。我國每年要消費豬肉 5400 萬噸，世界市場的可貿易量只有 900 多萬噸，所以說只能依靠我們自己的力量，按照新的糧食安全方針來解決糧食需求問題，把飯碗端在自己手上。

四、維護新時代國家糧食安全的
幾點建議

要充分認識新時代國家糧食安全的重要性、艱巨性，牢記習近平總書記關於糧食安全的重要論述，調動各方力量，採取有效措施，大力加強現代農業建設，建立健全維護國家糧食安全的政策舉措，加快農業供給側結構性改革和全面深化農村改革，不斷提高糧食綜合生產能力。

一是堅持把發展糧食生產擺在鄉村振興的重要位置。大力實施鄉村振興戰略，首要的是抓好糧食生產，特別是糧食主產區要把發展糧食生產和產業化擺在重要位置上。要制定糧食生產發展的中長期規劃，正確處理糧食生產與其他產業發展的關係，強化糧食省長負責制落實。

二是進一步加強糧食生產功能區建設，鞏固和提高糧食綜合生產能力。要加強糧食主產區建設，提高糧食生產功能區的現代化水平。防止糧食主產區的數量減少和能力降低，特別是要防止糧食主產區滑向主銷區，也要防止糧食平衡區滑向調入區，要在鞏固和提高上下功夫。重點抓好 800 個產糧大縣，實行有力的扶持政策和措施，夯實糧食生產基地的糧食綜合生產能力。加強糧食主產區現代農業建設，提高農民種糧收入水平，增加糧食主產區財政收入。

三是要實行最嚴格的耕地和淡水保護制度。嚴格落實耕地保護責任制，牢牢守住“一條紅線”“一條底線”和“一條警戒線”，即 18 億畝耕地紅線，15.3 億畝基本農田底線和 16 億畝糧田的警戒線，嚴厲打擊濫佔耕地和佔補平衡造假。要改革和完善建設用地制度，應實行嚴格的建設用地節約、集約制度，盡量用非耕地資源搞城市建設。要保護好淡水資源，大力發展節水農業，減少淡水資源的消耗。

四是要加快農業科技創新和應用。要依靠科技加大育種技術創新，加快“南繁基地”等三大現代化育種基地建設，將現代種業作為糧食安全重大的戰略工程。同時要加快推進“互聯網、大數據、雲計算 + 現代農業”，發展智慧農業。

　　五是加快現代糧食儲備和流通體系建設。要提高糧食儲備的現代化水平，保持合理的儲備能力。健全完善糧食安全預警體系，借鑒國際市場和其他國家的糧食不安全類型，區分資源型、生產型、流通型、災害型、儲備型等各種類型的糧食不安全，加強我國糧食不安全潛在的風險和類型的研究，密切研判國際國內糧食市場走勢，及早從生產、儲備、流通、政策等方面制定應對預案。

　　六是進一步擴大農業和糧食對外開放。合理利用兩個市場、兩種資源，要加快“走出去”步伐，發揮兩個市場、兩種資源的作用，利用國際市場的糧食和耕地來調控糧食安全，有針對性地解決我國糧食供求中存在的一些問題。

　　——在 2019 鄉村振興暨中國糧食安全戰略高峰論壇上的主旨演講

對糧食安全的一些思考 [*]

2019 年"兩會"期間,習近平總書記作出扛穩糧食安全重任的指示,之後我們又迎來了夏糧豐收,意義重大,恰逢其時。本人原來做過糧食工作,談幾點思考與大家交流。

一、糧食安全事關重大,我們必須按照習近平總書記的重要指示,扛穩糧食安全的重任。我國糧食連續十幾年獲得豐收,2019 年夏糧豐收大局已定,這是我國改革開放取得巨大進步和顯著成效的重要標誌,是值得大書特書的偉大成績。正是由於我們為國家糧食安全夯實了物質基礎,才為改革開放、為在國際舞台上贏得大國博弈提供了重要的支撐。基於這個認識,考慮到中國是一個人口大國,必須把飯碗牢牢端在自己手上,這一點任何時候都不能動搖。

二、在肯定成績的同時,必須正視我們在糧食安全方面存在的諸多問題。在認識這些問題的基礎上,要深化對糧食安全內涵的理解。比如在種植結構方面,還需要進一步優化與調整,農業勞動生產率亟待提高。我國糧食儲備的功能、規模、結構需要改進和完善。一個很

* 高鐵生,國家糧食儲備局原局長。

明顯的問題就是農民自己吃的糧食不賣，農民賣的糧食自己不吃。國家收了大量的糧食，但是這些糧食卻滿足不了糧食加工企業的需求，糧食加工企業需求的糧食，糧庫裏邊沒有。存在著結構性的問題，種植結構需要調整，儲備結構也需要調整。

三、在確保國家糧食數量安全的基礎上，還應追求質量安全，生態安全，進一步降低糧食安全的運行成本還有相當大的空間。現在有數量上的安全，但是不能說有質量上的安全。而且現在的運行成本非常高，保持這樣一個大的規模儲備，是不是能夠很好地滿足國內需求是要研究的。有關糧食政策是不是導致財政負擔過重，有一些政策出台之後是不是能夠及時調整，這些年來出現的問題都需要深刻反思。應當認清國家糧食安全的根基是能力安全，這個能力包括國內可持續生產的能力，包括對國際資源的掌控能力，當然也包括儲備能力。其次糧食安全的核心是口糧安全，重點要保證穀物的基本自給。

四、糧食安全的實質是更好地保證國民食物和營養的需求。應當樹立大糧食、大食物的觀念，拓展資源空間，合理引導肉、蛋、奶、菜、水產品等副食品的生產，推動食物結構多樣化，減輕口糧方面的壓力。對糧食安全的內涵需要有全面準確的理解，推動在更高水平上保證國家的糧食安全。

五、必須正確處理好推進鄉村振興和確保國家糧食安全之間的關係。習近平總書記關於確保重要農產品特別是糧食的供給是實施鄉村振興戰略的首要任務的指示，高屋建瓴地明確了糧食安全和鄉村振興戰略之間的關係。要發揮自身優勢，抓住糧食這個核心競爭力，延伸糧食產業，提升價值鏈，打造供應鏈，不斷提高質量、效率和競爭力，實現糧食安全和現代高效農業之間的統一。

怎樣在推進鄉村振興中來實現這二者之間的統一，我有兩點看法：第一，不要把糧食生產和經濟作物的種植對立起來。目前有些地方政府片面理解供給側結構性改革，認為農業的供給側結構性改革就是非糧化，甚至有些地方讓農民毀糧重"經"，把玉米鏟掉改種經濟作物，這是錯誤的理解。各地一定要從實地出發，發揮自身的優勢，不要違背農民的意願，用行政命令代替經濟規律。第二，不要固守傳統的糧食觀念，要樹立大糧食觀、大食物觀，推動食物結構多樣化，減輕口糧壓力。不要刻板地從概念出發，而是一切圍繞更好地保證國民食物和營養的需要，因為這才是糧食安全的實質。

——在 2019 鄉村振興暨中國糧食安全戰略高峰論壇上的主旨演講（根據錄音整理）

保障糧食安全始終是農業農村
工作的首要任務 *

　　常言道，國以民為本，民以食為天。對我們這樣一個擁有 14 億人口的發展中大國來說，解決好糧食安全問題始終是治國安邦的頭等大事。改革開放以來，特別是 21 世紀以來，我國糧食和其他重要農產品的生產取得了巨大的成就，連續多年糧食穩定在 13000 億斤以上。農業的持續發展特別是糧食生產的穩定，為我國經濟社會發展大局起到了"壓艙石"的重要作用。

　　雖然中國糧食發展成就巨大，但從長期來看，受國內消費結構升級、糧食生產成本上升、種糧比較效益下降，以及國內糧價高於國際市場等一些因素的影響，確保國家糧食安全仍然面臨著諸多挑戰。

　　一是需求總量繼續呈剛性增長。我國人口數量增加與城鎮人口比例上升並進、工業用途拓展和消費結構變化同步，未來糧食需求將繼續呈剛性增長，特別是隨著我國食物消費結構加快升級，未來對飼料

---

　　* 張天佐，農業農村部農村合作經濟指導司司長。

用糧、工業用糧的需求將保持增長態勢。

二是資源環境約束日益趨緊。我國耕地後備資源嚴重不足，而且也不具備經濟上的開發價值。隨著工業化、城鎮化的快速推進，守住18億畝耕地紅線的壓力越來越大。我國的水資源總量不足，只有世界人均水平的 1/4，而且分配極不均衡，3/4 分佈在西南地區，水土資源匹配嚴重失調，50% 以上的耕地位於北方乾旱和半乾旱地區，成為我國糧食穩定發展的"短板"。

三是比較效益不斷降低。我國農業生產已經進入高成本階段，近年來，農業生產資料價格和僱工成本繼續上漲，土地流轉等費用高位徘徊。而我國大宗農產品的價格受制於國際市場價格的影響，已經頂到了"天花板"，糧食生產的比較效益逐年下降，嚴重影響農民糧食生產的積極性。

四是農業勞動力結構性問題日益突出。從留在農村的勞動力結構看，大部分是婦女和中老年人，務農勞動力平均年齡都在 50 歲左右，1/4 的人超過了 60 歲，農民兼業化、農業副業化成為普遍現象。種糧費事、沒有效率，導致一些地區雙季改單季，季節性的拋荒等現象越來越突出。

五是新型農業經營體系構建任重道遠。目前全國土地流轉面積大概佔到整個耕地面積的 35% 左右，而且流轉土地的非糧化問題比較突出。近年來，雖然家庭農場、專業大戶、合作社發展較快，但是整體素質不高，農業服務的專業化、社會化還比較滯後，加快構建新型農業經營體系迫在眉睫。

六是災害頻發重發的態勢愈發明顯。近年來，我國極端天氣增多，農業氣候災害和病蟲害呈現頻發重發的態勢，年均因災損失糧食大約在 500 億斤左右。隨著氣候的變化、耕作制度和種植結構的調整，氣象災害和生物災害發生的不確定性增加，突發性、爆發性、危害性將顯著增強。

在我國實施鄉村振興戰略的大背景下，抓好糧食生產，確保國家糧食安全，始終是農業農村工作的頭等大事和首要任務。在新形勢下，確保國家糧食安全，重點要把握好五個方面。

第一，必須堅持立足國內的基本思路。就是我們的飯碗應該主要裝中國糧。我國作為世界上最大的糧食生產國和消費國，受耕地、淡水等資源約束，糧食有缺口是客觀現實，需要有效利用國際市場和國外資源，但是近 14 億中國人不能靠大量的進口來維持供給。這裏有三個問題要搞清楚：一是能不能買得到？目前全球每年糧食的貿易量在 6000 億—7000 億斤，不到我國消費量的一半。大米貿易量 700 億斤左右，相當於我們全年消費量的 1/4。這些貿易量既不夠我們吃，也不可能都賣給我們。總的來看，國際市場調劑空間非常有限，真正到用的時候可能會買不到，會付出高昂的成本。二是靠買糧吃會有什麼後果？在糧食貿易方面，我國的大國效應非常明顯，我們買什麼什麼就貴，我們賣什麼什麼就便宜。我今年到丹麥訪問，丹麥在歐洲算是農業大國，1/4 的農畜產品是出口的，有一段時間丹麥出口的豬肉價格上漲了 30%，他們說主要原因是中國因素。由於中國受非洲豬瘟的影響，母豬的存量減少，生豬出欄量總體下降，國內豬肉價格的上漲，拉動了這些國家相應產品的上升，而且上升幅度已經遠遠超過我們實際上升的幅度。三是糧食是非常敏感的產品，在市場供給充足時，各個方面，包括地方儲備、商業庫存、加工企業的庫存、城鄉居民自己家的購買，都會盡量減少。一旦市場上有風吹草動、供求緊張，這幾個方面短期都會增加購買。假如我國城鄉 4 億多居民，每戶多買 100 斤糧食，一夜之間就需要四五百億斤糧食供應，可能就會帶來社會問題。

第二，優先保障口糧的絕對安全和穀物的基本自給。受到耕地和水資源的約束，我國要有保有放，重點要做好 "兩保"。首先是保口糧，我國 60% 的人以大米為主食，40% 的人以麵食為主，所以大米和小麥是我國的基本口糧品種，必須優先保障。其次是保穀物，就是除了稻穀和小米以外，要保玉米，玉米是重要的飼料用糧和工業用糧，近些年需求增長最快，也要保持基本穩定。

第三，加強產能建設，強化科技支撐。首先要守住 18 億畝耕地紅線，畫定永久基本農田，加強高標準糧田建設。其次要強化農業科技創新，加快構建現代糧食產業技術體系，組織開展重大農業科技攻關，加快新品種的選育和推廣，選育一批高產優質高效新品種。

第四，用好兩個市場、兩種資源。我國地不足、水不夠、資源環境壓力大，為了彌補部分國內農產品需求缺口，滿足市場多樣化的需要，適當增加一些農產品的進口和加快農業 "走出去" 的步伐是必然的選擇。"入世" 以來，我國農產品的進口呈現持續快速增長的態勢，年均增長速度超過了 20%，進口額每 3—4 年翻一番。我們重點要做好品種餘缺的調劑和年度平衡的調節，建立穩定可靠的貿易體系。同時要加強對國內大宗農產品進口的監測預警，完善產業損害風險評估機制，避免進口對國內市場造成比較大的衝擊，保障產業安全、保護生產者利益。

第五，進一步完善對糧食生產的支持保護。在糧食生產效益低的形勢下，對生產者給予適當的收入補償，是穩定糧食生產最直接有效的政策手段，也是國際通行的做法。因此要立足保持政策的穩定性和連續性，保障農民的基本收益，保護農民務農種糧的積極性。同時，要完善糧食主產區的利益補償機制，目前全國 75% 以上的糧食產量、80% 以上的商品糧、90% 左右的糧食調出量都來自主產區，但糧食生產大縣往往都是財政比較困難的縣，這種狀況直接影響糧食安全，影響農業持續健康發展。今後，國家扶持糧食生產的政策措施要進一步向主產區聚焦，項目投入向主產區傾斜，指導服務向主產區延伸，努力使主產區種糧不吃虧，維護重農抓糧的地方工作上的積極性。

──在 2019 鄉村振興暨中國糧食安全戰略高峰論壇上的主旨演講

扛穩糧食安全重任的五點看法 [*]

　　糧食問題事關重大。2019 年 3 月 8 日，習近平總書記在 "兩會" 期間參加河南代表團座談時明確指出，鄉村振興要做到 "六要"：第一要扛穩糧食安全重任，第二要深入推進農業供給側結構性改革，第三要堅持綠色發展的理念，第四要補齊公共服務短板，第五要夯實農村治理體系，第六要用好農村改革法寶。習近平總書記把扛穩糧食安全這個重任放到了第一位，足以顯現糧食安全的極端重要性，今天我以 "扛穩糧食安全重任" 為題，講五點看法。

　　第一，成績充分肯定。改革開放 40 多年，我國農業最大的成績就是比較好地解決了中國人的吃飯問題。2018 年我國的糧食總量達到了 6.58 億噸，相當於全球糧食總量的 25%，與此同時，肉類總量達到了 8525 萬噸，水產品總量達到了 6469 萬噸，我國人均糧食、肉類、水產品分別達到 472 公斤、61 公斤、46 公斤，分別高出全球人均糧食佔有量 120 公斤、肉類 18 公斤、水產品 23 公斤水平。我國用

*　張紅宇，清華大學中國農村研究院副院長，農業農村部鄉村振興專家諮詢委員會委員，原農業部經營管理司司長。

世界 10% 的耕地養活了世界 20% 的人口，提供了 25% 以上的糧食和重要農產品產量。與此同時，我國的農業產業結構不斷優化，滿足了 13.95 億人多元化的農產品需要，成績應該充分地肯定。

第二，挑戰長期存在。在糧食生產流通貿易若干方面，同時還客觀上存在著巨大的挑戰，表現為三大困境：一是資源困境。長期來看，我國的農業資源相對於需求短缺，極有挑戰性。二是能力困境。農業資源是人多、地少、水缺，技術方面從糧食產出水平來看，水稻、小麥、玉米、大豆單位產出分別只有高水平國家的 63%、65%、52%、54%，從這個角度來講科技能力還有極大的提升空間。從人力資本來看，從事農業生產的勞動力，特別是從事糧食生產的勞動力平均年齡達到了 50 歲，在東部發達地區達到了 60 歲，人力資本非常不足。三是市場困境。從國內來看，主要是糧食作物和其他經濟作物效益無法平衡，農民種糧沒有積極性。從國際來看，我國的糧食價格長期高於全球糧食的價格，沒有競爭力。此外，種植糧食早期的成本更多地表現在化肥農藥的價格高，中期階段表現在勞動力的成本貴，近期越來越表現為土地流轉的費用持續上升，挑戰是長期存在的。

第三，平衡關係十分重要。在工業化、城鎮化的大背景之下，我國的糧食安全始終有三個平衡問題需要認真把握。第一個平衡問題是工業化、城鎮化、農業現代化及土地利用矛盾平衡問題。第二個平衡問題是工業化、城鎮化與從事農業的勞動力平衡問題，工業化轉移出去的都是年輕的、有人力資本的勞動力。留在農業內部的都是年齡偏大的，或者說簡單的勞動力。第三個平衡問題是糧食的總量和結構優化平衡問題，這裏面又表現出幾層平衡問題：一是農林牧漁幾大產業平衡的問題；二是在糧食內部的優質化糧食和一般的糧食品種的平衡問題，優質不一定能夠優價；三是糧食生產的數量和能力與可持續發展的平衡問題。早年的糧食格局更多的是南糧北調，現在的糧食格局是北糧南運，而土地資源 60% 耕地集中在北方，但水資源北方只有 25% 左右。怎樣在北方地區不斷增長糧食生產能力的同時，實現農業的可持續發展的平衡問題。以上三個平衡問題將長期存在。

第四，要有足夠的自信。一是要進一步提高對國家糧食安全的極端重要性的認識。中國的飯碗要牢牢端在中國人的手上，中國的飯碗必須要裝中國人自己產的糧食，這是習近平總書記的要求，也是鄉村振興的重中之重。糧食事關生存問題，從發展的角度來看，生存比發展更重要。因此，怎樣通過確保國家的糧食安全、實現國家的長治久安，這是我們經濟社會穩定和發展的基礎。二是要在糧食問題上保持足夠的自信。中國糧食靠中國人自己解決，穀物基本自給，口糧絕對安全，要始終堅持"以我為主、立足國內、確保產能、適度進口、科技支撐"的方針不動搖。我國是世界糧食進口量最大的國家，但是我們是按我國的口徑來計算的。2017 年我國的大豆進口量 9559 萬噸，去年進口了 8840 萬噸，如果去掉大豆，單純從穀物的角度來看，2017 年進口的穀物量 2559 萬噸，去年是 2050 萬噸，前年穀物佔整個糧食生產總量的 3.9%，2018 年穀物只佔整個糧食供給量的 3.1%，穀物基本自給，我們做到了。2017 年進口的水稻和小麥僅僅是 820 萬噸，2018 年水稻和小麥進口僅僅是 618 萬噸，口糧絕對安全，我們也做到了。從這個角度來講，糧食安全我們應該有足夠的道路自信。我國依靠自己的力量解決了自己的糧食問題，在當今國際形勢複雜多變的情況下，我們確保國家糧食安全是有底氣的。事實上，我國作為人口大國、農業大國和糧食需求大國，一旦糧食出了問題，誰也幫不了我們，誰也不會幫我們，在這個問題上認識必須清楚。

第五，要有保障舉措。糧食安全事關重大，從未來一段時期來看，仍然是鄉村振興的重中之重。為此應該在以下幾個方面作出不懈的努力。

1. 藏糧於地。一是 18 億畝耕地紅線必須牢牢守住。16.5 億畝穀物播種面積，如果再加上 1 億畝的大豆播種面積，17.5 億畝的糧食播種面積必須牢牢守住。水稻和小麥的播種面積必須牢牢守住。這是關於糧食"藏糧於地"第一個底線，在資源數量安排方面必須要有所作為。二是在資源的質量方面，最近這些年致力於基本農田建設，加強糧食功能區建設，確保穀物供給的 90%，確保口糧的 95%。三是要實現可持續發展，山、水、田、林、湖、草六篇文章一起做，宜林則林，宜水則水，但宜耕一定要耕，在這個問題上頭腦要清醒，確保糧食生產的耕地數量和質量事關重大。

2. 科技支撐。科技無疑是解決中國問題的最大法寶，1978 年中國糧食總量僅僅是 30.4 億噸，這些年在耕地、水資源不斷減少的情況下，糧食產量足足翻一番，下一步來看科技仍然是促進糧食安全的最大法寶。在科技方面有四個問題。一是生物技術。要聚焦糧食，特別是超級稻、雜交小麥、雜交玉米，解決種業聯合公關的問題。成熟技術要不斷推廣，在研發中的技術要盡快實現商業化應用。二是裝備技術。糧食生產的全過程機械化，應該講對糧食確保數量增長，包括產後怎樣安全地收割、儲藏，提高農業的機械水平事關重大。三是降耗技術。節能減排在降低化肥農藥方面還有很大的迴旋餘地。2015 年實施了化肥農藥零增長的計劃，2015 年當年的化肥使用量達到 6023 萬噸，歷史最高。到 2017 年化肥使用量減少到 5859 萬噸。除此以外，北方的嚴重超採區域怎樣保護水資源，南方重金屬超標地區怎樣退耕還林還草，都是降耗技術的應用。四是信息技術。大數據的應用對克服自然災害，包括疫病災害，甚至市場風險越來越重要，"互聯網 +"提供了廣闊的前景，總之，要做到心中有數。

3. 制度創新。糧食安全靠政策，更靠制度。一是深化土地制度改革，無論從糧食產出，包括它的效益提升，還是從可持續發展的角度來講，在工業化、城鎮化的背景之下推進土地經營權的有序流轉，發展農業適度規模經營極端重要。2017 年全國達到 37% 的土地經營流轉率，好像 2018 年數據有所偏低，但是這跟基數變化有直接的關係，2018 年土地承包經營權確權登記頒佈有了新的數據，原來土地流轉達到 37%，是按 13.64 億畝承包地計算的，去年有關部門說 37% 有所降低，基數是去年確權登記之後的 17.6 億畝，如按這個基數計算一定是下降的。一定要適度經營，這是解決糧食效率問題的法寶。二是培育多元化的新型農業經營主體。特別是從事糧食生產的家庭農場、合作社，上海松江有 996 個家庭農場，把全區的糧食生產全部解決了，平均一個家庭農場經營 143 畝，從事兩個產業，一個是畜牧業，一個是糧食產業，每一個家庭農場可以達到 15 萬—20 萬元的收益，整個松江區從事農業生產的勞動力大約為 3900 人。可見，新型經營主體的培養潛力很大。三是提升人力資本。從事糧食生產勞動力應該是有文化、懂技術、會管理的新型職業農民。從事糧食生產一定也要講工匠精神，所以人力資本的培養十分重要。四是要構建一個有中國特色的糧食生產支持保護政策，體現產業發展需求。其一，種糧補貼要有精準性。其二，金融信貸十分重要，特別是規模化的糧食生產主體對信貸的支持十分渴望。現在金融的滿足度即便是大型的農商企業，包括產業化經營主體才僅有 70%—80% 的滿足度，一般農戶只有 25%—30%，糧食需要金融支撐。其三，發展農業保險，保險對糧食生產而言不僅是物化成本的保險問題，而且還要提高保險水平、提高標準。要覆蓋全部成本，不僅僅包括物化成本的補償，還包括人工成本在內的全部成本補償，下一步還要研究預期收益保證問題。其四，貿易格局。在全球一體化背景之下，中國的大門敞開，兩個市場、兩種資源，確保在國家糧食安全的基礎上多進一點，少進一點其他農產品，不是事關國計民生的高端化品牌的農產品，佔比高一點、低一點不是什麼大問題。2017 年進口大豆 9559 萬噸，去年減少了 749 萬噸，但是對我們的日常生活沒有絲毫影響，從這個角度來講，口糧以外的農產品進口必須利用好國際上豐富的資源，包括國際成熟的市場，要堅定不移地秉承開放的理念，要在"一帶一路"方面書寫新篇章。

——在 2019 鄉村振興暨中國糧食安全戰略高峰論壇上的主旨演講

補齊糧食科技短板　保障國家糧食安全 *

　　我剛從鄭州糧食交易大會回來，這是國家糧食局主辦的萬人展會。會上參觀了展品，做了一些調研，去看了河南的糧庫，走訪了農民家裏，感覺到糧食生產發生了很大的變化。一是農民不種糧，城市周邊"種樓"。二是糧庫今非昔比，過去糧庫蟲吃鼠咬，損耗基本上在 3%—5%，現在是四無倉庫很多，設備非常先進，恆溫、標準化程度很高，而且信息化管理。三是糧食加工技術發展快。會上有8000 多家企業參展，8 秒鐘從麵粉加工成麵條，煮麵完全自動化，定量精準。一些展商說，城市發展為糧食產業和加工技術的快速發展創造了條件。近兩年國家糧食局在抓優質糧食工程、機械設備更新換代，現在的糧食加工與 30 年前我剛到國家發改委搞糧食的時候完全不一樣。我為糧食產業發展感到由衷的高興。

　　今天藉中國糧食安全戰略高峰論壇，我談一下對糧食安全的幾點看法。

＊　方言，國家糧食安全政策專家諮詢委員會委員，中國小康建設研究會副會長，國家發改委農經司原副司長。

　　第一，全球糧食安全有保障，中國功不可沒。目前，全球的人均糧食年佔有量 337 公斤，中國人均年佔有量達到 450 公斤，高於世界人均水平。20 多年來，全球糧食的產銷形勢發生了很大變化，糧食產量增加了 8 億噸，貿易量增加了 1.7 億噸，糧食的庫銷比由原來的 17% 提高到 24%，其中有中國在全球的糧食安全中作出的重要貢獻。黑龍江、吉林等省的糧食商品率非常高，他們的糧食人均年佔有量超過了美國。當然從質量、品種來講還是與美國有所不同。那麼，改革開放 40 年，中國在提高糧食生產能力上做了哪些事情呢？國家一共進行了四輪糧食生產基地的建設。第一輪是 1983 年開始的糧食基地縣建設。第二輪是建立糧食專儲基地，國家要掌握穩定的糧源，在全國選了 20 個糧食產量在 10 億斤以上的地級市，專門為國家提供商品糧源。這些地級市為國家糧食安全作出了重大的貢獻。第三輪始於 2002 年，農業部的優質糧食產業工程，建設範圍與商品糧基地縣、國家專儲基地一致。進行農業系統自身體系建設，發展種子基地和農機推廣體系。第四輪始於 2009 年，國家制定了新增 1000 億斤糧食生產能力規劃，選擇 800 個產糧大縣，打造糧食生產核心區，整合了農業綜合開發、耕地佔有補償資金及國家預算內資金水利農業資金，加上新增 1200 多億元，共計投入 4000 億元建設標準農田及農田水利設施，建設期為 12 年。制定的原則是以需定產，但後期由於沒有按規劃執行，所以造成局部地區糧食積壓。40 年來，我國經濟社會發生了很大變化，但產糧大縣在全國糧食產量中排序變化不大，在全國糧食產量中的比重不斷增加，是中國糧食生產的主力軍。中國解決了糧食的問題，解決了近 14 億人吃飯的問題，得到了聯合國糧農組織的高度讚賞，這是中國改革開放 40 年對全球糧食安全的重大貢獻。

　　第二，糧食區域品種平衡問題。由於南北方經濟發展和人口流動，使我國糧食生產與消費格局發生很大變化。特別是北方地區的糧食增產打破了長期以來我國南糧北運的格局。分區域看，20 世紀 80 年代以來，我國南方糧食產量高於北方糧食產量最多至 8600 萬噸，到 2004 年南方糧食產量與北方基本持平，2005 年北方糧食產量反超南方糧食產量 860 萬噸，且逐年增加，至此，南糧北運變為北糧南運，至 2013 年，產量達到 1 億噸以上，2019 年達到 1.2 億噸。我國糧食產銷格局發生根本性變化，形成南北方地區糧食產量四六分成的局面。山東、河南和黑龍江三省產量分別突破 5300 萬噸、6600 萬噸和 7500 萬噸，吉林、安徽突破 4000 萬噸。我國水土資源分佈不匹配和水資源時空分佈不均衡，北方糧食產區大幅度增產更加大了水資源壓力，北方地區的水資源越來越匱乏。

同時，糧食的增產也加劇了糧食區域品種平衡矛盾。2003—2015 年，糧食的大幅度增產主要依靠擴大高產作物種植面積，水稻、小麥、玉米三大作物種植面積增加約 4 億畝，為同期糧食面積增量的 142%，產量增加 2.4 億多噸，佔同期糧食增產量的 107%，大豆、薯類、雜糧面積相應減少。2016 年以來，經過近 3 年種植結構調整，三大品種面積下降了約 8500 萬畝，但在糧食面積中的比重仍高達 82%，產量比重仍維持在 91%。區域、品種的不平衡，導致東北地區一度玉米庫存高企，水稻主產區庫存積壓，加上國內外價差，使得沿海地區飼料產品進口猛增，最高年份進口飼料產品糧約 1 億噸。

第三，糧食價格政策面臨調整。目前，國內種糧收益成為一個大問題。生產成本不斷上升，缺乏市場競爭力，三大糧食作物每畝生產成本均超千元，而現金收益增長緩慢，淨利潤下降明顯。玉米、小麥、水稻和美國比更無競爭力。2017 年每 50 公斤玉米、小麥和水稻出售價格為 82 元、116 元和 85 元，美國為 43.4 元、58.3 元和 90.2

元，我國玉米、小麥出售價格高出美國一倍，稻穀價格美國略高。當然，目前國家的糧食價格政策是以保農民收入為主的，所以影響了我們的競爭力。WTO 已向中國提出，要求對小麥、稻穀最低收購價政策進行改革，在 2020 年 4 月前完成。怎麼辦？今後國內價格保護水平要符合 WTO 農業協定有關規則，最低收購價定低了，就保不了農民收入，定高了也不行，違背了 WTO 規則，現實已經把我們逼到了死角。在農業生產政策上我們面臨四個問題，一是保證總量，滿足國內需求；二是貿易環境，中美貿易談判中美國要中國增加進口；三是如何依靠科技，提高糧食競爭力；四是 WTO 改革，中國要不要積極參與，如果要參與的話，採取什麼樣的策略，這是擺在我們面前的現實問題。

第四，立足國內自給，必須補齊科技短板。今年初開始的中美貿易談判到現在已經進行了三輪，還沒有什麼實質性進展。但談判暴露出的種種跡象在告訴我們，美方貿易談判的實質是中國在全球產業鏈的位置問題。美國現在對中國發難，要在全球高科技產業鏈中把中國排擠出去。中美貿易談判中的農產品問題只是單純的商品貿易，在整個貿易談判當中相對比較簡單。但是，談判中的種種跡象給了我們一個警示，保障糧食等重要農產品供給要立足國內。2003 年到 2009 年間，糧食增產速度較快，有一部分人就提出國內不用種這麼多糧食，要搞全產業鏈，到國外去買庫，到國外去買地種，現在看來買地不可能，買庫的風險也很大，一旦出現政治軍事摩擦，糧食是運不回來的。所以糧食生產必須立足國內。中國耕地少，迫切需要通過科技手段提高糧食產量，提高糧食競爭力。美國的轉基因大豆畝產 250 公斤，中國的常規大豆畝產只有 125 公斤，國內能不能有畝產 200 公斤的常規品種呢？我個人以為是有希望的，小麥是常規品種，小麥的單產 12 年間從 306 公斤提高到 360 公斤，大豆為何不行。但是理想很豐滿，現實很骨感，我們四輪大豆振興計劃，在品種上也沒有大的突破。這是中國農業科技一個亟待解決的問題，如果我們把大豆的品種問題解決了，單產提高了，我們就可以少進口，當然不是不進口，按現在的大豆進口量相當於 7 億畝土地的產量，無法完全替代，但是可以少進口，這樣的話我國在國際市場上可以有更多的選擇。只有補齊中國糧食科技的短板，才能真正保證中國的糧食安全。

——在 2019 鄉村振興暨中國糧食安全戰略高峰論壇上的主旨演講

對我國糧食安全形勢的三點認識 *

下面我談一下對我國當前糧食安全形勢的三點認識。

一、糧食供應相對充足。我國糧食年產量已連續 7 年穩定在 1 萬億斤以上，連續 4 年保持在 1.3 萬億斤以上，連年的豐收為我國糧食保障供給打下了堅實基礎。從目前來看，我國糧食供需總量基本平衡，結構性矛盾也是比較突出的。基本實現了穀物基本自給，口糧絕對安全，稻穀連續 8 年增產，年產量穩定在 4000 億斤以上。雖然近年來每年也有少量的稻穀或大米進口，但是進口量少，僅用於調劑。2019 年，小麥年產量實現了連續 4 年穩定在 2600 億斤以上，是個大豐收，雖然每年也有小麥進口，但是進口量少。近年來在種植結構調整和玉米收儲政策改革的雙重情況下，主動調減玉米的力度比較大，總共調減了 5000 萬畝左右，同時由於畜牧、水產養殖業的發展，畜牧需求量大幅度增加。2017 年，我國的玉米產需首次出現了缺口，而在此之前都是產大於需。2018 年，產需缺口進一步擴大，2019 年，由於大豆、花生種植面積增加，玉米種植面積

---

*　陳友權，農業農村部種植業管理司副司長。

略有減少，加之東北地區玉米庫存消化較快，產需缺口呈擴大的趨勢。玉米價格一直保持比較高位，所以市場價格比較好，另外，非洲豬瘟的影響可能會減緩玉米需求的壓力。近年來通過實施大豆生產補貼，大豆種植面積和產量都呈恢復性的增長，2018 年跟前幾年比，大豆種植增加了 2300 多萬畝，增產了 70 多億斤，產量達到了 320 億斤，這個產量基本上能滿足國內大豆食用消費的需求，大豆在國內主要是做豆腐、做食用大豆，全國的需求量只有 250 億斤左右，而我們的產量是 320 億斤，可以說產大於需。但是豆粕可以做飼料，是很好的蛋白來源，食用大豆油比較短缺，所以由於這兩方面的需求加速增長，大豆缺口迅速擴大，到 2017 年，進口量達 180 億斤。2019 年大豆的種植面積比 2018 年增加了 5000 多萬畝，同時油菜的種植面積也相比擴大，加上非洲豬瘟影響，飼料的消費減少，大豆的進口需求將會下降，應對中美貿易摩擦會更加主動、更加有利。

　　二、未來糧食產區產需缺口加大。未來兩三年，在過去多年打下的糧食生產的良好基礎之上，我國的糧食生產，只要穩住政策、穩住市場、穩住價格，就能穩住農民的種糧積極性，就能穩住糧食種植面積和產量，糧食安全形勢就能保證平穩。據有關專家測算，如果不發生大的自然災害，按照前 5 年平均單產的增長水平，到 2020 年，我國的稻穀、小麥產需基本平衡，玉米、大豆產需缺口沒有增加。從長期來看，我國糧食產需缺口在逐步擴大。通過城鎮人口帶來的消費量增加，以及消費結構升級帶來的糧食的增加，綜合考慮這些因素，到 2025 年，糧食的產需缺口是 3600 多億斤，到 2035 年，產需缺口是 5300 億斤。其中 2025 年和 2035 年，稻穀產需缺口分別是 117 億斤和 297 億斤。要實現產需平衡，單產水平需要在現有的基礎上再分別提高 13 公斤和 35 公斤，通過科技創新、糧種的培育推廣，單產提高是能夠實現並有希望實現基本平衡的。2025 年和 2035 年，小麥產需缺口分別是 141 億斤和 291 億斤，實際上最近幾年每年進口的量也都在 100 億─200 億斤，只要能夠穩定目前的畝產量，基本上實現產需平衡還是沒有問題的。2025 年和 2035 年，玉米產需缺口分別在 1100 億斤和 1600 億斤以上，自給率將下降 80% 左右。2025 年和 2035 年，大豆產需缺口就更大了，分別達到了 1980 億斤和 2330 億斤，即使考慮到科技進步和單產水平提高，還是有巨大的產需缺口，自給率可能只能保持在 15% 左右，85% 要依賴國外，未來產需缺口呈加大的趨勢。

三、糧食安全形勢穩中有憂。影響國家糧食安全的突出問題有四個方面值得關注。第一，水土資源約束日益加劇。耕地資源的數量問題和質量問題並存。隨著工業化、城鎮化快速推進，我國每年減少耕地 300 萬─400 萬畝。我國南方地區丘陵山區比較多，基本農田劃為糧食生產供應區，好多地方都把山地劃到農業區了，基本農田都劃到山頂上去了，如果這些地荒廢了，基本農田的面積保不住，糧食的播種面積也保不住了。另外，水資源也是個突出的問題。

第二，結構性矛盾難以解決。首先從作物來看，我國的水稻、玉米、小麥產大於需，以致大量的庫存積壓，但同時大豆、油菜籽又大量進口：一方面是生產過量沒地方存放，積壓佔用大量的財政資金；另一方面是大量的進口依賴國外。以前東北漫山遍野都是大豆高粱，現在種大豆的區域只剩下條件比較差的農田，而且種玉米區域又不種大豆，造成大豆和玉米無法輪作倒插，病蟲害嚴重。大豆產量為什麼低？東北是大豆的主產區，但是畝產比美國低八九十公斤，產量低效率就低，產業發展就難以穩定。其次從品種來看，也存在這個問題：我國的小麥品種只有中筋小麥；我國的大豆品種則是高蛋白的品種多、面積大，但是高油的品種少。

　　第三，糧食生產成本大幅度上升。我看到國家統計局在吉林調研的材料，農民種糧成本壓力很大，其中最大的就是土地流轉費用，有的上漲了三分之一，有很多農戶反映土地流轉費用已經佔整個種植總成本的一半以上。美國的大農場規模大，種地是不花土地流轉費的。我們的土地流轉費佔了生產成本的一半，怎麼能競爭過人家。其次就是人工費，工資在上漲，人工費肯定要增加。再次就是化肥農藥等生產資料成本也在增加。由於人工費的增加，農資價格的上漲，所以農機作業費用也是在增加的，這些費用的增加造成糧食生產的效率在下降，農民種糧的積極性也受影響。

　　第四，管理土地的問題更加突出。隨著農村勞動力大量向非農產業轉移，農村的空心化、農民的老齡化問題日趨嚴重。全國農民工2.8億人，在家務農的勞動力平均年齡60歲左右，有的80多歲老人還在下地幹活。到2025年，目前這一代務農的農民逐步退出，今後70後不願意種地，80後不會種地，90後根本就不提種地的事。尤其在一些邊遠地區，耕地可能會出現大量荒蕪，村莊會大量消失，目前有的村莊已經在消失。這些耕地好多都是基本農田，一旦這些耕地荒蕪，會直接影響到糧食生產面積和產量。

　　針對以上問題我們也有一些解決的對策和措施建議，相信只要把這些措施有針對性地落實下來，我國的糧食安全還是有保障的、有希望的。

　　　　　　　——在 2019 鄉村振興暨中國糧食安全戰略高峰論壇上的主旨演講

　　　　（根據錄音整理）

積極推進農業產業化和糧食的國際化
保障國家糧食安全 *

推進鄉村振興戰略，解決"三農"問題，確保國家糧食安全是關係國計民生的根本性問題，是黨中央關注的重中之重。中糧集團及其所屬的中糧貿易有限公司作為以糧油為最主要核心業務的中央企業，始終把保障國家的糧食安全、服務國家糧食宏觀調控作為根本使命，積極落實鄉村振興戰略，努力參與到解決"三農"問題中來。

我國人均耕地資源非常缺乏，不足世界平均數的 40%。落後的小農種植不僅限制了農業的生產，影響到農民的增收，而且隨著農村人口減少和老齡化加劇，正逐步成為影響糧食產量的隱患。從數量上看，儘管在國家政策大力支持下，我國糧食產量已經連續多年增產，不僅能滿足口糧的需求，而且對不斷增長的飼料用糧、深加工用糧也基本上能夠滿足；然而這個產量規模對我國的耕地、水資源帶來巨大壓力，也對國家政策的可持續性帶來巨大的挑戰。

隨著糧食市場化，產量很難大幅度擴張，甚至可能出現波動和減產。目前，我國糧食需求在一定程度上受到了國內糧價高於國際水平

---

* 陳濤，中糧貿易有限公司農業產業化部總經理。

的制約，一旦糧食市場化的進程加快，國內糧價逐步與國際接軌，而飼料用糧的需求還有增長的潛力，國內糧食不平衡的狀態會進一步加劇，數量安全問題還將出現。從質量上看，我國居民收入水平持續增加，生活水平已經明顯提升，對高質量安全食品需求比較強烈，但目前我國糧食生產方式很難滿足這種需求。不僅優質的小麥、稻穀供應不足，飼料用糧對高品質玉米的需求也難以滿足。如何在新的形勢下加快提升糧食的種植效率，促進農民增收，保障國家糧食的數量和質量安全，一直是中糧集團努力思考和探索的問題。

經過多年的摸索與實踐，我們認為農業產業化和糧食的國際化是比較可行的路徑，兩者一內一外相輔相成互為補充。從農業產業化上看，通過合理分工和密切合作，可以有效解決糧食種植效率和品質的問題，在種糧人口不斷減少的情況下，只有大力實施農業產業化，才能確保總體糧食規模不下降，而且在選種、耕種、施肥、田間管理乃至收割各環節做到更專業、更科學、更合適，種植更為消費者需要、更優質的糧食品種，保證糧食產量和品質的穩定性。據了解，目前國內已經有部分企業參與租地種地，部分託管種糧企業正在崛起，更多的企業與農民之間已經不再是傳統的簡單關係，而是深入田間地頭直接服務農民，建立了更緊密的聯繫。

近幾年，中糧貿易積極推進農業產業化，整合社會資源，打造有效銜接糧食種植和下游需求的農業綜合服務平台，強化一手糧源掌控，提升倉儲設施的中轉效力。我們主要做了三方面的工作。

一是拓展糧食線上的業務。基於中糧貿易目前市場化的能力和行業積累起來的信譽，在保障農民所有權的前提下，為農民提供倉儲、分批結算、資金支持等一系列的綜合服務。從 2016 年起，我們主要在 "三省一區"，即黑龍江、吉林、遼寧、內蒙古等主產區穩定推進糧食線上業務，重點掌握一手優質糧源，搭建以糧食貿易農業服務和金融服務為基礎的各種大平台。農民可以隨時根據市場行情進行結算，可以換成錢、可以提走糧食，也可以申請預付款貨款，或者通過倉單質押的方式獲得低息資金貸款，從而改變傳統的儲糧習慣，把藏糧在家變為藏糧到庫，減少糧食黴變損耗，減少環節費用，減少多次放款帶來的損失。2018 年，我們的糧食銀行業務覆蓋了東北三省，服務糧源超過 180 萬噸，服務農業的面積近 370 萬畝。

二是在提供糧食基礎上附加服務。開發了糧券 APP，整合線下訂單農業、農資服務、農機服務、糧食銀行、金融等資源，強化與化肥企業、種子企業等的合作。直接對農服務，一方面幫助農民提高組織化的程度；另一方面幫助農戶實現降本增效，促進鄉村振興，助力農業供給側結構性改革，打造農業綜合服務平台。中糧貿易的產區在全國有 101 家糧庫，“三省一區”有超過 60 家糧庫，以產區的糧庫作為一個主體，承載“糧食銀行＋服務模式”的創新，構建中央農業服務的全品牌，搭建連接種植的消費者、政府和合作夥伴的平台，從而形成中糧產業化的生態圈，這是我們的農業產業化的一些做法。

三是從糧食格局化來看，不僅要與主要糧食出口國進行合作，進口一部分優質的糧食品種，調劑國內糧食供需結構之間的不平衡，同時，也在積極推進與“一帶一路”國家的合作，開發新的進口來源，用多元的進口渠道保障糧食的安全。自 2013 年 9 月習近平總書記提出“共建絲綢之路經濟帶”的倡議以來，中糧集團加快全球農糧領域的佈局，在糧食國際化方面邁出堅實步伐。首先是 2014 年相繼併購了兩家中型的跨國企業，持續拓展美洲、澳大利亞等區域傳統產糧國家的糧油業務。其次是“一帶一路”國家投資的佈局，加大了對黑海、中亞的小麥、玉米、大麥的進口力度，打造陸路和海路兩大國際糧食的物流通道，將全球 1/5 以上人口與全世界的農場連接在一起。通過 5 年的努力，中糧集團控制資產覆蓋全球 50 多個國家和地區，業務遍及 140 多個國家和地區。在中國及全球的大豆、玉米、小麥等主要生產國，掌握倉儲能力 3100 萬噸，年加工能力 9000 萬噸，港口中轉能力 6500 萬噸，貿易能力 7000 萬噸，海外糧油掌控能力 5000 萬噸。2018 年，中糧貿易營收 4700 億元，經營總量接近 1.6 億噸，資產總額 5400 億元，總體實力已經與國際大糧商持平，資產在全球排第二位。

　　農業產業化和糧食國際化都是當前我國糧食領域的重大課題，需要領導的關心與支持，需要專家的研究與指導，需要所有企業團結與協作。我們共同探討現代農業產業化發展問題，具有特別的意義，必將影響深遠。

————在中國小康建設研究會現代農業產業化聯盟成立大會暨 2019 現代農業
　　產業化發展高峰論壇上的講話（根據錄音整理）

對"藏糧於地"的幾點建議 [*]

　　鄉村振興，產業振興是基礎。產業振興的首要任務就是要做強糧食產業，不斷提升和鞏固糧食生產的產能，確保國家糧食安全。這些年在重農、惠農、富農、強農以及扶持糧食生產的政策指引下，我國的糧食生產不斷邁上新的台階，連年獲得豐收，年產量穩定在 1.3 萬億斤左右，有力支撐了經濟社會的發展，成績有目共睹。但是我們也要清醒地看到我國糧食生產的基礎並不完全鞏固，靠天吃飯的狀況還沒有從根本上改變，所以我們在任何時候都不能忽視糧食生產。

　　當前農業發展的一些問題應當值得重視，由於糧價下跌、成本上升，農民種糧的意願在下降。一些糧食主產區，大面積成片的糧田已經很難看到，而且在一些地方重農抓糧的積極性也在下降，支持和扶持糧食生產的力度在減弱。同時我們也看到玉米去庫存的速度超乎人們的想象，加上現在中美貿易摩擦對國際農產品市場以及國內糧食生產和產業影響的不確定性也不可低估，所以我國的糧食安全問題絕不能說高枕無憂。在中央經濟工作會議和全國"兩會"期間，習近平總

＊　陳曉華，第十三屆全國政協農業和農村委員會副主任。

書記反覆強調要重視國家糧食生產和糧食安全問題，2019 年的 "中央一號文件" 和政府工作報告也特別要求關注和抓好糧食問題。我認為這是有戰略遠見的，也具有很強的針對性，在新的形勢下我們談糧食生產、講糧食產業的發展也要有新的視角和新的理念，不能只講數量而不講質量，不僅要講連年豐收，更要講提高糧食生產的產能，所以在目前階段產能比產量更為重要。

要提高糧食產能就要很好地貫徹中央所確定的 "藏糧於地" 和 "藏糧於技" 的戰略。"藏糧於地" 要解決好兩個問題：一是要保障耕地的數量；二是要提高耕地的質量。保障耕地數量的問題主要是要健全法律法規和嚴格執法，要落實好各項法律政策的規定。而提高耕地的質量研究得還不夠，相關配套的政策措施也還不夠健全，所以針對這個問題我談三點看法。

第一，要加快高標準農田的建設進度。建設旱澇保收的高標準農田是國家已經明確的重大工程，"十二五" 規劃、"十三五" 規劃，包括今後要研究的 "十四五" 規劃都要把它作為一個重大工程，是確保國家糧食安全的戰略舉措。按照現在的規劃，高標準農田到 2020 年要完成 8 億畝，到 2025 年要完成 10 億畝，這個任務是相當艱巨的。從調查來看，目前存在的問題一是建設資金的缺口還比較大；二是建設的標準還不夠高。為此，我提出以下建議，一是要利用機構改革和職能調整的好契機來推動。過去耕地的建設問題分屬在若干部門，相互之間配套協調不夠。此次中央的機構改革方案明確了任務主體，是我們解決好這個問題的一個重要的基礎和條件。二是要建立穩定的資金渠道，應當整合各部門現有的資金形成一個專項。目前的財政設立專項很難，建議在現有的資金規模上整合成一個專項，上面規劃統一，下面項目分散在各地，具備這樣條件的同時，按照 "中央一號文件" 的要求盡快調整土地出讓收益金的比例（即分配比）。按照

"取之於地，用之於地"的原則，把土地出讓金的增量部分用來加大對基本農田建設的支持力度，採取增減掛鉤的方式鼓勵社會資本投入到基本農田建設中，建立穩定的資金渠道。

第二，要適當提高建設標準。過去的建設標準幾個部門都不統一，全國標準都是按照一畝地 1000 多元、幾百元的安排。今後的建設標準建議比照城市防洪政策標準，設置年限標準，縣城 20 年，地級市 50 年。根據適當的情況來提高建設標準，在建設標準裏要充分考慮機械作業和節水灌溉排澇設施，應當把這些因素考慮到高標準農田的建設中。此外，土地的碎片化嚴重影響耕地質量建設，應充分應用政策支持農村承包地小塊併大塊，進行宜機化整治。

第三，要支持農戶培肥地力。在農村耕地問題上，如何把農民用地養地的積極性調動起來，精耕細作，種養結合，都是過去優秀農耕文化的精髓。通過一個有效的辦法來使農民培肥自己的地，這確實需要很好研究。要因地制宜，因產品制宜。對於果、菜、茶等產品，可以通過市場化產品的優質優價來實現有機肥替代化肥。解決秸稈還田的問題，要用政府購買服務的方式來進行農機作業補貼，落實國務院 2018 年指出的農機化的轉型升級，運用上百億元的補貼資金和產業政策結合起來。目前，在很多省份，經濟飽和的區域，特別是糧食生產區，可以通過信息化作業手段補貼和運用先進的手段控制風險。

——在中國小康建設研究會現代農業產業化聯盟成立大會暨 2019 現代農業
　　產業化發展高峰論壇上的講話

第六部分

鄉村文化振興

奏響新時代鄉村文化振興的新樂章 *

　　實施鄉村振興戰略，是黨的十九大作出的重大決策部署。2019年以來，三次圍繞鄉村振興的全國性活動都在鄞州舉行，先後舉辦了全國鄉村振興與扶貧協作論壇、鄉村全域治理體系研討會和這次的2019鄉村文化振興高峰論壇。諸多的專家、學者把視角對準寧波鄞州，中國小康建設研究會鄉村振興研究院、浙江大學社會治理研究院寧波中心先後落戶在鄞州區，這充分說明了鄞州是一個好地方。

　　這裏"一方水土成就一方精彩"。我們搶抓改革開放、撤縣設區、區劃調整等機遇，奠定了"擁江攬湖濱海"的格局，成就了寧波都市核心區的地位，綜合實力年年攀升。我們連續4年獲評全國綜合實力百強區第4位，全國中小城市綠色發展百強區第2位、科技創新百強區第3位；我們的城鄉建設發生了翻天覆地的變化，實現了浙江省新農村建設的"九連冠"，成為中國美麗鄉村建設的示範區，民生品質得到了極大的提升；我們2018年城鄉居民收入分別達到了6.5萬元和3.7萬元，兩個收入比遠遠低於1.8:1；我們的社會治理水平走在前列，目前正在創建全國鄉村治理體系建設試點示範區，並且積極做好全國鄉村治理示範的申報。

---

* 褚銀良，寧波市委常委、鄞州區委書記。

　　這裏"一方水土孕育一方文化"。2200 多年前，我們鄞州區開始設立郡縣叫鄞縣，北宋以來，誕生了一大批文武進士。佛教文化更是聞名海內外，轄區內有三大千年古剎，分別是天童寺、阿育王寺、七塔寺。海商文化聞名海內外，慶安會館是寧波首個世界文化遺產，寧波古港口是海上絲綢之路的發源地。名人更是層出不窮，湧現了《三字經》作者王應麟、書法家沙孟海、音樂家馬友友等眾多名人。擁有泥金彩漆、金銀彩繡、骨木鑲嵌、《三字經》等一大批國家級和省級非遺產品。鄞州區先後榮獲全國文化先進縣、中國博物館文化之鄉、中國書法之鄉、中國海絲文化之鄉（全國首個）、國家首批公共文化服務體系示範區（全省綜合評估連續十年蟬聯第一）等榮譽稱號。

　　鄉村振興，文化是魂。這些年，我們始終堅持形之美、魂之美，成就了今天形神兼備、內外兼修的鄞州鄉村。回顧這些年塑造現代鄉風的歷程，我們始終以社會主義核心價值觀為引領，傳承耕讀文化、海商文化、義鄉文化，融入紅色基因、革命精神，與時俱進形成了"實幹、擔當、奮進"的新時代鄞州精神。

　　鄞州鄉村文化振興的歷程，是留住一脈鄉愁的歷程。我們主動應對快速城市化帶來的挑戰，建立非遺文化傳承基地，強化傳統文化、地域文化的保護與發揚，"瞻岐彩船"駛入台灣文化走親，"萬工轎"亮相央視《國家寶藏》，"羽人競渡"成為亞洲藝術節節徽，"雲龍龍舟"綿延兩千多年。

　　鄞州鄉村文化振興的歷程，是唱響美好鄉音的歷程。我們創新"送文化""種文化""創文化"等公共文化服務供給體系，"藝起來""閱起來""天天系列""一鎮一節慶"等活動，極大地激發了鄉村文化活力，鄞州鄉音越唱越響，由姜山甬劇團等業餘團隊組成的鄞州藝術團到韓國交流演出。

　　鄞州鄉村文化振興的歷程，是共譜多彩鄉韻的歷程。我們通過

"點石成金""移花接木""接二連三"，不僅激活了文化禮堂、博物館、千里雲道等資源，更推動了文旅、文創等產業發展，讓鄉村文化韻味更濃、更多彩。邱隘鎮回龍村的文化禮堂就是一個典範，它通過市場化運作，實現了經濟效益和社會效益的雙豐收，成為遠近聞名的典範。我們大力推出千里步道，全力推進全民健身活動。同時注重推進文旅結合，浙東第一古街韓嶺老街、天童老街等都成了"網紅打卡地"，鄞州區文化事業、文創產業正在如火如荼地發展，圍繞金銀彩繡等非遺技藝推出了一大批文化產品。我們以寧波市甬江文創大走廊作為載體，大力推動文化產業的發展，讓鄉村文化的韻味更濃，更加多彩。

鄞州鄉村文化振興的歷程，是凝聚各方鄉情的歷程。我們始終堅持共建共享、共同締造，黨政引領、社會參與，群眾共興、鄉賢返鄉，凝聚起鄉村文化振興的磅礴力量。鄞州在寧波市全市率先出台公共文化服務體系的《實施意見》以及《標準》，市級劇院與鄉鎮組建院校聯盟，全力推進群眾共同參與，湧現了上李家村"村民道德負面清單"等基層首創的推動鄉村文明建設的一系列做法。同時我們還大力推動鄉賢返鄉、能人治村等各項活動，著名大提琴家馬友友的姐姐，邀請紐約青少年交響樂團在鄉村進行交響樂團的普及，著名藝術家俞麗拿建立的小提琴藝術基金寧波實驗基地，落戶鄞州區。

這些都是鄞州的初步探索，還有很多地方需要進一步挖掘、進一步創新、進一步提升。我相信，今天的高峰論壇一定會給我們帶來更多新的啟迪和啟發。我們將認真學習吸收，同時也誠摯地邀請大家多來鄞州指導把脈、多為鄞州出謀劃策，一起奏響新時代鄉村文化振興的新樂章。

——在 2019 鄉村文化振興高峰論壇上的致辭

（根據錄音整理）

文化振興決定鄉村全面振興的
成敗和效果 *

　　鄉村文化振興是中國特色社會主義文化振興的一個重要組成部分，是新時期鄉村文明建設的一個重要抓手，也是鄉村振興戰略實施的一個重要內容。可以說相對於鄉村振興其他四個方面的振興，文化振興是一項非常重要的基礎性工作，從某種意義上來講，鄉村文化振興決定著鄉村全面振興的成敗和效果。

一、應注重鄉村傳統文化的保護傳承和發展

　　文化是國家民族的靈魂，是團結人民、驅動社會經濟全面協調發展的一個重要精神支撐，鄉村是民族傳統文化生長的家園，鄉土文化是民族文化的根基。我國優秀傳統文化的思想觀念、人文精神、道德規範都植根於鄉土社會，來源於鄉土文化。我國幾千年的農耕文明形成了重農揚農、家庭為本、勤儉持家、鄰里和睦等一系列價值觀念，

　*　李春生，第十三屆全國人大農業與農村委員會副主任。

形成了出入相友、守望相助等一系列傳統美德，在長期的農業生產過程中總結出了“天人合一”的哲學思想，道法自然、修身養性的生活方式。正是這種追求和諧穩定、安詳從容的農耕文明，成就了豐富多彩的生產生活方式，孕育出波瀾壯闊的民族文化，不僅呵護著中國民族的繁衍和延續，而且至今仍然擁有著旺盛持久的生命力。

　　浙江歷史悠久、人傑地靈，擁有文化之都的盛名。寧波處於浙江的東部，文化昌盛，人文積澱深厚，早在幾千年前，就創造了燦爛的河姆渡文化，孕育著獨特的農耕文明，形成別具一格的文化習俗和鄉土人情。鄞州在兩千多年前就成為我國第一批建制縣，是海上絲綢之路的發源地，是著名的寧波商幫故里。多年來，靠著這種文化的根基和積澱，造就了寧波人勇立潮頭、胸懷天下、開拓進取、敢為人先的精神和勇氣。“無寧不成市”這句俗語，正是寧波甬商有膽有識、勇於創新創業的真實寫照。

　　前不久，我在北京參加了鄞州鄉村治理的座談會，鄞州區在鄉村治理方面做得很好，既有前瞻性，又有創新性，開闢了幹群對話式共商、立體多元化共治、權利清單式共管、事物契約式共建、成果普惠式共享的鄉村治理之路。大家知道鄉村是人情社會、熟人社會，而人情與道德、習俗緊密相連，文化是道德修養、習俗的重要根基，文化的興旺發展為鄉村治理奠定了堅實的基礎和條件。我們實際看鄞州區鄉村治理的文化發展情況，對鄞州鄉村治理取得的成效可以說有了新的體會和感悟，鄞州區之所以在鄉村治理方面取得這樣顯著的成效，與這裏的文化興旺有著密切的聯繫。

　　各地鄉土文化資源，由於自然資源稟賦、生產生活方式、民族文化習俗、歷史機緣不同，十里不同風、百里不同俗，可以說各具特色，一是表現出多樣性，二是表現出個性化。文化的積澱和文化習俗的形成既有共性，又有一些差異。鄉村文化振興很重要的是，要做好鄉村傳統文化的保護傳承與發展，也就是說，對差異性要包容，要掌握其規律性，發展其合理性。具體來說，從物質層面，應加大傳統村落格局的保護，加強文物古蹟的保護，從非物質層面，應加強傳統優秀民間工藝美術、傳統節慶、傳統體育活動的保護和傳承發展，同時要藉助科技手段，與現代文化形式相嫁接、融合，形成符合時代發展要求、人民喜聞樂見的文化形式，形成人民所認同、所尊崇的價值觀。

寧波市這些年開展農村文化禮堂建設，先後打造了古村文化禮堂、紅色文化禮堂、生態文化禮堂以及科普文化禮堂等特色禮堂。回龍村文化禮堂建設涵蓋了村的政務、事務，以及文化、娛樂、體育、康養多元功能，包含了農民生活生產的方方面面，受到了村民的歡迎，發揮了很好的作用。

二、應注重發展好鄉村文化產業

鄉村文化產業是鄉村文化振興的推動力量，鄉村文化振興又是鄉村文化產業發展的重要目的。鄉村文化產業不同於一般的產業，具有意識形態和產業的雙重屬性。發展文化產業，應注重把握好意識形態方面的責任，這是發展好鄉村文化產業一個重要的方面。同時鄉村文化產業涉及文化、經濟兩個領域，這種交叉性和重疊性要求我們，既要考慮鄉村傳統文化的傳承、保護與發展，也要注重文化活動的經濟效益；既要做到農民群眾喜聞樂見，還要做到有實效、可持續。國家對文化產業的發展高度重視，早在 2009 年，國務院就印發了《文化產業振興規劃》，相關部門也制定下發了很多指導意見，提出要將文化產業培育成國民經濟發展的增長點。黨的十八大、十九大進一步明確文化產業要成為國民經濟的支柱產業，目前全國文化產業的增加值超過 3.5 萬億元，佔 GDP 的 5% 左右，增加值超千億元的省有 13 個，其中超過 3000 億元的有 4 個，浙江省就包括在其中，增加值佔 GDP 比重超過 5% 的省有 4 個，浙江省也包括在其中。可以說，文化產業已經成為浙江省調整優化產業結構、推動新舊動能轉換的一個重要力量。

寧波市處於浙江省改革發展的前沿，完全有基礎、有條件發展好鄉村文化產業。這裏已經建設了一批具有富民效應、示範帶動作用的特色文化產業的項目，創造了有益的經驗和做法，如何進一步提升發展，我提四點建議。

一是應積極推進文化產業的融合發展。推進鄉村文化產業與相關產業的融合，在融合中豐富內容，在發展中提升層次和水平，比如說通過發展景觀農業、會展農業、有文化內涵的農業產業，並使其與鄉村文化產業如鄉村演藝業、鄉村節慶等融合發展，延伸產業鏈條，豐富文化產業業態，拓展文化產業發展空間。還比如依託鄉村綠水青山、田園風光等資源與本地特色文化融合發展休閒農業、觀光農業、康養農業，打造多元文化綜合體，形成一村一幅畫、一鄉一個樣的文化產業發展新格局。

二是要努力培育產業發展的經營主體。文化企業是鄉村文化產業發展的核心，是產業經營發展的有效載體也是主體，我們應該著重培育和引導。引導企業、支持企業做優、做強，充分發揮其在文化產業中的主導和引領作用。

三是注重培育創建文化產業品牌。每個地方由於民族文化特色、鄉土文化特點不同，都有自身區域文化品牌資源，比如手工藝、民族文化、民俗文化等資源。要依託這些資源進行挖掘、培育、經營文化品牌。鄞州區是首批國家公共文化服務體系的示範區，多年來形成了海商文化、海絲文化等具有區域文化特色的品牌資源，如果進一步挖掘、培育、經營和創建，就可以形成具有獨特風貌的鄞州區文化產業的產業品牌。

四是強化政府的支持保障作用。文化產業具有社會效益和經濟效益，相比於其他產業承擔了更多的社會責任，政府的支持和有效引導，對保障鄉村文化產業堅持社會效益、實現經營效益可持續發展至關重要。第一，政府應通盤考慮當地鄉村文化資源的狀態，制定鄉村文化產業發展規劃，合理配置相關資源要素和人才，促進鄉村文化產業的穩定、有序發展。第二，對鄉村文化產業的發展應進行有效的引導和指導，創新文化產業發展的理念、途徑和模式，使鄉村文化產業發展更好地滿足廣大人民群眾的精神文化生活需求，真正做到啟迪思想、溫潤心靈、陶冶情操，傳遞向上、向善的價值觀，更好地引領農村社會風尚。第三，制定優惠政策，對鄉村文化發展給以必要的支持。目前中央和有條件的地方都設立了文化產業發展專項資金，累計超過了 600 億元。截止到去年底，中央財政 5 年來安排文化產業專項資金達到 275 億元，全國 20 多個省市已經設立了由省財政出資和文化宣傳部門發起的市場化運營的文化產業投資基金和引導基金。同時要積極培養引進鄉村文化產業發展所需要的人才，支持鼓勵社會力量參與鄉村文化產業人才的培養。要建立形成鄉村文化產業發展有效的工作機制；社會力量參與鄉村文化產業發展的激勵機制；鄉村文化產業人才發現、使用、評價、流動、儲備的激勵機制；參與文化產業發展的經營主體的利益聯結機制；鄉村文化產業發展跟蹤、考核、評價的獎懲機制；政府相關部門單位協調的推進機制。總之，我們要努力形成正確的導向，充分調動方方面面的主動性、積極性，推動鄉村文化產業健康有序地發展。

——在 2019 鄉村文化振興高峰論壇上的主旨演講

構建鄉村文化振興的工作機制 *

　　鄉村振興是黨的十八大提出的建設社會主義現代化強國七大戰略之一，鄉村振興能成為國家戰略是有它的現實性和必然性的。無論我們的城市化發展到什麼樣的水平，我們國家在農村總還是有幾億人要居住的，農村建設得如何，不僅事關生活在農村的人，也事關城裏人能否留得住鄉愁。因此，鄉村振興並不是僅僅為了農村居民，而是為了全體中國人。

　　鄉村振興提出以後，可以說成為全社會關注的熱點。鄉村振興是激盪在廣袤鄉村大地上最動人的夢想，也是流淌在億萬農民心中最美妙的音符。鄉村振興夢想如何變成現實，鄉村振興音符怎樣奏響成章，既沒有完整的模式可以借鑒，也沒有現成的路徑可以走，怎麼辦？只有彙聚全社會的合力，用思想的火炬點燃智慧之光，用探索的腳步丈量夢想之地，也就是說，要靠全社會的力量，理論上搞明白、實踐上大膽探索，舉辦這個高峰論壇，其意義就在這裏。

　　作為長期工作在 "三農" 戰線上的媒體人，下面我就鄉村文化振

---

* 　唐園結，農民日報社黨委書記、社長。

興談三點認識。

一是怎樣認識鄉村文化振興，或者說鄉村文化振興對於鄉村振興的意義在哪裏。習近平總書記在湖北宜昌許家村調研時強調說：產業振興是重點，人才振興是基石，文化振興是動力，生態振興是關鍵，組織振興是保障。鄉村文化振興不僅是鄉村振興的重要指標、重要內容，也可以說是重要手段。鄉村文化振興不僅可以豐富農村居民的文化生活，提高精氣神，調動億萬農民的主動性和積極性去建設鄉村，更重要的是通過文化振興能夠提升鄉村振興的品質和品位。農耕文明是中華民族幾千年形成的中華文化的源頭和"根"。隨著城市化的不斷加速，農耕文明有的保存得不錯，也有不少被丟掉了。如果一個民族缺少了文化之魂，那麼一個國家就沒有了精神支柱。鄉村文化振興從某種程度上來說，就是要把我們的傳統農耕文明、農村文化繼承下來，並進一步創新發展，從而在守住魂的同時，豐富人民文化生活，繁榮農村特色文化產業。由此來看，鄉村文化振興，無論是從文化上來講、從經濟上來講，還是從價值觀上來講，其意義都非比尋常。

二是農村文化建設的核心是什麼。第一個重點就是農村非遺文化的保護、傳承和發揚。這項工作涉及很多問題，包括怎樣把一個一個有特點的村落保存下來，把一個一個有民族特色的民俗文化保存下來，把幾千年來形成的農耕文化活動保存下來。然而，農村文化建設僅僅做到以上這些還不夠，因為儘管農村人地域上生活在農村，但也處在飛速發展的時代之中，同樣需要現代城市文明和城市文化。很多研究報告都反映了同一個問題，就是在信息的渠道、信息的設施、信息的獲取等方面，城鄉之間差距很大，存在著數字鴻溝。在農村文化建設中，完善鄉村現代基礎設施建設，是幫助農村居民獲取文化知識、享受文化生活所必需的工作。

三是怎樣長效推動鄉村文化建設。這個話題涉及很多方面，我主要談一個觀點，要使鄉村文化建設能有序、可持續地推進，建立一個多方參與、緊密合作、凝聚合力的協同機制至關重要，即由地方政府主導搭台、高校研學轉化助力、企業融投資參與、鄉村主體產業實踐。首先，如果沒有政府的主導推動，鄉村文化建設可能目標分散，難以兼顧當前與長遠，導致無序和低效發展問題。其次，如果沒有大學、科研單位的參與，傳統鄉村文化缺少向現代文化產品創造性轉化的智力支撐，現代、創新的文化成果也很難走入鄉村、落地鄉村。再次，鄉村文化建設離不開企業的參與，企業是市場最重要的主體，鄉村文化要產業化、市場化運作，如果沒有企業的參與，就容易面臨資金投入短缺、市場營銷乏力等難題，很難良性循環。最後，如果沒有農民的參與，鄉村文化建設就偏離了根本，農民是農村文化生活的主體，農民生活是鄉村文化創造、豐富和繁榮的源泉，所有工作都應聚焦調動農民的主動性和積極性，讓農民在發揮主體性中分享文化和經濟紅利，最終提升農民的獲得感、幸福感。

——在 2019 鄉村文化振興高峰論壇上的主旨演講

建設 “四有” 禮堂　振興鄉村文化 [*]

　　歡迎大家齊聚鄞州，共論鄉村文化振興。鄉村振興，文化為魂。在深入踐行鄉村振興的過程中，鄉村文化振興需要載體也需要抓手。

　　我們部分領導和專家已經實地考察了鄞州 3 個村，都看到了文化禮堂。文化禮堂就是我們鄉村振興過程中的一個重要陣地和載體。2013 年，鄞州區建成文化禮堂 121 座，到 2020 年末將實現行政村全覆蓋。我從文化禮堂這個小切口，通過五個小故事，談一談鄞州鄉村文化振興的工作實踐和體會，請各位領導和專家批評指正。

一、“小冊子” 變成 “傳家寶” 的故事

　　在鄞州偏遠的瞻岐鎮有個方橋村，由 6 個自然村合併而成。2015 年，方橋村啟動文化禮堂建設，村裏的老老少少一起搜集老物件、整理舊資料，共同研究文化禮堂建設方案，半年時間就建起了禮堂。新

＊　方飛龍，寧波市鄞州區委常委、宣傳部部長。

的禮堂集成了 6 個村的文化記憶，每個人都能在展廳中找到自己和親人的身影。原本還有些疏離的村民，從此有了共同的文化印跡和心靈家園，真正成為一家人。村委會還將這段眾人齊心建禮堂的故事彙編成冊，分發到家家戶戶，村民們都說，要把這本書當作"傳家寶"流傳下去。

這個故事給我們的啟示是，鄉村文化振興要以"共建"為基礎。在文化禮堂建設過程中，我們採取了"區補助、鎮配套、村自籌、民資助"的多元化模式，通過鄉賢基金、社會眾籌等方式吸納社會資金超過 4000 萬元。我們在文化禮堂籌建、設計、施工佈展的每一個環節都注重全員參與，每一座禮堂的建設過程變成回溯村莊歷史記憶的過程，變成村民建堂聚心的過程。一座座文化禮堂，不但是一個個文化地標，更是村民群眾的心靈錨點。

二、"小村莊"藏著"博物館"的故事

有一年省文化部門的領導抽查了鄞州一個村的文化禮堂工作，到了點上後他大吃一驚，這座禮堂裏居然有 3 個小型博物館，裏面保留著"寧波彩船"和"寧波馬燈調"兩項非物質文化遺產，禮堂裏陳列的彩船還到台灣南投縣參加過表演，大家不由感慨，"這真是小村莊裏藏著大驚喜"。

這個"大驚喜"告訴我們，鄉村文化振興要以傳承和弘揚優秀傳統文化為脈。鄞州是"中國博物館之鄉"，民間博物館數量居浙江第一，30% 的文化禮堂建有專門的展館。裏面保存著物的記憶，有錫鑞器博物館、熨斗博物館以及明清家具、傳統服裝、石雕、木雕、醫藥、美食等，門類眾多。裏面傳承著藝人的匠心，金銀彩繡、骨木鑲嵌、朱金漆木雕等國家級非遺紛紛落戶，中國插花博物館、浙江省書法村，大嶴布龍還留下了舞龍舞到天安門的傳奇。裏面還發揚著禮的精神，開蒙禮、成人禮、敬老禮、崇德禮等大量鄉村禮儀活動在禮堂舉辦。童村文化禮堂獲評浙江文化新地標，雲龍鎮端午龍舟節形成了全國影響力。一座座文化禮堂，成為留住鄉愁記憶、守住文化根脈的精神家園。

三、"小村晚"走上"大舞台"的故事

每到除夕，央視春晚是全國人民的一道文化大餐。而在鄞州農村，還有一場場膾炙人口的文化禮堂"我們的村晚"。2018 年，鄞州同時舉辦了 21 場"我們的村晚"，吸引現場觀眾超過 1.5 萬人次，網上直播收看量達到 19 萬人次。"村晚"上的節目都是村民群眾自編自導自演，極大地激發了村民群眾的文化熱情，鄉村文藝人才和文藝精品不斷湧現。姜山甬劇團等業餘團隊赴韓國演出，文化義工畢素娥和"白天殺豬晚上跳拉丁"的鄭士福還走進央視《首席夜話》欄目，全區先後有十餘件作品獲得"中國民間文藝山花獎"。

"小村晚"走上"大舞台"的故事啟示我們，鄉村文化振興要以滿足群眾文化生活需求為本，以群眾需求為導向。我們相繼推出"天天演文化惠民工程""公共文化明珠鎮創建工程""城鄉演藝院線聯盟""新華書店農村連鎖網絡"等開全市乃至全省先河的文化惠民服務舉措。鄞州區也成為全省唯一的"國家公共文化服務體系創建示範區"。這兩年，我們不斷增強農村文化供給的力度，提高供給的精度，形成了"政府主導、社會化運作、全民參與"的鄉村公共文化服務運營模式。通過統籌區、鎮兩級文藝演出、電影下鄉、微型黨課、社科宣講、科普講座、文體賽事等資源，形成服務大菜單，供各村文化禮堂按需點單。目前，10 大類 28 個小項目的禮堂服務，菜單點單率超過 90%。同時，我們的鄉村文化隊伍也在這個過程中不斷壯大。通過邀請中國劇作家協會副主席季國平等高層次專家與民間團隊結對，舉辦"一人一藝"公益培訓，3 年培育禮堂文藝團隊 596 支、宣講隊伍 114 支。以文化禮堂為陣地的"送文化、種文化、賽文化"活動，極大地激發了村民群眾的文化熱情，增強了文化振興的獲得感。

四、"小清單"扭轉"舊風俗"的故事

2019 年 4 月，浙江省農村文化禮堂工作現場會在鄞州舉辦，浙江省委常委、宣傳部部長朱國賢在參觀姜山鎮走馬塘村文化禮堂時，對一張貼在大門口"禮堂辦酒收費清單"大為讚賞。前些年，農村生活富裕了，婚喪事大操大辦、攀比炫富風氣有所抬頭。為了剎住辦酒攀比的壞風氣，鄞州區推出了"禮堂辦酒階梯化收費制度"，村民按照清單要求節儉辦酒，桌數少於 20 桌的，村裏就免費提供場地、廚房和桌椅出租，辦酒越奢侈、桌數越多，禮堂場地費就越高。一時間，"辦酒清單"成為村民口中的流行詞，農村喜宴越辦越大的勢頭得到了有效遏制。家門口辦酒又方便又熱鬧，禮堂辦酒成為農村新時尚。

這個故事啟示我們，鄉村文化振興要以精神涵養為魂。"小清單"背後，是依託文化禮堂開展鄉風文明建設的實踐探索。隨著文化禮堂的吸引力與日俱增，我們以鄉村"公共客廳"為主陣地，開展了"七進禮堂"活動，將精神引領、道德評議、志願服務、文旅開發等內容全部納入文化禮堂。塘溪鎮前溪頭村組織"眾籌年夜飯",吸引了不少外國友人參加。東吳鎮勤勇村舉起"新時代學大寨精神"的旗幟,特色民宿紅紅火火。精神文明建設與文化禮堂相遇,產生了令人驚喜的"化學效應"。

五、"小禮堂"推動"大治理"的故事

部分領導和專家考察了邱隘鎮回龍村。回龍村戶籍人口只有1720人,外來人口卻超過1.5萬人,社會管理壓力可想而知。而我們看到的回龍村環境整潔、秩序井然,是一個村委會辦事一呼百應的黨建先進村。這一切是如何做到的?回龍村人異口同聲:"要從那座文化禮堂說起"。回龍禮堂通過開展文娛活動滿足文化需求,開展禮儀活動涵養生活規範,開展志願服務培育家園意識,開展村民說事推進村民自治。村民們的心更近了,有事大家說,有問題一起商量,有難一起解,成了一種風尚。近兩年,村裏矛盾糾紛處置成功率從不足50%提升到98%左右,基本實現了"矛盾不上交、糾紛不出村"。

回龍村文化禮堂的故事啟示我們,鄉村文化振興要以推動全域社會治理為綱。一座座禮堂是推進"三治融合",促進鄉村治理的"催化器"。禮堂是"自治的試驗田",我區在每座文化禮堂推進"說事長廊"建設,村裏的大小事都可以在說事長廊裏議一議,人人都能共商村事,參與鄉村振興。禮堂是"法治的宣講台",每年有七百多場普法課程在禮堂開講。禮堂還是"德治的實踐站",我區上李家等村莊,依託禮堂開展新時代文明實踐,推出"村民道德負面清單",設立德治基金,成立村規民約會,定期評選紅黑榜,探索出了一條"鄉村治理、德治先行"的新路徑。

　　建設"有韻味、有人氣、有溫度、有精神"的"四有"農村文化禮堂，傳遞的是文化，重建的是信心，凝聚的是人心，重塑的是一個充滿魅力的鄉村共同體。我區以文化禮堂為主陣地的鄉村文化振興工程也在不斷地探索之中，希望今天參加論壇的領導、專家多提寶貴意見，幫助我們不斷改進工作、提升水平。

　　　　——在 2019 鄉村文化振興高峰論壇上的主旨演講

　　　　（根據錄音整理）

增強鄉村文化自信 *

　　我是文化戰線的老兵，從事多類部門的文化工作，在中央黨校和延安幹部學院、井岡山幹部學院學習期間，曾從不同角度對鄉村文化建設進行了調研並撰寫了報告。我體會到鄉村文化建設是我國文化建設不可或缺的重要組成部分。

一、文化建設在國家建設中的地位和作用

　　黨的十九大報告明確指出："堅定文化自信，推動社會主義文化繁榮興盛。"文化是一種包含精神價值的生活方式的生態共同體。它通過積累和引導創建集體人格。文化是人類生活的反映、生動的記錄、歷史的積澱，文化是一種時間的"積累"，通過"引導"而移風易俗。在這個動態過程中，漸漸積澱成的一種"集體人格"，於是凝聚成了民族的靈魂。中華文化的最重要成果就是中國人的集體人格。

＊　張理萌，原文化部機關黨委常務副書記、紀委書記。

因此，文化是國家和民族的靈魂，文化興則國運興，文化強則民族強，這就是文化在國家建設中的地位和作用。

二、中國鄉村文化的特點

中國鄉村文化誕生在中華民族悠久的歷史和廣博的文化根基之上，生長於以農耕文化為基礎、地緣和血緣為紐帶、傳統社會倫理為秩序的鄉村社會，並在長期發展中逐步形成了以鄉規民約、宗教信仰、傳統習俗、社會禁忌等為基本內容的文化形態。鄉村有豐厚的文化資源和文化傳統，涉及每一個方面、每一個角落，鄉村文化自信是中國文化自信的重要環節，而文化自信是更基礎、更廣泛、更深厚的自信。

近年來，鄉村文化產業作為文化產業的重要組成部分，備受重視，越來越多的鄉村將著眼點放在鄉村本身之上，從改變村容村貌來推動產業發展，用文化建設來引領鄉村振興。

三、鄉村文化體系建設的內容和要求

鄉村文化體系建設是重建鄉村文化自信的重要步驟，是實現鄉村振興戰略的核心靈魂，是每一個鄉村發展要做好的必修課程。鄉村文化體系建設是公共文化藝術的精神建設，重新整合鄉村文化資源，充分發掘鄉村歷史、文化、生態、資源等內容，進行有效整合，以特殊性為原則，打造特色品質，充分利用現有條件，實行對內重塑鄉村文明、對外展示鄉村特點的文化，是營造文化體系建設、旅遊、產業、發展的獨特模式。

　　鄉村文化體系建設是一項長期任務，也是一項漸進的過程，包括鄉村產業發展即物質文化建設、鄉村文明發展即精神文明建設、鄉愁回歸發展即思想文化建設。從內容上看，村容村貌建設、鄉村特色產業、民宿民食民居，生態旅遊、生活習慣習俗都屬於鄉村文化體系建設的內容。表現形式方面，利用本土原生態的民居建築，通過文化牆和本地特色的文化活動進行品牌化宣傳。

　　進行喜聞樂見的宣傳非常重要。筆者參加延安幹部學院的學習期間，曾經有一項文化調研，我們幾位文化系統的學員到延安郊區調研，廣電部學員問老鄉："每週放映一次電影，大家是否歡迎？"老鄉說"電影太老""費用太高"等等。我很有興趣地問："文化站不要錢，大家喜歡去嗎？"他說："什麼文化站？不知道。"我實在不知道當地文化站是如何宣傳的，這與昨天下午參觀的寧波市文化站建設真是天壤之別。

　　目前，鄉村文化體系建設存在不少問題：目的模糊化，缺乏特性，流於形式，缺乏創新，"千村一面"，缺乏規劃，雜亂無章，等等。鄉村文化體系建設既要保證整體的統一，又要實現個體的獨特差異。要重建鄉村文化自信，實現"活"的農村文化，育"實"民風好載體，創"新"以文化人。

四、鄉村文化的意義

　　中國文化根源於鄉村文化，但是鄉村在逐漸消失，自 2000 年到 2010 年，我國自然村由 363 萬個銳減到 271 萬個，10 年間減少了 90 多萬個，平均每天消失 80—100 個，其中包括大量傳統村落。筆者在西柏坡調研中發現，他們的中小學在不斷地合併，一個校長負責的中心學校竟方圓 40 里。農村在縮小，中小學合併、取消的現象在蔓延，隨之消失的是民間文化和傳統鄉規。如果再沒有行之有效的措施來保護和發展鄉村文化體系，後人將無法全面了解中國傳統的鄉村文化。

令人可喜的是，近年來入選"中國歷史文化名村名鎮""傳統古村落"等名錄的鄉村，已經逐漸認識到鄉村文化建設的重要性，卓有成效地開展了相關工作，吸引了更多遊客的前往，增強了鄉村綜合能力，提升了鄉村品牌影響力，推動了相關事業的良性發展。希望這種一舉多得的好方法能夠遍佈鄉村，使鄉村文化體系的建設不斷向前發展。

——在 2019 鄉村文化振興高峰論壇上的主旨演講

鄉村文化振興要解決好的幾個問題 *

　　非常榮幸參加此次會議，因為會議的主題是鄉村文化振興，大家來講文化，講鄉村振興，而我是個有知識沒文化的人。作為一個學經濟學的學生，我不願意班門弄斧，並且我是做健康研究的，所以我講的題目是從健康的視角去研究鄉村文化振興。

　　我回想了一下，自己和鄉村的最近兩次接觸，一次是在基層掛職，分管農村電商和農村綜合改革，算是一點近距離的觀察。安徽合肥三瓜村從一個空心村到遊客接待量超 740 萬人次，值得大家去看看。第二次接觸是在 2018 年，恰逢改革開放 40 週年。中宣部組織了一些調研，我參與了內蒙古的調研。我們的調研最後落點在 "以少數民族優秀傳統文化來推動地方經濟社會綜合發展" 的主題上，最後調研報告也入選了出版的報告集。我與鄉村還是有很深感情的，我自己出身蘇州農村，一個太湖邊上非常美麗的小村鎮，因此對農村也有一些觀察。

　　鄉村振興包括產業振興、人才振興、文化振興、生態振興、組織

---

*　陳秋霖，中國社科院研究員。

振興等全面振興。要實現五大振興裏面的任何一個振興，我認為都要解決三個問題。

第一，農民如何增收。如果不能增收，鄉村振興就沒有了基礎。為什麼農民難增收，裏面有產業的問題，今天我們說很多鄉村仍然沒有自己的產業。還有一個集體經濟的問題，一個村集體沒有一點錢，連收垃圾都要每家每戶湊錢的時候，村容村貌是很難改變的。經過70年的發展，我們也考察了很多農村發展的道路，看到了農村還是要走集約化的道路，否則就沒有規模經濟，農村一定是成本相對高的產業集聚地。

第二，青年留得住。留得住農村青年，尤其是留得住城裏找鄉愁的青年。很多人不是不想回農村，而是適應不了，不光是大學生回不去，農民工子弟也回不去。我們中國存在城鄉公共服務非均等化的問題，青年回到鄉村，發現自己無法洗澡、晚上沒有夜生活，一天、兩天可以，三年、四年就受不了了。所以要解決農村公共服務均等化的問題，包括信息化的均等化，比如快遞、網絡等等。

第三，鄉賢回得來。中國歷史上古村落、古鄉，其實都是以鄉賢反哺為主。農村投資回報很低，但為什麼還有人投，大多是鄉賢告老還鄉，開私塾培養後代。今天我們很難回到農村這樣做，一個重要的原因就是醫療。在古代是以傳統中醫為主體，我們回到農村醫療條件至少沒有比城裏差得特別多，但是在今天這樣現代化的醫療條件下，農村完全沒辦法獲得老齡時代所需的醫療條件。這個時候就會發現鄉賢很難真正回去，一次、兩次看望可以，要在那邊生活，發揮餘熱做生產很難。

從世界平均水平來看，欠發達國家走向發達國家非常明顯的區別就是老齡人口消費的增長，主要聚焦在醫療和健康。也就是說，隨著社會經濟的發展，原來期望的整個消費會上升，消費確實上升了，但消費主要是醫療和養老，老年人其他一般性消費是下降的。在今天這個老齡化時代，推動內需靠的一定是老年人需要的養老、健康等。從中國老齡人口的醫療消費發展趨勢看，從 20 世紀 90 年代到今天，老年人口醫療消費增長速度非常快，老年人真正需要的是醫療保障。

今天提起鄉村振興，說到小康社會，經常有這麼一句話："沒有全民健康，就沒有全面小康。"為什麼說今天這個時代，我們做鄉村振興要特別關注健康。從理論上看，我們如今邁進中國特色社會主義新時代，新時代最明顯的特徵就是從站起來、富起來到強起來。不忘初心，牢記使命，我們從何強起來，中華民族偉大復興什麼時候開始復興，要看什麼時候衰敗。那是 1840 年鴉片戰爭，那時候主要衰敗的特徵就是我們被稱為 "東亞病夫"，今天的中國夢一定是健康夢，中國人真正脫掉 "東亞病夫" 這個帽子。健康是民族強盛和國家富強的標誌，新時代中國夢一定要把健康作為一個非常重要的點。所以健康要優先發展，現在政策是健康融入所有的政策，健康入萬策，這是當前理念上的改變。

從歷史上來看，我們黨一直對健康工作非常重視。從紅軍時代起就非常強調醫療和健康。毛主席針對如何解決中國紅色政權存在的問題，提出三個事情，第一是糧食，第二是戰壕，第三是醫院。可見醫療是非常重要的。1949 年新中國成立以後，我們提倡愛國衛生運動，把愛國和衛生放在一起，衛生也就是保衛生命，更顯示出它的重要性。毛主席說，要把醫療衛生工作的重點放到農村去。1978 年，在阿拉木圖召開的國際初級衛生保健會議上，縣鄉村三級醫療體系、農村合作醫療制度、赤腳醫生 "三大法寶" 得到一致認可。農村健康工作一直是國家發展的戰略。從實踐來看，人民對美好生活的嚮往就是嚮往更好的健康、更好的醫療保健，沒有全民健康就沒有全面小康。

　　2016 年全國衛生健康大會提出新時代衛生工作的方針，第一條就是以基層為重點，要把醫療衛生工作下移，醫療衛生資源下沉，推動城鄉公共衛生均等化。無論是歷史上，還是實踐上，中國都非常強調基層健康工作，但是從事實上看，中國城鄉健康之間還存在很明顯的差距。從嬰兒死亡率來看，1940 年到 1988 年，嬰兒死亡率剪刀差在減小，但是中國城鄉平均預期壽命現在還存在有 6 歲差距。醫療保障上，農村 70 年來經歷了非常大的波動，從 20 世紀 60 年代建立中國農村合作醫療，改革開放以後整個農村基本沒有醫療保障，2003 年 "非典" 以後逐漸恢復新型農村合作醫療，現在基本實現 100% 的覆蓋。這是很低水平的農村合作醫療，現在城鄉合作醫療人均才 550 元人民幣，100 美元都不到。第二條是城鄉醫療服務，20 世紀 60 年代以後，中國農村醫療服務明顯上升，尤其是縣以下發展比較快，但是現在農村衛生設施還是很薄弱的，一是能力上相對來講弱一些，二是基層衛生系統缺人。2016 年提出 "健康中國" 建設以後，我們農村的基層衛生工作面臨很好的機遇。

　　黨的十九大報告中首次提出的戰略有兩個，一個是鄉村振興戰略，一個是健康中國戰略，健康中國和鄉村振興融合起來，也是未來鄉村振興發展一個非常重要的方向。

———— 在 2019 鄉村文化振興高峰論壇上的主旨演講

（根據錄音整理）

鄉村文化及其振興之路 *

　　非常有幸參加在寧波舉辦的這次鄉村文化論壇。會議主辦方給我出的發言題目是"鄉村文化及其振興之路"，這是一個非常宏大的議題。當然，文化本身就是廣義、宏大的，可以涵蓋人類生息繁衍的全部歷程，包括人類活動的全部行為和人類行為的全部結果。即使是在我們今天討論的鄉村文化領域也具有極其豐富的內容。因認知與能力所限，這裏只講幾個具體問題。

　　第一個問題，鄉村文化的含義及其形式。

　　如果從歷史傳承和文化積澱的意義而言，鄉村文化是農民在生產和生活實踐中逐步形成並發展起來、傳承下來的，包括道德情感、社會心理、生活習慣、是非標準、行為方式乃至願景期盼等文化藝術形態。其中每一個領域都是討論鄉村文化的基本層面，我們今天不可能展開討論。這裏講一個小故事，看看鄉村農民的是非標準是什麼。

　　大家知道，抗日戰爭時期有一個著名的崑崙關戰役，戰役勝利後為銘記陣亡將士修了一座紀念碑。由於歷史的原因，紀念碑的銘文是

* 孔涇源，國家發展改革委綜合改革司原司長，中國經濟改革研究基金會理事長。

由蔣介石題寫的。曾經被一些人砸碎扔掉了，但老百姓私底下將其碎片保存了起來。改革開放後恢復實事求是精神，重修崑崙關戰役紀念碑，被砸碎的碑體和文字，基本能夠找齊，其中文字部分一筆都不缺的，被砸碎的紀念碑就這樣帶著它特殊的歷史印痕重新樹立起來。那裏的普通農民或許沒有受過多少教育，也不懂得什麼歷史唯物主義，甚至可能都沒有過多地考慮國家和民族大義，但其是非標準自在心中並世代相傳。那就是，為中華民族生死存亡而戰、而獻身的中國軍人，無論何黨何派，無論成功失敗，都是英雄！所以說鄉土文化是值得我們尊重的文化形態，鄉村文化積澱的是非標準判斷也是中華民族得以生息繁衍、生生不已的道義基石所在。

第二個問題，鄉村文化的源頭與活水。

中國文化從本質上說，是自然主義和人文主義的結合，講的是人、自然以及人和自然的所謂“天人合一”關係。舊時代的皇帝也講什麼皇天后土、天地乾坤和天人感應等等。中華民族的文化形式、哲理本質始終沒有超越自然主義和人文主義相互結合的範圍和境界。鄉村文化承載著這種大文化觀。鄉土文化在一定意義上又是精英文化世俗化的表現。農村老太太未必懂得很高深的知識，但她對子孫的教育、日常生活習慣，以非常通俗的待人誠信等日常生活態度、行為禮儀準則，闡釋、踐行了仁義禮智信等中國傳統文化價值或儒家經典學說。

鄉村文化也是源於生活、百花齊放的，各地都有豐富的故事傳說，有著豐富多彩的文化形態及其傳承路徑和方式。比如說本次論壇所在的鄞州區，有幾千年的建置歷史，千百年來鄉村文化發達、歷史故事豐富，給後人以諸多啟迪和教益。宋代王安石曾在鄞縣做過縣令，他勸耕農桑、興修水利、整飭縣學，勵精圖治。任期到限離開時頗有不捨，寫了一首著名的詩：“山根移竹水邊栽，已見新篁破嫩苔，可惜主人官便滿，無因長向此徘徊。”我自己從中就很受教益啟發。1998 年，為適應計劃經濟向市場經濟轉軌要求，政府機構進行重大改革，幾十個中央部門一夜之間被撤銷，當時有所謂“下崗的部長一走廊，下崗的司長一禮堂，下崗的處長一操場”之說，許多同事年富力強、工作經驗豐富，但因機構改革不得不離開崗位、重新謀職，留用者也未必都是人盡其才、擢人善用。當時，為排解離崗同事們的心情，我也模仿王安石，有感而發寫了一首打油詩以贈友人：“山根移竹何處栽，水邊雲外任點排。舒蔓曲枝早綠徑，挺節柱幹晚成材。新篁初露方應扶，老筍成骨豈堪掰？辭任縣令徘徊日，荊公何曾期相哉？”可見，鄉土傳統文化的源頭、活水，時時刻刻都在豐富我們的日常生活，甚至滋潤著我們的心靈和精神家園。

第三個問題，鄉村文化的認知與評判。

在城裏人眼中，鄉村文化是土氣的代名詞，其實大謬不然。我剛才講了寧波鄞州的例子，接下來再講一下我的老家湖北隨州的故事。大家可能聽得出來，我講話帶有方言語音，但我絕不認為它是土話，它只是方言，並且是古漢語音。為什麼呢？因為古時候隨州曾是周王朝的近室分封之地，歷史上叫曾國或隨國，後來出土的曾侯乙編鐘舉世聞名。當地的方言雖然很“土”，但很多發音是古漢語語音的延續。如當地老太太說一個孩子不太講衛生，就說他或她“襤襤的很”，就是說你髒兮兮的、臭烘烘的。因為中國古代宋、元以前是不種棉花也沒有棉紡織品的，棉花是宋、元以後主要是明時期才開始普遍引種的。此前，貴族穿絲織品，普通老百姓是穿麻紡織品的。麻紡織品容易吸塵，農作、走路時衣帽服飾便沾滿塵土，久而久之被引申為骯髒、不衛生之意。這兩個字在當地發第一聲，但百度註聲是第四聲，未必正確，並且其釋義也不準確。晉代程曉《嘲熱客》有詩句：“今世襤襤子，觸熱到人家。”其中的“襤襤”二字就是取其本意。

20 世紀 80 年代美國前總統卡特在卸任後的一個夏天訪華時，曾經掉書袋子用過這兩句詩，其自嘲或調侃之意是說，在這麼熱烘烘的天氣裏，一個髒兮兮的人到別人家做客，真是不曉事、不知趣啊！結果把我們的外交官和翻譯人員都搞得懵圈了。

再比如，要把一個直的東西弄彎，按照普通話的說法是摺彎、撇彎、掰彎，難以表達摺弄成 U 形的動作、過程或形態。用隨州話說就非常簡單了，用的是古漢語 "㧕彎" 一詞。不認識五六千個甚至更多的漢字，未必能夠接觸到上面提到的 "襪襪" "㧕" 幾個字及其發音。清朝入主中原後，為使旗人盡快掌握漢字漢語以便統治中原，將傳統漢語的文字、語音大大簡化，常用字沒幾千個，發音也從五聲變成四聲了，大概相當於今天的普通話。許多古漢語的發音及其對應的文字，從官方日常用語中逐漸消失了，但在民間 "土話" 中保留下來了。其所謂 "禮失求諸野"。講這個故事是說，並不因為我們讀了多少書、識了多少字、會講普通話、拿了什麼學位就有文化了，從漢語語音學層面，即使面對隨州當地不識字的老頭、老太太，自己也經常會感到慚愧的。遺憾的是，這些鄉音土語、鄉土文化隨著老一輩的離去開始慢慢丟失了。

第四個問題，鄉村文化的傳承與揚棄。

當今時代，中國工業化、城市化發展很快，人們也容易崇尚高大上洋、標新立異的東西，甚至以為自己做得最先進、最權威、最具代表意義，在傳承意義上的事情做的比較少。當然，落後或趕超型國家在文化發展變遷上有一個先離異甚至拋卻、後回歸和尋根的過程。其實，今天的所謂城裏人，不是農民的兒子就是農民的孫子，對鄉村文化要有敬畏感和尊重意識。我們無疑需要吸收各個民族的先進文化為我所用、要具有創造性，但也要自知自省。改變了中國命運也影響世界格局的中國改革開放，最初也還是從農村改革開始的，其經濟社會變遷、制度創新機理和鄉村文化形態很值得研究。但是，我們的主流文化在傳承意義上有它的缺陷性。其中既有計劃體制的價值觀念、制度形態、思想體系等文化舶來品，也有自己建立市場經濟體制所創立的理論形態、制度模式乃至希望取得文化自信的願景和追求。不同的意識形態混合在一起，在經濟學上有一個悖論，就是希望減少交易費用的努力，卻變成了因理想的衝突或文化觀念的對立而加大了社會成本。不同意識形態、思想理念和文化觀念混雜在一起，使統一思想以及向何處統一思想成為經常性的，甚至也是不可能完成的任務。

因此，我們要從鄉村文化中攝取營養，尋找文化發展的源頭、契機、特性和規律。包括對人性的描述，對生活的眷念和讚美，避免將其格式化、程序化乃至口號化。歐洲走向近代社會有一場著名的文化復興，我們翻譯成"文藝復興"。我國歷史上同樣有拋棄百花齊放、百家爭鳴的優秀文化傳統的歷史。也需要經歷一個類似的文化復興過程，而不是一味地崇洋媚外，要麼全盤蘇化，要麼全盤西化，要麼固守罷黜百家的經學傳統，始終走不出"秦時明月漢時關"的歷史夢境，造成今天有大咖無大家、有名人無名師、有經學無子學的社會病態，遍地充斥的是媚俗化、平庸化乃至低俗化、流氓化的文化垃圾。要學會從鄉村文化"俗"的形態中尋找精神生活"雅"的境界，展現鄉土文化、通俗文化的持久魅力。如一首《茉莉花》在國際上幾乎成為中國文化的符號；一首通俗歌曲《咱老百姓》把當代官民關係表現得淋漓盡致。其實，農村處處都可以發現或揭示自然之美和人性特徵。我個人曾嘗試以"油菜花"為題，展現鄉野之美和人性缺憾："桃李爭芳鬥豔開，知否菜花曾似海？滿目金蕊連青岡，遍地玉葉生芸苔。公子無心浪跡去，蜂兒有意採蜜來。可憐世間人眼淺，不識金玉事多哀！"所以說，鄉村文化及其創作源泉舉目皆是，重要的是我們如何敬畏勤學、傳承光大。

第五個問題，鄉村文化的振興及條件。

中共中央提出鄉村文化振興戰略，各級政府都在積極努力，昨天在鄞州看了鄉村文化振興建設的卓越成就，尤其是地方部門介紹的 5 個故事，看了、聽了以後很有感觸，非常期待把這種文化創新的普遍意義總結出來，發揚光大。這些故事是鄉村文化振興的故事，也是中華文化傳承的故事，更是中國文化自信的源泉所在。

但要看到，文化傳承既是通俗品，也是"奢侈品"，需要一定的經濟條件。我國現階段已進入上中等經濟收入水平階段，有必要也有能力進行包括鄉村文化振興在內的文化投資。關鍵是如何進一步優化城鄉制度設計，統籌城鄉經濟、社會和文化發展。幾十年來，農村向城市輸送了源源不斷的廉價勞動力和土地要素，支持了工業化、城市化發展，創造了改革開放的中國奇蹟。但過多的勞動剩餘和土地增值收入長期片面向城市集中，滯後了農村經濟發展和社會文化進步。要加快統一城鄉要素市場，使農民勞動剩餘尤其是土地增值收入能夠適當地支持農村發展，包括鄉村文化振興。當前，每年有三四萬多億元的土地增值收入，如果有 1/10 能流入鄉村，就是一項了不得的經濟文化投資來源。徵地制度是計劃經濟最後的堡壘，要通過相關改革盡快統一城鄉土地市場，合理分享土地增值收入，為農村社會提供相應的經濟建設和文化發展資本。

文化是社會公共品，這種公共品應當是全體人民所共享的。鄉村文化振興是文化大眾化、共享化的具體體現。中國歷史上，紙張發明以前，由於書籍體量笨重和刻寫成本高昂，古人只能用最簡約的語言記載最緊要的事情，文言文應運而生，知識分子掌握文言文，普通老百姓講的是通俗白話，士林階層與人民大眾、精英文化與鄉土文化之間存在著巨大的文化鴻溝。白話文推廣後，二者開始接近、矛盾有所緩解，但草根文化、大眾文化、精英文化和廟堂文化如何克服脫節現象、實現融合發展,仍然是今天包括鄉村文化振興在內的全新主題,需要人們在實踐中不斷探索,創新發展模式和文化形態。

最後講一個與鄉村文化振興有關的小事情也是大問題。隨著工業化、城鎮化的發展,城市病尤其是大城市病開始出現,許多城裏人尤其是富人、文化人包括一部分退休公職人員,希望"告老還鄉"。但現行城鄉體制相互隔離,資源要素、人文成果流動受阻。工商資本不能下鄉,文化人士不能歸故,官員告老"欲覓陶令無寸地",鄉村喪失了城市資本支持和鄉紳文化來源。這種體制束縛嚴重阻礙了鄉村經濟文化發展,應當盡快革除。剛才鄞州區領導介紹了當地鄉賢文化的發展,很值得總結推廣。這些鄉賢帶來的也許不僅僅是資本投資,可能還有他們幾十年甚至幾代人的文化積澱。全社會都要著力於打破城鄉制度壁壘,推動城市工商資本、文化知識人才與鄉村草根大眾深度融合,走出一條鄉村經濟社會發展和文化振興的康莊大道。

──在 2019 鄉村文化振興高峰論壇上的主旨演講

注重鄉村文化振興　實現鄉村全面發展 *

　　"三農"問題歷來是我國的戰略性問題，涉及國家安全。過去我們講無糧不穩，無商不富，無工不強。實際上中國上下五千年的古老文明，農業、農民、農村的問題就困擾了我們五千年，我們真正轉入工業社會還沒有多少年。只有農村問題解決好了，農民問題解決好了，我們這個國家才能真正穩定、安全。農村文化不振興，中華民族的偉大復興就是不完整的。這是我的一個感受。

　　去年因為扶貧工作，我大概走了全國 10 個縣，其中有 7 個是國家級貧困縣，各個地方的情況不一樣，問題表現形式不一樣，北方、南方也有差異，但是它們之間有一個共同點，就是農村文化的缺失，空心化問題嚴重。農村留不住年輕人，留不住孩子，甚至連老年人也留不住。在一個山西的貧困縣，我看到村子裏 300 多口人只剩下七八十個老年人，孩子因為教育問題都跑到省城裏、縣城裏上學了，這些老人留在這裏，就是為了拿國家給的農業補貼，只要種地國家就給錢。這樣的情況我個人感覺，教育、醫療、文化這些東西都不足。

＊　康明，中華社會文化發展基金會黨委書記兼秘書長。

這次看了寧波幾個典型案例，我感到很有信心，感到很振奮，看來農村文化振興的問題不是解決不了。在一定的資金支持下，在強有力的組織和黨的領導下，做好鄉村文化振興還是有信心的。

鄉村文化振興除了很難，還是一個很雜、很大的工作，需要從多角度進行考慮。各地的情況不同，但是求同存異，首先是要高度重視，"三農"問題怎麼樣重視都不為過，必須要給予鄉村文化振興以足夠的重視。中華文化的底蘊、"文化沉澱"在農村。要在農村發掘"文化積澱"、文明的"碎片"、文明的傳承，要在振興農村中這麼考慮。2019年是"五四運動"100週年，對100年前的五四運動，我們應該有一個全面準確的認識。"五四運動"的積極意義不用我說，但是當時提出的一些口號和做法，現在恐怕要琢磨一下，比如說對中醫的評價就不客觀。振興鄉村要發掘什麼、弘揚什麼、保護什麼，很高興看到寧波的同志們在這些方面做了很好的工作。鄉規民約變成了精神文明公約，自發的文化活動變成有組織的文化活動，這些都是寶貴的成功經驗。

說到寧波我想多說兩句，"人傑地靈"四個字被到處引用，大多數有一點誇張，但說到寧波我覺得這四個字是完全當得起的。1840年鴉片戰爭後五口通商，廣州、廈門、福州、上海不用說，為什麼定寧波，是由海上絲綢之路積澱出來的寧波經濟、文化現實決定的，寧波是我們對外交流的窗口。現代史中寧波就更重要了，江浙財團的力量，對上海的發展和對香港的影響都毋庸贅述。

這次來主要是和會議的支持單位有一個合作，其實之前我們也跟寧波很多同志，有過比如紡織廠舊廠房的改造和房地產開發項目的合作，這次也希望得到寧波同志們的支持和幫助。我在這裏代表基金會也做個表態，希望能盡我們最大的努力和寧波的同志們合作，在農村經濟振興方面，在歷史文化遺產保護方面，我真的覺得寧波有很好的歷史條件、文化條件。我們基金會願意和寧波的朋友合作，把寧波的文化振興經驗推廣到全國。

——在 2019 鄉村文化振興高峰論壇上的主旨演講

（根據錄音整理）

第七部分

鄉村振興與交通產業發展

現代交通產業與鄉村振興 *

　　交通產業是國民經濟的重要組成部分，現代交通產業是國民經濟體系建設的重要任務。改革開放以來，特別是黨的十八大以來，我國交通產業取得了長足進步，以高速鐵路和高速公路為代表的先進交通機械製造業與現代交通服務業取得了重大成就。隨著我國交通產業供給側結構性改革不斷深化，交通科技創新力度不斷加大，交通服務業水平明顯提升，形成了融合綜合交通、智慧交通、綠色交通、平安交通的現代交通產業新格局。

　　現代交通產業迅猛發展，成為我國經濟增長的重要引擎，為國家現代化建設和經濟高質量發展提供了有力支撐，為實施鄉村振興戰略和推進農業農村現代化注入了強大動力。現代交通技術發展，極大地提升了交通產業服務水平、物流效率與整體效應，特別是交通產業科技創新加快推進，在關鍵領域和重大技術方面取得突破，協調推進原始創新、集成創新和引進消化吸收再創新，促進科技成果轉化為交通運輸生產力，不僅帶來了我國交通事業翻天覆地的變化，而且也帶動

---

* 　尹成傑，原農業部常務副部長、農業農村部鄉村振興專家諮詢委員會委員。

了整個經濟社會發生深刻變革。實踐證明，現代交通產業對於經濟社會發展和產業轉型升級發揮了不可替代的重要作用，對我國現代農業農村建設正在或已經產生深遠影響。

一、現代交通產業是鄉村振興的重要條件

現代交通帶給經濟社會的是什麼？為什麼人們這樣喜歡現代交通？我認為，現代交通帶給經濟社會最為寶貴的是高速、高效和安全。高速、高效和安全是現代交通運輸的基本特徵。因為效率是衡量經濟社會發展水平的重要指標。效率是成功的基礎，是發展的基礎，是效益的基礎。現代交通高速、高效和安全的基本特徵及其派生的功能，給經濟社會發展帶來同城效應、集約效應、高效效應、節時效應、節本效應，大大促進了生產和生活方式轉變，有力促進了經濟發展轉型升級。

鄉村振興，交通先行。習近平總書記強調要加快農村"四好"公路建設。"四好"公路既是鄉村振興的重要任務，也是農業農村現代化的有力基礎。"四好"包括：把農村公路建好、管好、護好、運營好。交通歷來是農業農村發展、推進鄉村振興的前提條件和有力支撐。從古到今，農業發展總是伴隨交通發展而發展，依靠交通升級而升級，依靠交通快捷高效而繁榮富裕。要想富先修路是最生動的概括。回顧農業發展史，傳統農業向現代農業的轉變，是以傳統交通向現代交通轉變為重要條件和前提的。研究表明，交通與農業農村發展呈現互為因果的正相關邏輯，特別是大國農業農村發展對大交通和高速交通的依靠性和需求性日益增強。沒有效率就沒有效益，提高農業經營效率是提高土地產出率、農業勞動生產率的基礎和關鍵。農業與

工業不一樣，受自然條件制約，具有時間性季節性，同時其經營對象是有生命的動植物。因此，農業經營運行的效率對建設現代農業至關重要。我國現代交通網絡體系的快速形成，為農業供給側結構性改革插上了翅膀、提供了動力，促進我國從農業大國向農業強國轉變。

未來交通產業發展的快速區及輻射地區，將是我國農業農村振興發展優勢區、農產品需求擴大區、農產品流通快速區、農業產值快速增加區。農產品流通數量、範圍及效率，主要取決於交通運輸的效率和質量。我國"四橫四縱"到"八縱八橫"的高鐵主要幹線網絡、城際高鐵高速及一些地方的"兩小時交通經濟圈"，將從根本上改變我國農產品的流通方式和範圍。未來高鐵高速公路等現代交通沿線，必將是現代農業快速發展帶，是農業新興功能擴展帶，是農業消費需求增長帶，是農業資源高效開發帶，是現代農業要素集成帶。要充分依託和利用高鐵高速公路網帶的特殊優勢，構建我國現代農業優勢產業帶。

二、現代交通產業是農業農村現代化建設的有力支撐

現代農業發展過程，是農業資源與投入的金融資本、設備設施、技術等農業外部要素移動交換結合的複雜過程。現代農業發展需要通過現代交通實現這一複雜的和系統的移動交換結合過程。我國現代交通產業發展、現代交通方式的重大轉變和躍升，促進了農業生產力和消費方式發生重大變革，促進了農業經營方式和流通方式發生重大變革，促進了沿途鄉村振興、城鎮功能提升和城鄉融合發展。

我國幅員遼闊，農業功能區域龐大，農產品數量巨大、品牌品種

繁多，迫切需要和依賴快速便捷的交通。一是農產品數量巨大，品牌品種繁多，消費需求多樣。農產品具有鮮活、易變質等特徵，並且需要大範圍、遠距離、大批量調運。2018 年，我國糧食總產量接近 6.6億噸，肉類產量 8625 萬噸，奶類產量 3075 萬噸，蛋類產量 3128 萬噸，油料產量 3433 萬噸，糖料產量 11937 萬噸，水產品產量 6458 萬噸，水果產量 2.7 億噸，蔬菜產量 7.69 億噸，木材產量 5432 萬立方米。這些農產品及原材料大多需要通過現代交通調運。二是農村地域廣闊，村鎮星羅棋佈，鄉村建設需要的大量農業生產物資包括水泥鋼材、農藥農膜、農業機械、水利物資、植保藥械等運輸都需要現代交通支撐。三是現代農產品流通體系及農產品集散地和市場批發體系，迫切需要現代交通體系支持。四是 2.8 億人左右的農村人口轉移進城務工，常年多次往返城鄉，高鐵高速公路等現代交通的發展為其提供了前所未有的便利條件。五是交通運輸產業是鄉村文旅產業、觀光產業、休閒康養產業等興旺的先行條件。沒有現代交通產業，上述產業難以發展。

現代交通產業發展，農村交通運輸的加快建設，以及"四好"公路建設，將為解決困擾我國農業已久的效率低下問題提供難得的機遇和支撐。高速、高效和安全的現代交通將在我國農業供給側結構性改革、優化調整農業結構和佈局、建立健全現代農產品流通體系等方面發揮重要作用，給農業的生產鏈、效益鏈、生態鏈、環境鏈和價值鏈帶來重大變革。

正因為現代交通的特殊效應和效率，使得我國現代交通產業加快發展，有力推動區域經濟的產業轉型升級，推動區域經濟的產業佈局變革，推動區域發展規劃升級，進而推動區域資源要素流動提速、資源利用提效。現代交通產業對鄉村振興和對農業農村現代化建設將釋放八大效應。

　　一是農業資源集約效應。促進農業資源深度開發，提高農業資源的含金量。二是農業優勢互補效應。通過沿途站點的快速連接，使得資源互補效率提高，更好地發揮農業資源優勢。三是農業要素統籌效應。快速連接使資金技術、信息、流通等農業各要素的統籌性和整合度大為增強，使現代農業要素投入效率提高、效果提升。四是農業資源增值效應。現代交通網絡使沿途站點的城鄉土地、水源、景區等資源的價值和價格提高。五是農業消費擴展效應。現代交通運輸使得農產品大範圍、長距離、快速度地流通，發展鮮活農業成為可能，大大縮短農產品從產區到銷區、從田間到餐桌、從生產者到消費者的物流和時間，擴大了消費群體，提高了消費效率。六是農業產業的集聚效應。現代交通產業促進和帶動了農產品流通業、加工業、服務業的發展和集聚，實現了從農產品到農業產業、從農業產業到農業農村經濟的變革，為農村一二三產業融合提供交通支撐。七是農業新興功能拓展效應。現代交通網絡為沿途農業農村帶來食品、旅遊、文化、生態、休閒、養生的消費需求，進而促進沿途園藝產業、文化產業、旅遊產業、養生健康產業的發展，使田園變公園、住房變客房、風景變景觀成為可能。八是農耕文化的傳播效應。加快沿途科技進步與轉化，農業技術與文化異地交流傳播。

三、大力推進現代交通網絡沿線
鄉村產業興旺

　　現代交通網絡形成及其基本特徵和功能，是沿線現代農業的新機遇、新動力、新翅膀。構建現代交通網絡沿線現代農業產業帶，要以沿途站點高速交通為依託，以現代交通網絡輻射地帶為載體，充分利用現代交通運輸的高速、高效和安全功能，發揮農業區位比較優勢，建設現代農產品流通體系，構建縱向現代農業產業帶和橫向農業經濟圈，把現代交通網絡沿途地區建設成現代農業優勢區。

一是構建種養產業。從現代交通網絡沿線自然資源優勢出發，發展種植業，比如糧食生產和油料作物。同時利用飼料資源，發展養殖業，比如畜牧和水產養殖等。二是構建農產品加工產業。利用農業原料和便利交通，開展農產品深度加工和流通，提高農業附加值，促進農產品加工轉化。三是構建現代農產品流通產業。利用客流物流便利高效的優勢，率先建立現代交通網絡沿途市場流通體系，破除農業的“瓶頸”制約，早日形成高效快捷的農產品物流業，使農業成為鮮活農業。四是構建農業文化旅遊產業。通過現代交通網絡，可以把人們旅遊的消費需求和當地的資源對接，興辦農村生態休閒觀光旅遊產業。五是構建農業社會化服務產業。農業社會化服務是現代農業的重要組成部分。現代交通網絡有利於社會化服務更及時高效地、更大範圍地為農民需求服務。六是構建生態休閒養老產業。現代交通網絡把人們的休閒養老需求同沿途資源聯結起來，帶動和促進休閒養老產業發展。現代交通產業整合輸送需求，需求拉動產業。

四、加快構建現代交通網絡沿線現代農業產業帶的重點路徑

要採取有效措施，加快推進現代交通網絡沿線現代農業產業帶建設。一是制定國家現代交通網絡沿線現代產業帶建設規劃，納入“十三五”或“十四五”規劃。二是充分發揮現代交通網絡沿線農業優勢區的作用。要充分利用現代交通產業功能要素，打造現代交通網

絡沿線區的現代農業產業帶。三是制定國家扶持現代交通網絡沿線區農業發展的政策措施，用政策引導和激勵，把現代交通速度優勢轉化為農業動力，把現代交通運輸效率轉化為農業效益。四是發揮現代交通網絡沿線中小城鎮對鄉村振興的帶動作用，以農業及相關產業為支撐，加快沿線特色小鎮和美麗鄉村建設，帶動鄉村振興，推進農業農村現代化。

——在 2019 鄉村振興暨交通產業發展峰會上的主旨演講

加強農村交通基礎設施建設
要把握好三點 *

    2019 年 9 月，中共中央、國務院下發了《交通強國建設綱要》。這個綱要明確提出了我國交通現代化建設發展的總體要求和總體發展目標。發展目標概括起來是三個詞：人民滿意、保障有力、世界前列。就是說要建設人民滿意的交通，要成為國家現代化建設的一支有力的支撐力量，要使我國交通建設位居國際發展前列。

    農村交通基礎設施建設是交通強國建設的重要組成部分。改革開放 40 多年來，農村交通基礎設施建設取得了巨大的進步。過去人們常說，"要想富，先修路"，農村道路的相關建設，無疑成為改革開放 40 多年來，農村各項事業發展的一個重要支撐，也可以說是助推器和加速器。農村路網建設離農民越近，貧困離農民越遠。路網建設越好，全面建成小康社會的步伐會越快。截止到 2018 年底，全國公路路網里程達 404 萬公里，鄉鎮和建制村硬化路的比例分別達到 96.6% 和 95.5%。

---

* 李春生，第十三屆全國人大農業與農村委員會副主任。

農村交通面貌發生了很大的變化，交通承擔起了支持農村經濟發展、民生改善、社會和諧的重任。要進一步發揮好鄉村交通設施建設的引領、支撐和保障作用，助推鄉村的全面振興，有三點應注重把握好：一是鄉村交通基礎設施建設必須建設好、管護好、運營好；二是要注重好三個融合發展；三是應做好城鄉交通發展的統籌。

建設好、管護好、運營好鄉村交通路網

農村交通基礎設施建設為實現全面建成小康社會的目標提供了引領和保障作用，為廣大人民群眾提供了更加普惠、更加優質的出行和運輸服務。農民的出行條件，農業生產的環境和條件得到明顯的改善，使廣大農民群眾有了更多的獲得感、幸福感和安全感。黨的十九大提出"五位一體"的鄉村振興戰略。作為新時期"三農"工作的總抓手，實現鄉村的全面振興，無論是產業興旺還是生態宜居，無論是鄉村治理還是農民富裕，都離不開農村交通路網建設和相關交通基礎設施的健全和完善。隨著鄉村振興戰略的實施，鄉村交通條件的好壞越發顯得關鍵和重要。它仍然是鄉村振興的基礎，是重要支撐和保障。《交通強國建設綱要》著重強調繼續推進"四好"公路建設，進一步把農村公路建好、管護好、運營好。"要想富，先修路"的口號並沒有過時，為順利實施鄉村振興戰略，交通必須先行，路網的完善和提升仍然有著很大的發展空間和潛力。目前，全國仍有3100多個行政村未通硬化道路，2400多個行政村未通客車，自然村硬化道路率僅佔40%，很多村仍然是晴天"洋灰路"、雨天"水泥路"，可見建設產業之路、生態之路、文明之路、致富之路仍然是做好鄉村交通工作的關鍵，仍然是推進鄉村振興的基礎性工程。

要建設好、管護好、運營好鄉村交通路網等相關基礎設施建設，應繼續推進"四好"公路建設，加大投入力度，形成差異化的補助政策，形成管用、有效的工作機制。完善農村路網，促進農村路網優化升級，強化農村公路質量的保證體系，提升農村公路建設、養護管理的層次和水平，使農村的交通基礎設施建設在農村各項發展及鄉村振興戰略實施當中真正發揮支持和保障作用。

注重好三個融合發展

要注重好三個融合發展。一是要注重鄉村交通基礎設施建設與美麗鄉村建設充分融合發展。目前，全國農村環境整治、特色小鎮、美麗鄉村建設都發展很快，各級政府都制定了發展規劃和方案。在規劃方案中，鄉村道路和相關基礎設施應積極跟上，並結合當前區域資源條件，依據美麗鄉村等相關建設的要求，使路網與生態環境和人文歷史相融合、相匹配，構建與養護並重，形成外通內連、安全舒適的鄉村路網新格局，形成佈局合理、排水通暢、設施相對齊全的道路網絡，為鄉村環境整治、美麗鄉村建設打下堅實的基礎。

二是要注重鄉村交通與鄉村文化旅遊產業發展相融合。現階段農村產業發展的業態日漸豐富，比如有"農業＋林、牧、副、漁"形成的循環型農業；"農業＋加工、交通、流通"形成的複合型農業；"農業＋信息產業＋智能產業"等形成的智慧型農業；"農業＋文化＋旅遊"等產業形成的創意型農業。有些地方通過發展景觀農業、會展農業以及有文化內涵的農業產業，實現鄉村文化產業、鄉村演藝業、鄉村節慶活動融合發展，形成了複合型的文化產業；有些地方依託鄉村綠水青山、田園風光等自然資源，結合本地特色、民俗文化等發展休閒農業、觀光農業和康養農業等產業，努力打造多文化的產業綜合體。應依據各地發展實際和資源狀況，結合農村文化旅遊產業發展的特點，將鄉村交通基礎設施與旅遊景區文化、田園綜合體、特色小鎮等工程項目很好地結合起來，有目的地開發，形成完善的、相配套的交通基礎設施，助力鄉村多元化產業的發展。

三是要注重鄉村交通與農村各項事業發展相融合。這些年全國各地先後創建了 100 多家農業現代化產業園，1000 多家省級產業園和一大批縣級農業產業園，1000 多家農業、農產品的加工園區，幾百家的農村產業融合先導區、示範區，還有一大批科技示範園，等等。應結合農村發展實際，規劃建設好推動農村各項事業發展的交通基礎設施，打通開發區、示範區的 "最後一公里"，形成鄉村交通與電商快遞、鄉村交通與特色產業、鄉村交通與農村各項事業融合發展的模式。應進一步完善鄉村交通設施，充分發揮引領和保障作用，形成新的產業業態、模式和功能，促進農村各項事業發展，特別是促進農村產業的發展。

統籌好城鄉的交通發展

應統籌好城鄉的交通發展。要統籌制定城鄉交通發展的規劃和實施方案，集中人才、資金、技術和相關要素投入，形成城鄉聯動、融合發展的良好態勢。要努力推進城鄉公共交通設施服務的均等化，盡快補上鄉村交通基礎設施建設這個短板，更好地促進鄉村振興戰略實施，更好地推進鄉村各項事業的發展。不僅要解決農民出行難的問題，還要使農民能夠走得好，走得安全和舒適。不僅要解決農副產品運出來的問題，還要解決如何運得高效的問題，進而助推鄉村振興、產業興旺，農村繁榮、農民富裕。

—— 在 2019 鄉村振興暨交通產業發展峰會上的主旨演講

把交通發展與鄉村振興結合起來 *

　　小康建設、"三農"問題、脫貧攻堅這樣主題的會議我參加過不少，把交通發展與鄉村振興結合起來的論壇，這還是頭一次參加。

　　要想富，先修路，這是實實在在的道理。從我所去過的農村來看，發展比較好的都是因為路修得比較好。貧窮的農村地區一般都是比較偏遠的，那裏信息不暢通、交通不便利，外面的信息不能及時傳到那個地方，那個地方的產品也很難運出去，到不了大市場。所以必然就是一種很封閉的資源經濟。

　　我們的交通建設這些年有了長足的發展。我 20 年前去過廣西百色考察，當時那是一個很貧困的地方。這次去我大吃一驚，百色發展得非常快。高鐵通了，高速公路通了，這恐怕是最重要的原因。所以說鄉村要振興，貧困的地方要脫貧，首先要發展交通。但是發展交通也要實事求是地發展。這話什麼意思呢？我是搞經濟的，做任何事情都不能靠口號，要講效益，要講投資的回收期，要講投資的回報率。如果盲目地去發展交通，可能會形成很大的浪費。這是我要說的一個

---

　*　賀鏗，第十一屆全國人大財經委員會副主任委員。

觀點，僅供參考。

這次論壇把鄉村振興和交通產業的發展聯繫起來，我覺得很有意義。我認為交通產業不僅僅是修路，還應該包括交通運輸業，把交通運輸業發展起來，特別是偏重於發展農村、邊遠農村的交通運輸產業是非常必要的，也是非常重要的。例如百色這個地方，因為交通很方便了，所以旅遊的人也不少，各種產業也發展起來了。那裏有一個蘋果縣，是過去的貧困縣，現在也都發展起來了。從一個貧困縣成為廣西的第一富縣，這就說明了交通及工業產業對貧困地區的脫貧是非常重要的。

關於鄉村振興的問題，我的觀點就是"三農"問題不能孤立地僅從"三農"談"三農"，一定要放在整個宏觀經濟的角度來考慮"三農"問題。農村的勞動力沒有了，農村蕭條了，這些觀點都是就"三農"談"三農"。過去全國 90% 的人都在農村搞吃飯的問題，這肯定不是一個長遠發展道路，美國只有 3% 的人搞農業，還能出口那麼多農產品，這個問題值得我們想一想。20 年前我到韓國去，當時韓國的農村就和我國這兩年的情況完全一樣，那些老人坐在村口歎息：年輕人都到廠裏去了，田沒有人種了。所以說在工業化過程中，農村要走向這樣一個情況是肯定的。振興鄉村不是說要把農民拉回來，我主張振興鄉村就是要城市化，這個城市化也不是我們現在搞的大城市化，而是小城市化。把產業像日本一樣引向農村小城鎮，最後實現習近平總書記說的"讓人們望得見山、看得見水、記得住鄉情"，這才是真正的城市化。

讓我們 2.8 億農民工背井離鄉，到珠三角、長三角以及北京打工，這個發展途徑值不值得我們思考呢？對於日本，我們還是非常了解的。日本 20 世紀 50 年代提出新農村建設，就是建設 900 戶以上的村，900 戶就是一個小鎮了，再把工業、副業引進來那就是城市化了。所以日本的農業問題解決得很好，韓國也是如此。日本、韓國城市化率比我們高得多，城市化速度也比我們快得多，他們能夠解決，我們怎麼就不能解決呢？有人說我們的土地太少，我們的土地人均有 0.1 公頃，而日本只有 0.05 公頃，比我們少一半，韓國更少，只有 0.04 公頃，人家基本都解決了主要農產品的自給問題。我們現在的進口農產品越來越多，這是一個很大的問題。

　　說到農業的出路我也一直有一個觀點，那就是農業現代化。改革開放 40 多年，關於"三農"問題的政策說了很多，但是我們往往是辦法少、政策多，說得更難聽一點就是空話多、實際措施少。一個好的東西剛開始做，下一個新口號又出來了，人們接下來就不知道要怎麼做了。最近一個領導關於經濟形勢的分析有一句話是很重要的，那就是對許多問題要一以貫之，不能老是變。新農村建設本來是日本搞的，我們學過來沒有什麼不好，但我們一以貫之了沒有？沒有。也就熱了兩年。現在的鄉村振興戰略，一定要堅持，要一以貫之，才能做出成績來。

　　用發展交通產業來振興鄉村，這個觀點我是非常贊成的。但是這個工作要落到實處，這個事情要能夠一以貫之，這是我參加這個論壇最希望能夠落實的一點。關於扶貧，我在談這個問題的時候，總是強調教育要優先。貧困有多種原因，教育不發達、受教育的年限短是最根本的原因。世界銀行的專家研究發現，如果一個地區的人們平均受教育 12 年，基本上不會貧困。我們現在還達不到這個年限，現在農村尤其是邊遠農村的教育越來越衰退。農村裏有錢的、有辦法的人都把孩子送到縣城、地級市、省市去上學，農村的小學基本上辦不下去，這樣發展下去返貧的概率將會大大提高。所以說要解決農村問題，第一不能就貧談貧，就"三農"談"三農"。要解決問題的根本方向是城市化，根本途徑是農業現代化，在確定一些基本的方向以後，一以貫之，我們就會做出成績來。

　　我希望大家少講一些概念，多做一些實事，把我們發展交通產業助力鄉村振興的問題落到實處！

——在 2019 鄉村振興暨交通產業發展峰會上的主旨演講

鄉村產業與基礎設施建設 *

我一直非常注重對農業農村的實地調研，特別是去年下半年以後到農村的機會特別多，發現中華人民共和國成立 70 年、改革開放 40 多年，中國的農業正在經歷千年之變，從傳統農業發展到現代農業，從農業產業發展到鄉村產業階段，變化是巨大的。關於鄉村產業與基礎設施建設，我主要講三個方面的觀點。

鄉村產業需要高度重視基礎設施建設

新中國 70 年的歷史從現代農業發展角度來講，可以分為四個大階段。

第一個大階段是 1949 年到 1978 年，現代農業發展處於 1.0 版。全黨抓糧食，但並沒有把糧食產量搞上去，其他的農產品產出也處於

---

* 張紅宇，清華大學中國農村研究院副院長，農業農村部鄉村振興專家諮詢委員會委員，原農業部經營管理司司長。

短缺狀態，但這一階段的發展客觀上也為實現農業 2.0 版打下了一定基礎。

第二個大階段是 1978 年到 2003 年，我認為是現代農業 2.0 版。改革開放在解決了農業特別是糧食安全的同時，使農林牧漁業也得到了大發展，農業產業構成了鄉村產業發展的重中之重。

第三個大階段是 2003 年到 2017 年，以從事農業的勞動力開始出現絕對數量的下降為標誌，現代農業進入 3.0 版。我們在促進農產品總量增加、結構不斷優化的同時，"互聯網+"、觀光旅遊休閒農業、農業生產性服務業、農產品加工業大發展，極大地改變了人們對傳統農業的認識。傳統農業是物質產出的，現代鄉村農業既聚焦物質產出，也聚焦非物質產出；既可以是平面產出的，也可以是立體產出的。原來的農業產業有邊有形，現在農業邊界無限擴張，甚至可以是無邊無形的。

第四個大階段是 2017 年以後，黨的十九大確定了鄉村振興重要方略，現代農業進入了 4.0 版。這個 4.0 版可以分三個方面來闡述：第一，從現代農業發展有的功能要強化，有的功能要弱化，有的功能要凸顯。比如產品貢獻功能要強化，但是土地、勞動力這類要素的貢獻功能在某些區域、某些階段就要弱化，與此同時，生態環境保護的功能要不斷地強化。第二，從業態這個角度來講，像我剛才講的"互聯網+"、農產品加工業、農業生產性服務業，特別是現代科技、大數據、雲計算等，在很大層面上給我們現代農業的新產業、新業態發展提供了豐富的想象空間。第三，從實現路徑上來講，鄉村產業更加豐富多彩。把農業和生態結合，把農業和工業結合，把農業和旅遊業結合，大大豐富了農村產業的內涵和外延。

現代農業進入 4.0 版，對基礎設施建設提出了更高、更廣泛的要求。如果說在傳統農業階段我們聚焦物質產出，圍繞著土地的建設是我們更多關注的問題。將現代農業產業發展到鄉村產業，不僅僅是土地的問題，還有交通運輸的問題，以及產品實現方式的問題。基礎設施建設要達到這樣的要求，第一要產出來，第二要賣出去，第三要賣出好價格。產出來需要加強農業基礎設施建設，特別是農田水利建設方面要做大做強。賣出去不僅僅需要道路設施，還需要冷鏈設施、運輸工具、倉儲設施等，這要求我們不僅要修好鄉村道路，而且要護好、用好、運營好它。特別是現在農村旅遊休閒產業、文化產業發展，都需要交通運輸基礎設施的強化。20 年前，甚至是 10 年前，由於交通運輸條件差，很多非常具有特色的產品生產出來了卻賣不出去。而今天由於交通運輸條件改善，加上"互聯網 +"、淘寶網這種平台的發展，過去的邊遠地區、貧困地區生產的好東西，不僅可以產出來，而且可以賣出去，甚至可以賣出好價格，這樣就有了彎道超車的發展機會。

農村基礎設施建設要抓重點

基礎設施建設不僅僅是交通運輸業的發展，水、電、路、氣、網都跟農民群眾的生產生活息息相關，更跟產業振興有關。從農業產業和鄉村產業來看，農村基礎設施建設重點領域要抓三大方面。

建設產得出來的基礎設施。事實上鄉村產業也罷，農業產業也罷，要把握糧食安全這個重心，糧食是國之重器。因此，在這個問題上，黨和政府有一以貫之的要求，農業農村部也按照這種要求加以落實。怎樣把糧食產出來，最重要的原則是"藏糧於地、藏糧於技"。換句話講，農田水利建設還要繼續加大力度，旱澇保收，生產基礎要堅實。

　　產出來以後怎麼運出去，這就涉及交通運輸條件改善，路要進村入戶。對於行政村、邊遠地區，交通運輸部門有明確的要求：管好、用好、運營好。除了修好路以外，運營好、管好它也是很重要的問題。交通運輸部門要求無論是平原地區還是山區、行政村、20戶以上的自然村必須盡最大可能通公路。這也是實現農業現代化，特別是鄉村產業大發展的重要條件。

　　怎樣通過強化網絡，特別是互聯網這方面的相關工作，將產品賣出一個好價錢。所謂產出來、賣出去，賣出去容易，但能不能把價值10塊錢的產品賣出20塊錢，或者更高，於農民群眾增加收入的意義就十分重大，當然，這也很有挑戰性，與實現路徑有直接的關係。阿里巴巴、京東等很多互聯網企業都在從事這項事業，以阿里巴巴來說，淘寶鎮有1180個，全國範圍內在農村的互聯網經營主體達到1200萬個，事實上為我們解決了2800萬農村勞動力的就業問題，在很大層面上既解決了農民群眾生活所需，也解決了農產品貨暢其流的問題。

寬鬆農村基礎設施發展的外部環境

　　外部環境要發揮兩個積極性，一個積極性是政府的積極性。事實上政府的積極性體現在兩個方面：第一是公益性。交通運輸也罷，基礎設施也罷，按市場配置資源當然重要，但是在農村基礎設施建設方面，更需要政府發揮主導作用。不要說我們平原農村地區的路網建設包括內蒙古、新疆這樣廣大的區域，即使是四川、貴州丘地山區，用市場的辦法通電、修路，這個成本老百姓也是絕對付不起的。從這個角度來講，在經濟社會發展縱深推進的同時，基礎設施建設必須體現公益性。第二要城鄉統籌。我曾經到四川雅安漢源縣調研，在海拔 1000 多米的山上，我問這個村裏有信號嗎？村裏人說我們這裏有 Wi-Fi。基礎設施是有了，但是怎麼管好、用好問題很大。最近我到一些中部地區農村調研，發現那裏基礎設施甚至不如貧困地區，公路到處坑坑窪窪，因為這是鄉間公路，沒有人管。城市公路、高速公路有管護，但是農村公路缺乏相應機制，養護機制是欠缺的，因此要城鄉一體，統籌處理解決相關問題。

另一個積極性是要注意發揮企業家的積極性，政策一定要穩定。這體現了市場資源配置的作用。基礎設施涉及土地建設，比如農家樂的道路修建是企業自己掏腰包，不能今天修好了，明天就讓拆。上半年很多地方對農業設施大拆大建，不分青紅皂白搞“一刀切”，搞得企業家們意見紛紛，投資農業的積極性受到嚴重挫傷。所以，第一政策要穩定，第二要因地制宜。我們的政策是好的，但是執行政策的時候一定要嚴格按照中央的要求，不能擴大化，更不能搞“一刀切”，以不損害老百姓的利益為基本原則，不能影響農村社會穩定，不能影響農村的基礎設施建設。

—— 在 2019 鄉村振興暨交通產業發展峰會上的主旨演講

建設"四好農村路" 引領鄉村振興 *

　　"中國要強，農業必須強；中國要美，農村必須美；中國要富，農民必須富。"我們國家實施了鄉村振興"三步走"戰略。

　　習近平總書記說："交通基礎設施建設具有很強的先導作用，特別是在一些貧困地區，改一條溜索、修一段公路就能給群眾打開一扇脫貧致富的大門。"交通運輸作為先導性、基礎性、戰略性和服務性的行業，必須牢牢把握"先行官"這個發展定位，努力為鄉村振興、經濟社會發展提供先決條件，發揮引領作用。

　　習近平總書記多次對"四好農村路"建設作出重要指示批示，要求把農村公路建設好、管理好、養護好、運營好。交通運輸部貫徹落實習近平總書記的重要指示批示精神，全面推進"四好農村路"建設。2015 年 3 月，下發了《關於推進"四好農村路"建設的意見》。此後，又陸續出台了《"四好農村路"督導考評辦法》《農村公路建設管理辦法》《關於深化農村公路管理養護體制改革的意見》等一系列文件，構建起了涵蓋"四好農村路"建設、管理、養護、運營和督

　＊　陳濟丁，交通運輸部科學研究院副院長。

導考評的制度體系。交通運輸部高度重視示範引領作用，通過開展
"四好農村路"示範縣創建活動，充分調動縣級人民政府的積極性，
落實主體責任，以點帶面，全面推進。2018年以來，交通運輸部與
農業農村部、國務院扶貧辦聯合開展"四好農村路"全國示範縣的創
建與命名工作。

"建好"農村公路，包括：要把鄉鎮和建制村通硬化路的比例提
高到100%；縣鄉道路安全隱患治理率基本達到100%，農村公路危
橋總數要逐年下降；新改建農村公路一次交工驗收合格率達到98%
以上；重大及以上安全責任事故得到有效遏制，較大和一般事故明顯
下降；等等。

"管理好"農村公路，包括：縣級人民政府主體責任得到全面落
實，以公共財政投入為主的資金保障機制全面建立；縣、鄉級農村
公路管理機構設置率達到100%；農村公路管理機構經費納入財政預
算的比例達到100%；農村公路管理法規基本健全，愛路護路的鄉規
民約、村規民約制定率達到100%，基本建立縣有路政員、鄉有監管
員、村有護路員的路產路權保護隊伍；具備條件的農村公路全部實現
路田分家、路宅分家；等等。

"養護好"農村公路，包括：養護經費要全部納入財政預算，
並建立穩定的增長機制，基本滿足養護需求；農村公路養護率達到
100%；優、良、中等路的比例不低於75%，路況指數要逐年上升；
等等。

"運營好"農村公路，包括：具備條件的建制村通客車比例達到
100%（指具備條件的建制村，並不是所有的建制村）；城鄉道路客運
一體化發展水平3A級以上（含）的縣超過60%；基本建成覆蓋縣、
鄉、村三級的農村物流網絡；等等。

開展"四好農村路"建設以來，取得了顯著成效。

　　一是農村交通設施不斷完善。黨的十八大以來，全國農村公路新增通車里程達到 30 萬公里，新增等級公路 40 萬公里，等級公路比例增長 4%；新增硬化路 46 萬公里，硬化率增長了 7%；鄉鎮通達率 99.99%，通暢率 98.62%，解決了 452 個鄉鎮通硬化路的問題；建制村通達率 99.82%，通暢率 94.45%，解決了 2100 個建制村通公路的問題。以前，"晴天一身土，雨天一身泥"；現在，"出門水泥路，抬腳上客車"。

　　二是農村運輸服務水平顯著提升。全國鄉鎮和建制村通客車率分別達到 99% 和 96%，9 個省已實現全部建制村通客車，公交、預約、客運等多方式服務，確保 "開得通，留得住"；建成約 18 萬個村級農村物流服務點，縣、鄉、村三級物流網絡節點覆蓋率分別達到 67%、65%、43%；縣、鄉、村快遞網點覆蓋率顯著提升，城鄉交通基本公共服務均等化效果顯現。以湖州市為例，推行城鄉公交一體化，開通城鄉公交班線 249 條，投入純電動公交車 448 輛，建成農村客運站 40 個，各類停靠站 4730 個，實現行政村公交通達率 100%，農村港灣式停靠站 1 公里覆蓋率達到 93%。

　　三是 "四好農村路" 引領了鄉村振興。路好了，人員流動便捷了，既方便了農民兄弟進城打工，也方便了城市居民下鄉休閒。路好了，物資流動容易了，農民網上購物不僅便捷而且實惠，綠色農產品也可以第一時間端上餐桌。以長興縣為例，建成各類農村電商服務站點 550 個，冷鏈物流、倉儲配送等新興業態層出不窮，打通了農產品高效配送的 "最後一公里"，2018 年全市農村物流訂單量超 1000 萬單，農村物流配送費用達 1.5 億元，農產品電商銷售額超 2 億元。路好了，信息流動加速，人們的理念也得到了更新，城市的現代文明和農村的悠久傳統相互交織融合，讓城市居民 "記得住鄉愁"，農村吹來了都市新風，脫貧致富成為自覺行為。路好了，服務網絡打通了，鄉村便捷享受城鎮教育、醫療、養老、文體等公共服務，共享公共資源，加快實現城鄉公共服務均等化。路好了，拉近了鄉村與城市的距離，極大方便了農民與毗鄰城市的聯繫，農村和城市實現了"無縫銜接"，沿線產業加速集聚，為農村特色經濟培育和綜合項目招引創造了良好環境，進而融入區域一體化發展中。比如，安吉縣農村公路推動了白茶產業振興，溪龍鄉因路而富、因路而強，全鄉茶園面積 2.2 萬畝，年產值 6.2 億元，成功招引各類商貿投資超 60 億元。又如，德清縣農村公路促進了新型木材等特色經濟發展，公路沿線形成鋼琴小鎮、通航智造小鎮等特色小鎮。路好了，一批宜居、宜業、宜遊、宜養的特色小鎮、休閒農莊、產遊基地等串點成線、串珠成鏈，形成紅色遊、文化遊、生態遊、休閒遊等特色旅遊線路，鄉村旅遊蓬勃發展。以德清為例，形成了"洋式 + 中式""景區 + 農家""生態 + 文化""農莊 + 遊購"四大模式和以"鄉村十景"為主題的鄉村旅遊大產業格局，境內景區裸心谷僅一個床位每年稅收就超 10 萬元。

2019 年 9 月，黨中央、國務院頒佈了《交通強國建設綱要》，目前，我們正在貫徹落實綱要要求，加快推進"四好農村路"建設。交通運輸部等 8 部委已經聯合發佈了《關於推動"四好農村路"高質量發展的指導意見》，為推進"四好農村路"建設指明了方向。我認為，推進"四好農村路"，要把農村公路融入美麗農村建設和治理的生態體系當中，同時要結合美麗鄉村建設來建設宜居、宜業的"美麗農村路"。

建設"美麗農村路"要從六個方面著手，即：主體工程要優質，附屬設施要完善，綠色發展要到位，管護機制要健全，運營服務要良好，群眾獲得感要強。要實現這樣的目標，就要建立財政投入增長機制，整合涉農資金，利用交通資源撬動資本，確保資金投入；要實施縣、鄉、村三級"路長制"，做到權責明確、分級管理、管養有效、獎懲有力；要建立政府主導、行業指導、部門協作、分級管理，縣道縣管、鄉道鄉管、村道村管，完善農村路的管養機制；還要強化責任落實與考核督導，把"四好農村路"建設納入政府年度考核當中，上級交通部門加強對下級交通部門的考核，建立考核結果與投資掛鉤的制度。通過建設"美麗農村路"，把鄉村串成"珍珠項鏈"，讓資源變資產，"讓綠水青山變成金山銀山"，讓鄉村的美麗走出去，讓人們為鄉村的美麗走進來！

——在 2019 鄉村振興暨交通產業發展峰會上的主旨演講

交通規則是分享道路的一種方法 *

　　我從交通工具的發展這一微觀視角來談一下感受，談一談規則為什麼是分享社會資源的一種方法。這也是今天我所分享的主題。

　　首先談交通工具的問題。四種平常都在用的交通工具自行車、火車、地鐵、汽車出現的先後時間可能跟大家心中想的不一樣。自行車發明的時間是 1790 年，是由法國人西夫拉克第一次製作成功。火車是 1814 年英國人史蒂芬遜發明的，那時的火車很小，也很慢。當時有人騎馬和火車賽跑還嘲笑火車的速度。地鐵最早也是由英國人發明的，當時英國街上車水馬龍，為了解決交通擁堵問題，1860 年出現了地鐵，改變了當時倫敦非常擁堵的交通現狀。世界上公認的汽車是德國人卡爾發明的，這也是奔馳在世界上具有如此大的影響力的原因。最早的汽車是三輪汽車，1885 年三輪汽車被發明出來，1886 年獲得了世界上第一個汽車發明專利，標誌著汽車的誕生。這幾種交通工具出現以後，哪種發展最迅猛？毋庸置疑，一定是汽車。

　　我們都知道美國率先成為車輪上的國家，而我國目前從汽車的需

---

* 　李大偉，中國小康建設研究會法律委員會主任。

求量和生產量上來講已經位居世界首位。工信部預測到 2020 年我國的汽車保有量將會達到 2 億輛，未來汽車可能成為人們交通出行的最主要工具。剛才我所說的這個問題，絕對不是為了普及交通工具的發展時間，我想說的是，在各種交通工具同時存在的一個空間裏，我們應該如何解決混亂的問題。為什麼說要解決混亂的問題？因為去過歐洲的朋友可能會發現，很多國家馬路上還允許馬車橫行。在這種情況下，必須要解決各種交通工具同時存在可能導致的交通混亂。然而，人類是非常聰明的。人類通過發明一系列規則，讓這些交通工具能夠有序地在各種軌道上運行。比如，火車必須在自己的軌道上行使；汽車和自行車可以在馬路上行使，必須紅燈停、綠燈行，各自必須在自己的車道上行駛。如果汽車和自行車發生交通事故，一般情況下，汽車要多承擔責任。這些規則，也相應形成了一整套交通法規，包括我們經常遇到的罰款、消分等等，其實都是執行規則的結果。

這時你或許會問：我們現在已經有很多交通法規了，應該差不多能夠適應社會的發展了吧？其實這還遠遠不夠。為什麼呢？因為交通工具的發展太快了。快到了什麼程度？大家知道未來以汽車為主的交通工具發展的方向是什麼嗎？未來我們可能乘坐的交通工具會是什麼嗎？有些朋友早就有答案了，那就是無人駕駛汽車。說到無人駕駛汽車，目前從技術上已經非常非常成熟了。為什麼在公路上還看不到無人駕駛汽車呢？無人駕駛汽車從技術角度上來講，世界領先的公司是谷歌。谷歌在測試的時候遇到了兩大問題：比如無人駕駛汽車正常行駛過程中，突然之間竄出一個人，無人駕駛汽車當場監測到這個人以後立即停了車，比我們人駕駛的汽車急剎車的速度要快得多。但是，無人駕駛汽車剎車了，後邊的車一下追尾了，這是一個最大的問題。另外還有一個問題，無人駕駛汽車在經過紅綠燈路口，尤其是十字路口的時候會被困在那裏，為什麼？因為無人駕駛汽車非常遵紀守法，非得要等到其他的車都停下來才會通過。但是人類司機大都見縫插針，你不搶道別人不會給你讓。因此這個時候無人駕駛汽車就在十字路口變成了一個"傻車"，不會走了。

所以本質上講，無人駕駛技術希望面對的是嚴絲合縫、人人照章辦事的環境。但是在真實世界裏，往往遇到的是不按套路出牌的人。人們在設計無人駕駛汽車的時候，萬萬沒有想到這個問題。遇到這樣的問題怎麼解決？這就需要有一整套的規則來適應它的發展。比如車道的分配、速度的限制、交通事故的認定以及無人駕駛汽車和有人駕駛汽車的禮讓規則等等。尤其是要對人的限制更加嚴厲。這可能需要一個非常漫長的過程，才可能建立起完整的規則體系。

這時可能有人會說，這麼多條條框框不都是限制嗎？沒錯。所謂的規則你可以理解成為限制，而且遵守規則未必會得到獎勵，但違反規則一定會受到懲罰。可能我們感受到的是一條條冷冰冰的邊界、"鐵絲網"和"高壓線"。但是規則也是有溫度的，它也是在保護你我他，也是在保護道路上其他的交通參與者的安全。所謂的規則其實就是保障整個社會長久正常運行的機制。

剛才講過，汽車和自行車發生交通事故時，往往汽車的責任會更大。這一點在《道路交通安全法》第七十六條有明確規定：機動車與非機動車駕駛人、行人之間發生交通事故，機動車一方沒有過錯的，承擔不超過 10% 的賠償責任。非機動車闖紅燈與機動車發生碰撞，導致機動車駕駛人死亡的事故，機動車也是有賠償責任的。聽到這個你可能會感覺到不公平，為什麼明明是非機動車的過錯，還要讓機動車承擔責任。如果換一個角度來講，會形成另外一個視角：你開著車上路，你的速度比別人快，你的質量比別人大，你開車可能比別人騎自行車收入更高。強者天然要承擔比弱者更多的責任。就像《蜘蛛俠》這部電影裏說的一句台詞：能力越大，責任越大。當這種責任被規則長久固化的時候，這一套規則就自然形成了法律法規。如果沒有可執行的規則，任何文明都不會存在，我們人類和黑猩猩之間最本質的區別並不是技術也不是智力，而是懂得遵守規則。

你可能會說，規則對社會、對整個國家有意義，但對於一個普通的個體來講，它有什麼好處呢？或者說是不是沒有什麼好處？這個想法其實是錯的。我想請你想象這樣一個情景：假如我們進了一個黑屋子，門一下子關上了，伸手不見五指，你的視覺一下子消失了，什麼都看不見。請問這個時候你是如何感知這些屋子裏面的一切呢？方法只有一個，那就是不斷地摸索，不斷地觸碰邊界，不斷地受傷。當這些試錯達到一定程度的時候，就能根據自己摸索後的經驗知道黑屋子哪裏有危險，哪裏不能去，哪裏不可碰。這間黑屋子是什麼？它影射的就是超出我們感官之外的真實事件。我們現在能夠利用的所有規則，都是基於無數人曾經觸碰過的那個邊界，在那個黑房間裏橫衝直撞、受傷流血之後形成的一整套被感知、被傳承的經驗，從而被今天的我們繼承和遵守。

規則其實是用無數的犧牲作為代價換來的成果。

全世界每年死於恐怖事件的人類有 1.8 萬人，但是交通事故每年會奪走 120 萬人的生命。我們今天所享用的是很多人用生命換來的規則遺產，假如你不去遵守就浪費了之前所有的犧牲。過去我們總是覺得規則是對自己的限制和懲罰，而今天我想請你換一個角度重新來理解，規則其實是先祖給我們的禮物，它穿越時空繼續守護著我們。同樣，交通法規也不是用來懲罰你我他的，而是整個社會分享道路的一種方法。交通法規不是懲罰和限制，不要誤解它，它是人類文明給我們的饋贈。

隨著無人駕駛在未來的普及，汽車一定會回歸到出行的本質。到那時人類也將從對汽車的所有權回歸到使用權，最大限度地滿足人們的需求。在未來，隨著科技的發展，一定會有更多的規則來保障我們的幸福。同時我也期待，全社會都有規則意識，勇敢追求自己的幸福。

——在 2019 鄉村振興暨交通產業發展峰會上的主旨演講

城鄉市民卡：汽車新租賃的新模式 *

　　京津冀協同發展給我們帶來了什麼？我們的嘉賓提到，北京、張家口以冬奧會為契機，帶來了對未來幾年發展的展望。由於冬奧會的利好，北京北站這個長期以來很破落的小站，修了高鐵，從北京往北邊輻射，輻射張家口甚至內蒙古的呼和浩特、包頭。這都是藉助了強有力的事件來推動我們的發展。

　　京津冀協同發展，天津是不可或缺的一個話題。天津有港口優勢。從天津港開車開到頭，會發現天津港有很多車，那就是天津市民卡科技有限公司的停車場，市民自己的停車區。國家大的發展趨勢給我們帶來了交通產業的發展。

　　交通強國到底誰先行？這次論壇的主題是交通產業和鄉村振興。是公路先行還是高鐵、飛機先行？在互聯網領域有一個說法是"最後一公里"，在中國鄉村"最後一公里"的交通問題其實就是公路問題。飛機和高鐵註定不可能覆蓋。我本人去過雲南香格里拉好幾次，第一次坐飛機飛到麗江，再坐 7 個小時汽車到一個縣。第二次飛到香格里

---

* 張會亭，天津市民卡科技有限公司董事。

拉，也要再坐 4 個小時汽車才能到一個小縣。公路是必不可少的。

　　這麼多年來，高鐵和飛機的建設都已經越來越好，公路建設也越來越好。路修好了之後，汽車如何滿足？從這個角度來講，鄉村振興中的精準扶貧，到底應該如何扶貧？哪怕最窮的人也有對美好生活的嚮往。北京市區有公交，很多城市有公交，鄉村可能還沒有公交。現在中國農村某種程度上很像洛杉磯那樣的美國西部地區，沒有那麼多公交車運力滿足日常出行。路網修好之後，汽車必須跟上，這樣人民群眾才會有獲得感。

　　2019 年是新中國成立 70 週年，2021 年是建黨 100 週年，2020 年是全面建成小康社會收官之年，如何讓人民有獲得感非常關鍵。汽車對於廣大消費者來講，不僅僅是消費者，有時候也可能是生產者。北京有多少人做貨拉拉，用金杯車或松花江車等拉貨賺錢。鄉村也是，很多人買汽車特別是買一些大的 SUV，其實都是為了多拉貨，SUV 的概念就是運動型多功能車。現在通過路網的滿足，要讓大家感覺到汽車不僅僅是消費品，還是生產工具。

　　當前中國汽車產業面臨著一個困境，往左走是工信部要賣車，每年要賣出多少輛，往右走是交管部門要限號、要搖號、要限購。一方面鼓勵賣車，另一方面限號。這個事情就像房地產一樣是個困局，既要土地出讓金，又讓開發商限制房價，進價很昂貴，零售價卻要求很低廉。汽車產業也是這樣，現在有多少 4S 店日子過得很緊，店面很繁華，運營成本高，但是賣不了那麼多車。

　　北京出台最嚴的限號令，尤其是對外地的車牌。今後對外地車來講，一年只有 84 天能進京。全北京現在很多工作人員是外地人，由於沒有北京戶籍，買不了車。回龍觀、亦莊成了 "睡城"，白天幾十萬居住者去上班，成了空城；晚上幾十萬居住者下班回來睡覺，成了 "睡城"。這麼大的通勤壓力用公交能完全解決嗎？解決不了。這時候汽車的租賃就會誕生。汽車新租賃恰恰是左右平衡中的最優角色。為什麼強調新租賃,過去汽車租賃是你掏押金,然後把車開走,甚至要駕駛證、身份證等其他相關證件才能開走。我們有新的模式,就是天津的城鄉市民卡,把汽車租賃和市民卡電商的模式融合在一起,創造一個新的租賃模式。一方面車可以用很低的費用就能讓你開走,滿足日常出行的需求;另一方面又可以通過電商平台進行優惠購物。

京津冀城際鐵路規劃提出,在京津冀三地中心城市間往來,1—2個小時就能到達,如果在三地中部核心區間城市往來,半個小時就能走上一遭。但最困難也最重要的是"最後一公里",汽車新租賃天津城鄉市民卡正好可以解決這個問題。

——在 2019 鄉村振興暨交通產業發展峰會上的主旨演講

第八部分
鄉村人才振興戰略

大力推進鄉村人才振興 *

　　鄉村振興是我國新時代"三農"工作的一大戰略。鄉村振興的實踐證明，人才是鄉村振興的核心要素。深入研究人才振興與鄉村振興的關係，對推進鄉村人才隊伍建設、加快鄉村振興實施步伐很有意義。

一、人才振興是"五個振興"的保障

　　黨的十九大提出的鄉村振興戰略的總要求，即 5 句話 20 個字，第一句話是產業興旺。產業興旺，首先要解決人才問題。鄉村振興總要求的五項任務，無論哪項任務的實現都離不開人才。生態宜居、鄉村文明、治理有效、生活富裕的實現都要由人才來支撐。《關於實施鄉村振興戰略的意見》提出："要培養造就一支懂農業、愛農村、愛農民的'三農'工作隊伍。"這裏核心就是人才，特別是鄉村振興的

＊　尹成傑，原農業部常務副部長、農業農村部鄉村振興專家諮詢委員會委員。

科技人才、管理人才、幹部隊伍是"三農"工作人才隊伍的重中之重。

2018 年"中央一號文件"指出："實施鄉村振興戰略，必須破解人才瓶頸制約，要把人力資本開發放到首要位置。"習近平總書記指出鄉村振興的"五個振興"，其中就包括人才振興，並且人才振興是產業振興、文化振興、生態振興、組織振興的有力支撐。當前，我們要破解鄉村振興的人才制約的"瓶頸"，是推進鄉村振興的重要任務。

黨的十九屆四中全會《決定》指出："堅持德才兼備，選賢任能，聚天下英才而用之，培養造就更多更優秀的人才的顯著優勢。"隨著鄉村振興戰略的全面實施，隨著推進農業農村兩個現代化的加快推進，隨著農業向綠色高質量發展轉型升級，加強農村人才隊伍的建設日益重要。一是人才振興是實現鄉村振興總要求、總任務的有力支撐。二是人才振興是推進農業農村現代化建設的迫切要求。三是人才振興是農業綠色發展、質量興農和轉型升級的有力保證。四是人才振興是打贏脫貧攻堅戰、實現農村全面小康的關鍵。因此，我們必須大力解決人才問題，建設一支懂農業、愛農村、愛農民的"三農"工作隊伍。

二、以深化改革為動力，破解農村人才制約"瓶頸"

改革開放以來，特別是黨的十八大以來，農村的人才隊伍建設取得明顯成效，農村人才隊伍在鄉村振興中發揮了重要作用。但是應該看到，當前農村人才隊伍與鄉村振興的要求還有相當大的差距。一是人才總量供給不足，難以承擔鄉村振興和推進農業農村現代化的重任。二是人才結構不合理，難以滿足"五個振興""四個優先""三個全面"發展的要求。三是人才隊伍整體素質有待提高，難以適應農村科技創新發展，農業轉型升級，應用現代生物技術，新能源新材料新肥料的新需求。四是人才政策還不完善，難以適應吸引人才、留住人才、調動人才積極性的需要。黨的十九屆四中全會《決定》指出："堅持黨的幹部原則，落實好幹部標準，樹立正確用人導向，把制度執行力和治理能力作為幹部選拔任用考核評價的重要依據。要尊重知識，尊重人才，加快人才制度政策創新，支持各類人才為推進國家治理體系和治理能力現代化貢獻智慧和力量。"因此，解決鄉村振興的人才"瓶頸"制約，應以改革為動力，用改革的辦法來解決鄉村振興中的人才問題。

一是進一步深化鄉村人才供給側結構性改革，提高鄉村人才供給能力。要著眼長遠，加強農村人才的培養力度，培育農村人才的供給源。利用各類學校和培訓機構，加大農村各類人才的培訓力度，提高農村人才素質。

二是建立健全鄉村人才制度和政策。鼓勵農村人才安心農業、建設農村，為鄉村振興貢獻力量。建立健全激勵機制，完善相關政策措施和管理辦法，鼓勵社會人才投身鄉村振興。以鄉情鄉愁為紐帶，引導和支持企業家、黨政幹部、專家學者、醫生教師、技術人才等，通過下鄉投資興業、行醫辦學、捐資捐助、法律服務、擔任志願者等方式服務鄉村振興，允許符合要求的公職人員回鄉任職。落實和完善融資貸款、配套設施建設補助、稅費減免等扶持政策，引導工商資本積極投入鄉村振興事業。

三是採取多種形式吸引和使用農村人才。繼續實施"三區"（邊遠貧困地區、邊疆地區和革命老區）的人才支持計劃，深入推進大學生村幹部工作，因地制宜實施"三支一扶"、高校畢業生基層成長等計劃，形成鄉村振興"中國行動""青春建功行動"。建立城鄉、區域、校地之間人才培養合作與交流機制，全面建立城市醫生、教師、科技、文化等人才定期服務鄉村機制。

四是繼續堅持深入實行科技特派員制度。習近平總書記對科技特派員作出重要批示，充分肯定了科技特派員制度，並提出新要求新任務。習近平總書記強調："創新是鄉村全面振興的重要支撐。要堅持把科技特派員制度作為科技創新人才服務鄉村振興的重要工作進一步抓實抓好。廣大科技特派員要秉持初心，在科技助力脫貧攻堅和鄉村振興中不斷作出新的更大的貢獻。"在新時代推進實施科技特派員制度，要緊緊圍繞創新驅動發展、鄉村振興和脫貧攻堅戰略實施，進一步完善制度和政策環境，加快發展壯大科技特派員隊伍，把創新的動能擴散到田間地頭。

三、要建立健全鄉村人才振興的體制和機制

隨著鄉村振興戰略的深入實施和農業加快轉型升級，應全面建成小康社會的新任務、新要求，農村人才需求發生了根本性轉變：一是人才需求總量明顯增加，需求的數量明顯增多。二是人才需求質量明顯提高，迫切需要高科技人才和管理人才。三是人才需求領域明顯拓寬，要求優化人才結構，多元人才供給。四是人才需求時效性增強，要求適應農業生產的季節性、時間性。面對農村人才需求的新變化、新特點，必須建立健全人才振興的體系和機制，從根本上來解決鄉村振興的人才問題。

一是進一步建立健全農村人才培育體系。發揮各類培訓機構的作用，開展農村人才技能培訓，依託社會培訓機構或大專院校開展有針對性的定期培訓。制定完善培訓政策，對開展農村人才培訓的社會機

構給予相應扶持。培訓一批大中專學校返鄉的"知青"，造就一批新型高素質農民。

二是建立健全農村人才吸引招錄體系。鼓勵高校畢業生到農業農村領域就業，並給予必要支持；鼓勵城市離退休科技人才、管理人才下鄉，參與農業農村現代化建設；鼓勵各類企業科技人員下鄉開展服務，傳播科學知識。形成農業農村人才吸引招錄體系和機制，吸引青年、各類人員和社會賢達返鄉創業。

三是建立健全農業農村科技應用服務體系。按照"一主多元"的原則，建立健全農業社會化服務體系和服務產業，特別是要將科技服務放在首位。定期定向深入生產一線，實行面對面的科技推廣服務。實行農業科技人員包村包戶、進村入戶，進行定村、定戶、定點幫扶科學知識和農業技術。

四是建立健全發揮農村人才作用的體系和機制。要採取措施把農村人才留下來、穩得住、幹事業、有回報，建設一個發揮人才作用的平台，營造農村創業幹事的良好環境和條件。要發展吸引人才、留住人才、發揮人才的特色產業，讓鄉村人才有用武之地，以產業留人才。搭建鄉村人才創業平台和農村金融支持平台，給予相應的報酬和條件來支持農村人才創業。

五是建立健全農村人才管理的體制和機制。把鄉村人才納入各級人才培養計劃予以重點支持。建立縣域人才統籌使用制度和鄉村人才定向委託培養機制，探索通過崗編適度分離、在崗學歷教育、創新職稱評定等方式，引導各類人才投身鄉村振興。實施高素質農民培訓工程，大力發展面向鄉村的職業教育，加強一些高等院校涉農專業教育。

——在 2019 鄉村振興暨交通產業發展峰會上的主旨演講

鄉村人才振興的現狀與對策 *

　　人才是富國之本，是興邦大計，一個國家無論硬實力還是軟實力，歸根到底要靠人才。談到鄉村振興的人才培養，不可否認，改革開放 40 年來，特別是進入 21 世紀 20 年代以來，我國農業農村人才的培養取得了顯著的進步，為農村社會發展、公共現代化建設提供了有力的人才支撐。目前，全國農業科研人才 62.7 萬人，農業科技推廣的機構人員 55 萬人，農村的實用人才超過了 2000 萬人。

　　隨著全面建成小康社會的收官、鄉村振興戰略的進一步實施，對人才培養需求提出了新的更高的要求。大到農村的經濟發展、社會建設，小到企業進一步做優做強，都離不開合格的勞動者和高素質的人才。培養造就一支規模龐大、素質優良、結構合理的鄉村人才隊伍任務日益緊迫，現階段農業農村人才短缺的問題還沒有很好解決，具體概括為四個不適應。

　　第一個不適應，農村勞動力的文化素質不適應。目前，全國農村具有勞動能力的人口 4.8 億人，其中小學文化程度的佔 40%，初中文

＊　李春生，第十三屆全國人大農業與農村委員會副主任。

化程度的佔 48%，高中及以上文化程度的大體佔 12%，受過職業培訓的佔 5%。這些數字可以說明目前我國農民整體文化素質的情況。全國農民工 2.8 億人，其中鄉內就業佔 40%。2018 年，鄉內就業增加 103 萬人，增長了 0.9%；省內就業增加 162 萬人，增長了 1.7%；省外就業減少 81 萬人，下降了 1.1%。2012 年到 2018 年 6 年間，農民工、大學畢業生、退役軍人、科技人員返鄉創業人員將近 800 萬人。這組數字說明，一方面農業農村各項事業發展的潛力和前景，正在吸引人才向農業農村流動，返鄉人員正在增加；另一方面說明增加的數量有限，農業農村人才發展缺乏的狀況還沒有得到根本的改觀。

第二個不適應，人才的知識結構不適應。一些高等院校和職業院校，在院校的學科、專業、課程設置上與農業農村產業發展，特別是新興的產業發展不匹配。如果從教育優先經濟發展的角度來看，培養能夠站在農業科技發展前沿、引領農業產業發展新趨勢的引領型人才，這方面的差距更大。

第三個不適應，實用人才與職業農民的培養不適應。目前，全國農業實用人才超過 2000 萬人，其中新型職業農民 1500 萬人，但平均下來每個村（包括行政村、自然村）不到 6 個人。新型職業農民總量不足，年輕後備力量文化程度比較低，農村既缺少與市場經濟發展相適應的經營管理、營銷、電商、金融等人才，也缺少與鄉村產業發展相契合的本土人才。外部人才引不來、本土人才難培養、優秀人才留不住的狀況還不同程度地存在。

第四個不適應，人才發揮智慧和才能的環境條件不適應。前不久我到四川去調研，四川農大的領導跟我說了一組數字，四川農大是我國規模比較大的院校，在校生 4 萬多人，其中 20% 學傳統農業專業，其餘 80% 學近農業或非傳統農業專業，這 20% 的學生畢業之後真正從事農業的並不多，到農村基層一線工作的就更少。全國農業高校每年畢業生 100 多萬人，加上農業職業院校的畢業生數量是比較可觀的，畢業學生的去向與四川農大的學生去向大體類似。這說明我國目前接受農業高等教育、職業教育的學生，畢業後有相當一部分沒有從事農業農村工作。農業農村吸引人才、留住人才還大有文章可做。前不久湖北省的一位全國勞模，也是基層農技的推廣人員，寫了一封信，談到目前全省農機推廣人員的基本情況，他提到：一是人員少，2006 年也就是 13 年前全省有農技推廣人員 7 萬人，去年減少到 3 萬人；二是年齡大，全省農技推廣人員大都是 45 歲以上，工作基本是 15 年、25 年、30 年以上；三是待遇低，基層農技人員待遇普遍偏低，鄉鎮在崗的農技人員年薪只有 3 萬元左右，普遍比其他部門的同級別人員待遇低，而且雜事多。很多鄉鎮的農技人員很少有精力能做農技推廣。造成這種現象的原因是什麼呢？有的同志認為，社會上對 "三農" 還存在偏見和誤解，也有同志認為，農業院校的學生缺乏愛農為農的情懷。從某種角度上看這些想法有一定道理，但根本原因還是城鄉差距，農業農村的環境條件還不足以吸引人才從城鎮走向農村。

為盡快解決這幾個不適應，加快人才的培養，滿足鄉村振興的需求，有幾個問題需要注重解決好。

第一，應注重高等院校和職業學校的教育，加大培養鄉村振興需求的高中端和應用型人才。這裏指的高中端人才主要是農業科教人員、農業行政管理人員、農業企業經營管理人員、農業新興產業發展的領軍人物等。同時，高校科研機構、科研院所，還要通過產學研、產學企的融合發展來助推鄉村振興。最近國家發展改革委、教育部、工信部、人力資源部、財政部等 6 個部門聯合印發了《國家產教融合建設試點實施方案》。這個方案要求通過深化產教融合，促進教育鏈、人才鏈與產業鏈相互貫通、相互協同、互為促進，通過校企共建，融合科技園區、眾創空間等實現產學研、產學企有效地融合發展。這一舉措可以說是戰略性的，對教育機構、科研院所來講，一是可以推進科技成果盡快轉化，形成生產力；二是可以第一時間了解市場企業的需求，使科教人員的智慧才能得到充分發揮。對於企業來說，一是可以解決人才、技術需求的問題；二是可以推進產業的轉型升級，推動企業的高質量發展。這無論對於高校的教育機構、科研院所，還是農業企業，都是一個利好的政策。

第二，注重不同形式的職業培訓教育，培養造就鄉村振興需求的人才和新型職業農民。這方面中央有關部門和各地人民政府都制定了發展的規劃，提出了實施方案，增加了投入。2018 年財政對培訓農民工補貼資金就接近 50 億元。農業農村部早在 2010 年就制定了《農村實用人才和農業科技人才隊伍建設中長期規劃（2010—2020年）》，提出了《現代農業人才支撐計劃實施方案》和年度應完成的任務目標。2019 年 6 月，農業農村部辦公廳、教育部辦公廳又下發了《關於做好高職擴招培養高素質農民有關工作的通知》，這個通知要求用 5 年時間培養 100 萬接受不同學歷教育、具備市場開拓意識、推進農業農村發展、帶動農民致富的高素質農民隊伍，打造 100 所學校。地方政府和有能力、有鄉村振興人才培養的優質條件的社會組織，也應有相關的計劃安排，形成不同形式、不同層次、多元化的培養培訓人才格局，解決培養造就一大批"三農"需求的人才隊伍。

第三，注重人才引進。適應鄉村振興對專門人才的需求，加大建立支持人才的力度，解決好人才的工資待遇、社保銜接、職稱評定以及發展空間、子女教育等現實問題。加快建立留得住人才的機制，進一步優化農村創業的範圍。落實創業孵化的扶持政策，確保人才引進來、有作為、有發展、有成就。

第四，注重改善農業農村的環境和條件，吸引人才在鄉村建功立業。習近平總書記在科技創新大會上強調，要大興識才、愛才、敬才、用才之風，為科技人才發展提供良好的環境，聚天下人才而用之，讓更多的千里馬亮相奔騰。習近平總書記講得非常重要，就是從國家層面應採取必要舉措，加大相關資源要素向農業農村傾斜和配置，加快農村基礎設施建設，加大公共服務供給，努力改善農業農村的環境和條件，為人才到農村建功立業提供堅實的物質基礎。當然，這需要一個過程，但這件事情必須要做好。

第五，建立有效的激勵機制。吸引人才到農村發展創業，讓人才有為農為國的情懷，但關鍵還要建立一套切實、管用、有效的激勵機制。如外來人員包括返鄉人員發展農業農村各項事業的激勵機制，農業農村創新創業的激勵機制，從事基層農業農村工作的激勵機制等。這方面，中央和地方都有一些優惠政策，各地都有一些有益探索。應進一步健全完善和加強提升，創造條件解決好基層農技人員的待遇問題，使其付出與回報成正比，甚至應優於其他行業同級別人員，形成一種正向的激勵，逐步使農業農村成為人們嚮往的地方，形成積極到農業農村一線、到農村基層工作的氛圍，使人才進得來、有作為、留得住。

——在 2019 鄉村人才振興戰略高峰論壇上的主旨演講

鄉村振興　人才先行 [*]

　　網絡時代方便了交流新觀點，啟迪新思維，分享新趨勢，探討新路徑。今天我們在西柏坡這個聖地，通過新媒體發出的聲音將迅速傳播出去。

　　黨的十九屆四中全會指出，我國現代治理能力有 13 個顯著優勢，其中第 10 個就是聚天下之人才而用之。鄉村振興，人才先行。鄉村振興，需要千百萬農村人才齊心協力。勞動創造財富，勞動創造農民，互聯網時代勞動還創造智慧。習近平總書記還講，勞動創造幸福，這裏的勞動既包括腦力勞動，也包括體力勞動。從人才是由市場決定配置的觀點來看，我們今天在這裏研討鄉村人才振興，就不能僅僅從農村現狀開始，而需要拓展到城鄉流動這個大的人才市場。

---

[*]　楊志明，人力資源和社會保障部原常務副部長、黨組副書記，國務院參事室特約研究員，中國勞動學會會長。

農民工城市化的四次大規模發展浪潮

　　1949 年中共中央從西柏坡走進北京城，新中國成立以後有 3 次大的農業勞動力轉移。

　　第一次大轉移，是 20 世紀 50 年代，中國全盤學習蘇聯發展工業化，大約有 2000 萬農業勞動力進城；到 1962 年城市負擔不起那麼多的人口，因此 1000 萬人回到農村。他們進城開闊了眼界、學到了技術，60 年代到 70 年代活躍在城鄉買賣商品、興辦社辦企業的多是這一批鄉村人才。

　　第二次大轉移，是 1968 年和 1973 年，也就是通常所說的 20 世紀 60 年代末 70 年代初。城市青年上山下鄉，前後有 1750 萬城市初高中畢業生到農村插隊進行勞動鍛煉。他們把知識帶到了農村，成了這個時代農村最活躍的人才來源。到 70 年代中後期，這些城市青年陸續回城。

　　第三次大轉移，是農村改革極大地提高了勞動生產力，也極大地解放了農業勞動力，因此出現了大量農村勞動力外流的現象，但城市一下子又沒有做好接待他們進城的準備。這時候離土不離鄉，農業農民工第一次大發展的浪潮產生了。這以後到 90 年代，在鄧小平同志南方談話的推動下，我國發展社會主義市場經濟，農民工開啟了進村又進鄉、進村又進廠、離土又離鄉的第二次大發展。

　　進入 21 世紀，由於我國加入 WTO，新興工業化、城鎮化的加速，大批的農民工走出深山老林，跨越大江南北到沿海打工，形成了大規模跨省就業的農民工第三次發展浪潮。僅廣東就聚集有將近 30 萬人。黨的十八大以後，中央加快農民工技能提升。加快戶籍制度改革，特別是黨的十九大以後，農民工提升技能、融入城市，開啟了億萬農民工城市化的第四次大規模的發展浪潮。

這四次農民工發展浪潮，鍛煉了舉世矚目的中國現代產業工人。他們從當年放下鋤頭拿起榔頭搞製造的農民，變成現在組裝奔馳、寶馬汽車，組裝華為、蘋果手機的現代經濟產業工人；從當年放下鐮刀拿起瓦刀搞建築的農民工變成現在搞組裝式房屋的新興建設產業工人；從當年在城鄉間倒騰服裝、小商品到現在開網店、送外賣搞現代物流，成為現代服務業產業人員。2018年，我國農民工有2.88億人，預計到2020年接近3個億，相當於歐洲勞動力的總和，規格之大、流動之大、潛力之大在世界農業勞動力轉移史上前所未有。

將有1億農民工成為知識型、技能型、創新型的高技能人才

就是在這近3億農民工中，不乏一批勤修苦鑽、提升自己，成為高技能人才的人。2018年，我國有4900萬高級技師，統稱高技能人才，其中農民工有2000萬人以上。德國、日本作為世界製造強國，他們2018年的高技能人才佔到勞動力總和的50%，我們尚有很大的差距，因此國家加大了職業技能培訓的力度，實施三大計劃：一是農民工技能提升計劃，每年培訓2000萬人，如農業農村部的"陽光農村"、科技部的"興國計劃"等等；二是國家從失業保險資金中拿出1000億元，3年培訓1500萬技能人才；三是現在正在醞釀的加速重點培養高技能人才計劃。這說明在未來的15—16年間，中國將有1億農民工成為知識型、技能型、創新型的高技能人才。

"村歸"成為走在前列的先鋒人物

近年來，城市出現了經過打工和磨煉的"五有"農民工。哪"五有"呢？就是有點資金積累的、有點技術的、有點營銷渠道的、有點想法的，特別是對鄉村有感情的農民工返鄉創業成為新"村歸"，為什麼這麼稱呼呢？因為改革開放以來，稱出國留學回國發展的人為"海歸"，現在我們把返鄉創業的人稱為"村歸"。"村歸"和當地的鄉鎮企業一樣異軍突起，除了無勞動能力的，從事創業登記註冊辦廠、辦企業的有 600 多萬人。

分析返鄉、入鄉創業的興起，主要包含了兩類能人，分為返鄉和入鄉兩種情況。這些創新實踐，將分散的生產要素重新組合產生新效益，成為我國經濟轉型中湧動出的新亮點。

目前返鄉、入鄉創業群體的七成以上是農民工，農民工具有勞動力、資金、技術、技能等生產要素雙向流動的特點，構成了返鄉的主體。農民工及各類創業主體經過城市打工的歷練和積累，帶著技術、項目、資金、營銷渠道，返鄉配置創業資源，惠及鄉鄰鄉親。"村歸"主要是城市裏有經濟能力、有創業意願的科技、管理人才和企業家等，看準鄉村自然資源、勞動力資源稟賦，進入鄉村創業創新，隨著鄉村振興戰略的深入實施，這類能人也逐漸增多。

這些人把現代技術、經營理念帶到鄉鎮，催生了新業態和新模式。返鄉、入鄉創業群體人數之多、發展之快、潛力之大、帶動就業之好，前所未有，正以獨特方式破解著長期以來困擾城鄉統籌發展，尤其是中西部地區經濟發展的難題，豐富著新型城鎮化的新實踐，在中國經濟轉型中呈現新的閃光點。

我和課題組經過研究發現，"村歸"正在破解困擾我們多年的三道難題：第一個是破解了中西部地區，特別是邊遠地區長期以來難以留住勞動力的難題。農村 70% 的勞動力到城市打工，"村歸" 返鄉創業以後，使就業在中西部地區活躍起來，產生了新的經濟增長點。第二個是破解了中西部地區發展縣域經濟，招商引資項目提的多、真正落地的少，真金白銀進不來的難題。"村歸" 雖然辦的是中小企業，甚至是小微企業，投資不多，但見效快，發展上由慢至快，收入上由少至多，就業上由不穩至穩，有效緩解了農村經濟發展的難題。第三個是破解了東部勞動密集型企業向中西部轉移過程中的困難，使 "村歸" 在逐步推移的過程中給予 "末梢神經" 發力，湧現出一批一批令人敬佩的創業故事，我舉幾個例子。

第一個故事是老一代農民工張法蓉，她從江西到東莞打工，學會了製鞋技術，在那裏辦起了鞋廠，由於競爭太激烈，又返回老家贛州辦起了鞋廠，帶動當地 1 萬貧困農業勞動力就業。近年來，在中非合作資金支持下，她又到非洲埃塞俄比亞辦起了 8000 人的鞋廠，這裏面 8000 人都是非洲女工，中國只去了二三百名技工，這些中國技工也是從農民工成長起來的。我看了一下資料，去年我們部派人去考察埃塞俄比亞，還教這 8000 名女工唱中文歌，不過唱得並不標準。張法蓉成為 "非洲鞋佬"，可見巾幗不讓鬚眉。

第二個例子是湖南人周青（音），他到深圳打工，發現一批又一批人拎著現金來企業買貨。發現這個商機之後他就和同鄉辦了一個手機廠，第一桶金就是從當年的摩托羅拉、諾基亞來的。深圳證券交易所女總裁宋麗婷以發展的眼光發現他的創業潛力，幫他在深交所上市融資。之後他回到湖南辦起了中國最大的手機零件加工廠，目前我們手上拿的不管是哪個品牌的手機，70% 以上都是他們加工廠生產的。去年我去實地看了一下，有漢族的、回族的、侗族的、維吾爾族的各族農民工大約 5000 人，一個廠區 20 個模塊形成一個規模宏大的智能手機配件產區。2018 年，他被推薦為全國政協委員。

　　第三個例子是一個新時代農民工，我們通常把 "80 後" "90 後" 在農村讀書、到城市打工的那批人稱為新時代農民工，當然現在 "00 後" 也進入勞動市場了。貴州有兄弟兩個去廣州打工，很快掌握了技術，回鄉辦起了廠。一輛輛鄉村貨車排著隊等著拉貨，產量不止幾十萬元，去年是 340 萬元，今年是 400 多萬元，僅次於美國、日本、巴西這世界三大主要生產製造基地。他們創造了中國民族品牌，也成就了 "中國製造"。2018 年，他們被推薦為全國人大代表。

　　"村歸" 成為走在前列的先鋒人物。為什麼呢？這些 "村歸" 投資創業，額度並不大，一般是七八十萬元，二三百多萬元，多的不會超過 1000 萬元，辦廠投資資金非常緊，邊打工邊開廠，所以建廠成本比社會平均成本低 20%—30%。他們在當地僱傭勞動力，挖掘人力資源，培育了農民工，進廠以後比社會平均人力成本低 30%—40%。"村歸" 把央企、國企給錢給物扶貧的 "輸血" 功能和他們自己的 "造血" 功能結合起來，開創出了一片新的天地。

　　"村歸" 當年是坐著火車到沿海打工，現在是開著汽車回鄉創業，"村歸" 身上蘊藏著深刻的經濟學原理。概括起來叫擁抱 "村歸"，商機無限。預測到 2035 年，將有 1000 萬—3000 萬 "村歸" 湧向鄉村，給國家和社會提供最直接的、最現實的、最活躍的人力資源支撐。

——在 2019 鄉村人才振興戰略高峰論壇上的主旨演講

（根據錄音整理）

教育扶貧是治根的扶貧 *

　　關於教育扶貧，我先談一下此次開會地點——深圳。為什麼說深圳是改革開放的前沿陣地？我想簡單地敘述一下。

　　40多年前，深圳就掀起了改革開放的試點，我清楚地記得，由李燕傑等幾位專家到深圳的蛇口大學和大學生們進行了一場人生觀的辯論，在辯論時有一名大學生寫了一封信叫《人生的路為什麼越走越窄》，在這種情況下，中央黨校一位副校長倡導"人生科學"的課題。當時，在清華大學專家雲集，開了一個關於"人生"的研討會，他在會上的演講題目就是《論中國的人生科學》，引起了很大的反響。

　　為什麼在改革開放的初期，對人生觀有一個大討論和辯論？因為改革開放的時候，計劃經濟向市場經濟轉型，有特色的社會主義剛剛形成，價值觀、道德觀、人生觀的變化讓人們感覺到迷茫。經過專家和大學生的辯論，經過不斷地摸索和探索，改革開放形成了今天的深圳。深圳的發展和建設速度，在當時有句口號是"時間就是金錢，效率就是生命"。

---

* 　關山越，中國人生科學學會會長。

　　黨的十九大提出了"弘揚正能量，共築中國夢"的偉大號召。什麼叫"中國夢"？有一個美籍華人在人民大會堂的一次論壇當中說了一句話："中國提出了中國夢，什麼是中國夢？中國夢不是做夢，是行動。"2019年註定是不平凡的一年，它是"五四運動"100週年，是新中國誕生70週年，又是全面建成小康社會攻堅的一年。

　　扶貧必扶智，讓貧困地區的孩子們接受良好教育，是扶貧開發的重要任務，也是阻斷貧困代際傳遞的重要途徑。"治愚"和"扶智"的根本就是發展教育。相對於經濟扶貧、政策扶貧、項目扶貧等，教育扶貧直指導致貧窮落後的根源，牽住了貧困地區脫貧致富的"牛鼻子"。一個水桶能裝多少水不是由最長的那塊木板決定的，而是取決於最短的那塊木板。貧困地區的教育水平就是扶貧攻堅戰中的最短板，扶貧攻堅就是要克服教育這塊"短板"。

　　據國家最新公佈的農村教育數據顯示，我國農村地區特別是老少邊窮地區的教育發展還比較滯後。彌補教育"短板"，就得解決城鄉、東西部教育資源分配不均的現狀。首先要在觀念和政策上向貧困地區傾斜，加強東西部教育資源交流。其次要加大對貧困地區的教育投入，吸引高端人才投身貧困地區教育事業。利用互聯網為貧困地區的孩子提供平等、開放的遠程教育平台，從而縮小城鄉、東西部的教育資源差距。

　　高質量的教育扶貧是阻斷貧困代際傳遞的重要途徑和提升貧困群眾"造血"能力的重要抓手，貧困家庭只要有一個孩子考上大學，畢業後就可能帶動一個家庭脫貧。治貧先治愚，貧困地區和貧困家庭只要有了文化和知識，發展就有了希望，當前，國家已經開始高度重視教育扶貧，並採取了一系列推動貧困地區教育發展的切實舉措。通過發力教育扶貧，在助力貧困家庭脫貧致富的同時，培養更多優秀人才，社會活力將進一步激發。我們有信心看到，貧困地區將享受到公平、高質量的教育資源，貧困家庭的孩子可以用自己的雙手去創造未來、根除貧困。

　　教育扶貧，我們怎麼做？在 2018 年 10 月召開的首屆全國教育大會上，中央領導對教育工作提出了"德、智、體、美、勞全面發展，要立德樹人"的要求。我們要在中華人民共和國誕生 100 週年之際，即 2049 年，實現中華民族的偉大復興。靠什麼？靠我們一代一代的青年、青少年，用他們的智慧、信仰和愛來實現。在教育部《教育脫貧攻堅"十三五"規劃》當中，對教育脫貧、每個年齡段、範圍和範疇都進行了具體的規劃。現在我們國家貧困地區的孩子有多少？2015 年，財新網進行了一個全範圍的調查，調查顯示：中國貧困孩子還有 4000 多萬人，如果孩子們還在貧困線上，那全面建成小康社會如何實現？所以說，教育扶貧是治根的扶貧。在教育部《教育脫貧攻堅"十三五"規劃》當中談到了兩點："精準扶貧、精準脫貧"。無論是社會扶貧還是教育扶貧，不能光喊口號，而是要讓它紮紮實實落地。所以我們的任務很艱巨，但是夢想一定要實現。

　　全面建成小康社會的日子即將到來，時間很緊，任務很重。所以，一定要把扶貧工作，尤其是教育扶貧工作做好，這是我們共同的願景。

　　　　　　——在 2019 消費扶貧與鄉村振興（深圳）大會的主旨演講

　　（根據錄音整理）

如何培養和造就鄉村振興需要的人才 *

　　治國興邦，振興鄉村，人才是關鍵。說到人才，黨和國家一直非常重視。我記得毛主席講過，政治路線確定之後，幹部就是決定的因素。毛主席講的幹部實際上指的是人才。毛主席當年在西柏坡指揮三大戰役，說到底還是調動各方面人才，特別是前線打仗的一些優秀人才。

　　來到西柏坡以後，我就想到毛主席當年能打敗蔣家王朝，解放全中國，靠的是人才。習近平總書記今天領導我們進行三大攻堅戰，還是靠人才，人才越多越好，人才的本事越大越好，要聚天下英才而用之。習近平總書記在十九大報告中講道，培養造就一支懂農業、愛農村、愛農民的"三農"工作隊伍。這句話分量很重，說得也很貼切。怎麼樣培養造就"三農"工作隊伍？2018年我到山東、江蘇，2019年又到貴州做了一些調研，我覺得主要是培養四種人才。

　　第一種要培養領軍人才。火車跑得快，全靠車頭帶，黨支部、村委會、黨支部書記、村委會主任、合作社社長太重要了。一個村子怎

　＊　王韓民，中華全國供銷總社監事會副主任。

麼樣，特別是村子經濟怎麼樣，產業怎麼樣，帶頭人太重要了。我們看過多少農村，好的帶頭人、好的引路人太重要了。

　　第二種要培養經濟人才。我記得有一個偉人講過一句話，就是要讓農民、商人充分享有經濟自由，社會經濟才能繁榮。如果農民得不到經濟上的充分自由，這個社會很難繁榮。培養經濟人才，就是培養活躍在農林畜牧果菜各個行業的經濟核心骨幹。

　　第三種要培養文化人才。農村的振興需要文化人才。文化是農村的靈魂。文化對於現在的農村非常重要，現在農民生活好了，農村的經濟發展起來了，農民最需要的是文化。過去鄉裏有文化專辦，現在好多地方沒有了。所以文化下鄉、文化在農村的傳播非常重要。農民現在吃飽了、穿好了，需要文化知識，需要辦文化講堂。

　　第四種要培養守護人才。這個名字起的不一定對，但是我覺得現在農村的農場、牧場、林場、漁場都要有守護人。好的環境都是這些守護人長年累月守護出來、培養出來的。農村好的風光、好的田園都要有一批守護人精心呵護。

　　除此之外，農村人才培養還要造就一批能手，具體需要四種能手。

　　第一種是致富能手。

　　第二種是行家裏手。現在農村土地 60% 都流轉到大戶或家庭農場裏面，20% 進入合作社，10% 進入農業企業，還有 10% 流入其他的人手裏。糧食安全怎麼保證，食品安全怎麼保證，我覺得要有一批種田的行家裏手來操作。

　　第三種是管理好手。大家知道農村有產業體系、生態體系、經營體系、治理體系，過去農村的管理有財務管理、土地管理、經驗管理、人脈管理，現在轉移到了市場管理、企業管理、知識管理、技術管理和民主管理。農民需要民主，所以要有管理的好手。

　　第四種是網絡高手。農產品再好，質量再高，產量再大，但能不能賣個好價錢，能不能賣出去，要靠電商。我到隴南調研，發現電商非常有用。一個小村子一天發貨少的時候 100 件，多的時候 300 件。電商給我的啟發是，一定要培養農村的網絡高手。現在農村年輕人不一定會種地，但是手機電腦網絡用得非常好，可以讓這批人發揮作用，把農產品賣出去，賣個好價錢。

　　因此，我覺得鄉村人才的振興，一個是要培養四種人才，再一個就是造就四種能手。

　　怎樣留住人才，怎樣用好鄉村人才，湖南懷化有一個辦法，我覺得非常好。就是"六小"工程：小講堂，小食堂，小套房，小書房（圖書館），小冊子，小運動場。有這"六小"工程，人才到農村以後就能留得下來、安得下心，發揮更大的作用。這"六小"工程雖然不是很大的事，但是我感覺是真正服務了大家，貼心、暖心。懷化留住人才的經驗非常好，值得學習推廣。

　　　　　　　　　──在 2019 鄉村人才振興戰略高峰論壇上的主旨演講

　　　　　　　　　（根據錄音整理）

鄉村人才振興的三點思考 *

　　鄉村振興，人才是關鍵，我圍繞如何實現人才振興談三點觀察和思考。

　　第一點，人才振興要與產業振興相互促進。產業是巢，人才是鳳，沒有巢怎麼能引鳳呢？產業是平台，人才是主體，沒有戲台怎麼能唱戲呢？這兩個要相互統一，特別是在培養人才和吸引人才的時候，要緊緊圍繞產業發展的需要、產業發展的特點來培養和吸引，比方說大力發展休閒旅遊、康養產業，就需要廚師做飯，就需要保姆、僱工，所以培養體系都要與產業發展相適應，這是第一點。

　　第二點，培養人才和吸引人才要相互補充。鄉村振興要立足農村，更要面向城市，吸引城市人才。從這兩方面來看，培養造就鄉土人才還是有效的，主要有這幾個事情要做好。第一個就是要著力培養高素質農民。現在推進農業高質量發展，實現高質量發展要求，對農民的素質也要求很高。第二個就是要培養鄉村人才。鄉村有很多產

---

*　宋洪遠，農業農村部鄉村振興專家諮詢委員會副秘書長，農業農村部農村經濟研究中心主任。

業，有很多事情，需要專業人幹專業事，所以專業人才隊伍建設要加強。第三個就是要培育打造鄉村工匠。我們有很多傳統文化產品、鄉村絕活，要把文化做成產品，把產業化做好，就需要專業人才，也就是工匠。同時要向城市吸引人才，從近幾年各地的做法來看，可以通過發揮新鄉賢的作用，吸引城市公職人員，特別是離退休的公職人員到農村參與鄉村振興，成效顯著。我舉兩個例子說明這個問題。有一位老同志曾經做過省委常委、省城的市委書記，退休之後就回老家了。他給當地說得非常清楚，第一你們的管理我不干預，第二村裏福利我不享受；但是你們在生產發展過程中遇到難題找我的，我樂意幫忙，因為我是當地人。由於這個作用，8年來他把自己的村建得很好，周圍的村也建得很好。這樣一位身居高位的同志退休了，他有很多人力資源和人脈渠道，通過這個作用又把家鄉也帶起來了。還有一位將軍，是少將，他回到老家之後，老家人說現有一座山沒有人承包，你來包，結果他承包了，又反包給當地的村和農民，發展得很好。因為他有人力資源，有威望，有一定的影響力。過去當地包山，產品好的時候，市場好的時候，別人搶著包，市場不好的時候沒人包，這個山就荒廢了，他來包難題就解決了。

這兩個例子說明什麼呢？在城市大批的公務人員裏，每年退休的幹部有不少人，如果引導他們到農村發揮作用，促進鄉村振興是一個非常好的方法。廣東還有一個地方，成立了新鄉賢產業園，規劃好之後，通過當地離退休幹部為產業園解決了融資難題。所以，我建議大家在面向城市吸引人才上，首先要盯著離退休的公務人員發揮他們的作用。其次要吸引城市專業人才，我們農村沒有人才，培養人才時間很長，專業人才需求量大，搞鄉村振興要規劃師，要建農場沒有建築師不行，要辦企業找不著會計不行，要保障你的權益找不著律師不行，這些都是要專業人才，要讓城市的專業人才下鄉發揮作用。鄉村人才，以前是外出，現在是返鄉。面向城市吸引人才，出去的人再返鄉創業，要把培養人才和吸引人才結合起來，既發揮主體的作用，立足農村，又發揮另一個作用，面向城市吸引人才。

第三點是就地使用和統籌使用相互結合。人才不能孤立存在，一方面要就地培養，讓鄉村人才來振興鄉村，但更重要的還是統籌使用城市人才，因為人才是一個流動性最強的要素，如果不用流動性看待這個問題，靜止地看這個問題，培養人才什麼時候才能培養得出來？

我就這個問題談以上三點思考。總而言之，第一點是人才振興與鄉村產業振興相互協調，第二點是培育人才和吸引人才相互補充，第三點是就地使用與統籌使用相互結合。

——在 2019 鄉村人才振興戰略高峰論壇上的主旨演講

（根據錄音整理）

發揮鄉村人才振興的基礎性作用 *

　　脫貧為鄉村振興築底，小康為鄉村振興強基。當前，鄉村振興進一步換擋提速已具備了前所未有的良好條件和機遇。三項偉大事業的有效銜接，充分彰顯了黨中央頂層設計和決策部署的戰略性、科學性、整體性和協調性。

　　功以才成，業由才興。人才是鄉村全面振興的關鍵要素。鄉村的產業要靠人才來幹，文化要靠人才來興，生態要靠人才來美，組織要靠人才來強。隨著鄉村振興進入快車道，鄉村人才培養也亟須提質增速，人才振興一定意義上更需要先行一步。

　　具體如何推動鄉村人才振興，我結合採訪調研的實踐談四點思考。

　　第一，謀劃鄉村人才振興，需要注重統籌、多元和內外兼修。推動鄉村人才振興，歸根到底是鄉村人力資源的開發、積累和強化。鄉村人力資源開發，需要放在五大振興中來統籌謀劃。隨著我國戶籍、社保和教育等制度改革的持續深化，以及城鄉融合發展的體制機制、

　　*　唐園結，農民日報社黨委書記、社長。

政策體系、基礎設施等的不斷完善，人才作為重要的資源流動性日益增強。鄉村的產業發展、生態環境、社會治理、文化氛圍等對於留住、吸引、凝聚人才的作用更為顯著。從這一角度來看，人才振興不能單獨來抓，要與產業振興、文化振興、生態振興以及組織振興通盤籌劃，各方面政策的制定、措施的出台要協同、聯動，在人才與產業、土地、資金等各種資源要素的良性循環和互動中，形成人才振興持續向好的局面。鄉村人力資源開發在結構上要多元並重。鄉村振興是一項大戰略，需要方方面面的人才。村莊搞建設、促發展、保穩定、美環境，都離不開凝聚力、帶動力、組織力強的村支部書記；發展農業產業、做強農村經濟，需要思路活、眼界寬、經驗足的企業家、合作社帶頭人；為鄉村發展帶來新思路、新理念、新活力、新動能，返鄉下鄉創新創業人員很關鍵。所有這些人，連同大量新型職業農民、小農戶，才是構成實現鄉村全面振興的完整力量。鄉村人力資源開發，在來源上要內育外引。鄉村振興是一項大事業，離不開社會各界力量的參與，要創造條件，吸引和引進四面八方的人才到農村來。與此同時，振興鄉村歸根到底是億萬農民自己的事業，鄉村人力資源開發說到底還是要堅持以農民為主體，重視土生土長的鄉土人才的培養，推動農村人力資源水平的升級，促進億萬農民綜合素質的提升，形成鄉村人才培育和成長可持續、內生的機制。

　　第二，促進鄉村人才振興，需要特別重視農村基層幹部培養。在我國農業農村發展中，鄉村基層幹部發揮著"主心骨"和"火車頭"的特殊重要作用，基層幹部人才培養是鄉村人力振興的核心與關鍵。農村改革開放實踐和所取得的成就充分證明，辦好農村的事情，關鍵在黨；建設、發展好一個村，關鍵靠農村基層黨組織、靠鄉村基層幹部。從現實看，一般來說，鄉村基層幹部隊伍建設比較好的地方，鄉村的產業發展往往更為紅火、環境整治更有成效、文化氛圍更加濃厚、社會關係更為和諧。農村基層幹部從構成來看，主要是村裏的能人、駐村幹部和大學生村幹部。近幾年，駐村幹部和大學生村幹部也有很多典型。去年我在廣西貴港採訪時，有個清華大學畢業的駐村幹部，他到村裏之後只用了兩年時間，就將村裏的荷塘資源充分利用起來，將鄉村旅遊和特色農產品銷售搞得紅紅火火。不久前在上海採訪，一名畢業後回鄉當村幹部的大學生帶著村民搞米粉加工業，並利用社交媒體和電商平台搞銷售，幹得有聲有色。要讓這些優秀的基層幹部在農村安得下心、幹得起勁，正向激勵機制必須得有力，各級黨委政府提供的政策支持是關鍵，尤其是市縣一級黨委政府要真重視、真投入、真有辦法。面對基層幹部自我發展和現實的需求和渴望，要放開放活管理制度，讓基層幹部在工作上更有勁頭；要提高待遇和保障水平，讓基層幹部經濟上更有甜頭；要有成長、進步的空間，讓基層幹部政治上更有奔頭。從調查採訪實踐來看，基層幹部普遍最缺的還是學習和培訓。在對鄉村基層幹部培訓內容的設計和選擇上，要強調一個"實"字，注重"實戰性"，不能"空對空""耍花槍"，過多搞純理論培訓。他們更歡迎的是案例教學、觀摩調研，喜歡從實踐中來，到實踐中去，"他山之石"往往更能引起共鳴、啟發思考。

第三，推動鄉村人才振興，需要抓住新時代賦予的寶貴歷史機遇。人才振興是鄉村振興中的突出短板。過去較長一段時間，我國鄉村人力資源開發方面存在一些難以解決的問題，突出表現為城鄉發展差距大導致農村能人流失嚴重，這都是二、三產業和城市優先發展所帶來的難以避免的問題。然而現在不同了，隨著鄉村振興戰略和農業農村優先發展原則的提出，情況開始扭轉。要素配置、資金投入、公共服務優先滿足、保障"三農"發展，開始讓農業這片藍海的色澤更為濃郁誘人，讓鄉村真正成為大有作為的廣闊天地。在這種大背景、大趨勢下，一大批對農業農村富有情懷的人、快速發展的互聯網和交通物流網絡，以及經濟社會發展到一定程度後的"逆城鎮化"，都開始成為鄉村人才振興的有利條件。在我國 2.8 億農民工當中，有一大批人通過打拼、奮鬥而事業有成，即使比例僅為千分之一，也有幾十萬人。這些人數量龐大，而且在市場大潮中歷練多年，市場化意識強、理念先進，熟悉市場經濟規律；經過多年發展產業，積累了豐富的管理經驗和充足的資金。最關鍵的是，這批人從小在農村長大，對農業有著濃厚的情懷，對家鄉的土地愛得深沉，回鄉發展、帶動鄉親致富的意願強烈。這是鄉村人才振興機不可失，時不再來的寶貴機遇。抓住這一機遇，需要做的就是創新舉措，進一步強化他們回農村來興業創富的興趣和信心。在這方面，四川成都推出的"蓉漂計劃"、湖北武漢實施的"三鄉工程"發揮了很好的作用。兩地從待遇、榮譽、金融、稅收等多方面釋放政策紅利，越來越多的優秀人才，從農村走出後，又帶著技術、資金、經驗和理念回到鄉村發展。

第四，實施鄉村人才振興，需要結合村莊實際、聚焦需求施策。我國社會生產力水平實現了跨越式的巨大提升，然而發展領域、區域和群體的不平衡性仍然客觀存在。我國有 50 多萬個村，村與村之間千差萬別，尤其是區位情況、路徑模式、資源稟賦、發展程度等方面的不同，決定了鄉村的人才需求狀況、人才培養方式、集聚人才的辦法都不盡相同。因此，結合實際、因地制宜、勇於創新就顯得尤為可貴。其中，選拔、培養、配優鄉村基層幹部隊伍要因村施策，吸引、留住優秀人才要抓住重點來補齊鄉村公共服務和基礎設施短板。市縣一級政府則要幫助鄉村做好發展規劃，選準主導產業，指導發展方向和路徑，搭建創業創新的事業平台。尤其是要根據村莊自身資源稟賦，在規劃制定、產業選擇、鄉村發展等方面給予具體指導和政策支持，調動各類人才創業的熱情，激發他們澎湃的創新活力。各類人才只有在鄉村發展得越好，他們在農村的根才會扎得越牢、花才會開得越豔、果才會結得越碩。

──在 2019 鄉村人才振興戰略高峰論壇上的主旨演講

鄉村人才發展的基本經驗和創新建議 *

總結農業農村人才發展的基本經驗，我以為主要有五條。

第一，始終堅持黨管農業農村人才的重大原則。黨管人才的原則，一直貫穿在農業農村人才發展過程中。早在 2003 年，《中共中央、國務院關於進一步加強人才工作的決定》就明確了黨管人才的原則，要求"大力加強農村科技、教育、文化、衛生和經營管理等實用人才隊伍建設"，要求"建立健全農村人才服務體系"。2007 年，中辦、國辦下發《關於加強農村實用人才隊伍建設和農村人力資源開發的意見》（以下簡稱《意見》），對加強農村實用人才隊伍建設和農村人力資源開發作出了全面部署。習近平總書記要求"培養造就一支懂農業、愛農村、愛農民的'三農'工作隊伍"。2019 年 9 月出台的《中國共產黨農村工作條例》規定，"各級黨委應當加強農村人才隊伍建設"。實踐證明，只有堅持黨管農業農村人才，才能更好發現人才、培養人才、集聚人才、服務人才。

第二，始終堅持把人才作為農業農村發展的第一資源。在農村經

---

* 雷劉功，中國農村雜誌社總編輯。

濟社會發展中，始終貫徹"人才是第一資源"的理念。2000年中央提出制定和實施人才戰略，2002年首次提出"人才強國戰略"，2003年強調"人才是第一資源"。2007年，中辦、國辦下發的《意見》強調，要牢固樹立科學的人才觀和人才資源是第一資源的觀念，把大力加強農村實用人才隊伍建設和農村人力資源開發作為實施人才強國戰略的重要內容。《農村實用人才和農業科技人才隊伍建設中長期規劃（2010—2020年）》強調："人才資源是第一資源，農業農村人才是強農的根本，是我國人才隊伍的重要組成部分。加強農村實用人才和農業科技人才隊伍建設，是農業農村人才工作的重點領域，是實施人才強農戰略的關鍵環節。"2018年、2019年"中央一號文件"分別提出，"要把人力資本開發放在首要位置"，"把鄉村人才納入各級人才培養計劃予以重點支持"，"引導各類人才投身鄉村振興"。只有始終堅持把人才作為農業農村發展的第一資源，才能夠為農業農村發展提供最優秀的人力資源。

第三，始終堅持圍繞農村經濟社會發展大局開發人才。根據不同時期農業農村的中心工作，與時俱進地創設政策和調整工作重點，是我國農業農村人才工作的鮮明特點。1999年，為進一步推動鄉鎮企業發展，人事部、農業部專門下發《關於加速農村人才資源開發加強農業和農村人才隊伍建設有關問題的通知》，要求"建設一支門類齊全、素質較高的鄉鎮企業專業技術人才大軍"；2011年，著眼於發展現代農業、推進社會主義新農村建設，中組部聯合農業部等四部委編制了第一部促進農村實用人才和農業科技人才隊伍建設的中長期規劃；2012年，為應對農村老齡化、農業兼業化帶來的"誰來種地"問題，農業部、財政部等部門啟動實施新型職業農民培育工程；2016年，為適應大眾創業、萬眾創新的要求，國務院辦公廳印發《關於支持返鄉下鄉人員創業創新促進農村一二三產業融合發展的意見》，提出了開展農民工等人員返鄉創業培訓等一系列培訓計劃。實踐證明，只有服務農村經濟社會發展大局，農業農村人才工作才能找到方向、找準著力點，也才能凸顯人才在農業農村發展中的支撐作用。

第四，始終堅持用改革創新辦法推動農業農村人才工作。改革創新貫穿農業農村人才隊伍建設全過程，是農業農村人才工作的根本動力。農業農村人才工作開展過程中，市場作用原則逐漸增強。2007年，《意見》指出，要“充分發揮市場在農村人才資源配置中的基礎性作用”。2016年，《中共中央關於深化人才發展體制機制改革的意見》指出，“充分發揮市場在人才資源配置中的決定性作用和更好發揮政府作用”。農業農村人才培養方式轉向多元，由單一教育培訓方式轉變為學歷教育、技能培訓、實踐鍛煉等多種方式並舉。農業農村人才的政策創新和體制機制改革不斷推進，培養、吸引、用好人才的機制逐步建立健全。

第五，始終堅持以能力建設為核心加強農業農村人才培育工作。能力建設是農業農村人才資源開發的主題，是人才培養的核心。2003年以來，黨中央、國務院出台了一系列政策文件，提出“努力提高廣大農村勞動者的素質”，“以提高科技素質、職業技能和經營能力為重點，著力建設並穩定一支宏大的適應新農村建設需要的實用人才隊伍”，並強調要實現“帶領群眾致富的能力顯著提高”；2011年，《現代農業人才支撐計劃實施方案》提出“以人才資源能力建設為核心”。多年來，各地以提升能力素質為導向，堅持學習與實踐相結合、培養與使用相結合，推動農業農村人才快速發展，農業科技人才、農村實用人才、新型職業農民的能力素質得到大幅提升，有效適應了農業農村現代化建設的需求。

當前，我國正處在從傳統農業加快向現代農業轉型的關鍵階段，農業農村經濟的基礎條件和主要矛盾發生了深刻變化，運行機制和外部環境發生了深刻變化，目標任務和工作要求發生了深刻變化。這些變化給鄉村人才發展帶來了深刻影響，提出了新的要求。

一是農村勞動力供求關係之變。大量農村青壯年勞動力進城務工就業，務農勞動力數量大幅減少，"兼業化、老齡化、低文化"的現象十分普遍。據統計，當前農業從業人員約為 2.15 億人，較 2000 年減少 40%，平均年齡約 50 歲，而 60 歲以上的超過 24%。"誰來種地""如何種好地"問題成為現實難題，迫切需要加快培育鄉村人才，吸引年輕人務農創業，形成一支高素質農業生產經營者隊伍，確保農業後繼有人。

二是現代農業科技發展之變。我國農業發展已從過去主要依靠增加資源要素投入進入主要依靠科技進步的新階段，農業的生產方式已由以人力畜力為主轉到以機械作業為主的新階段，但鄉村人才總量不足、整體素質不高、結構不合理，影響了農業科技進步的推進，制約著農業勞動生產率的提高。調整優化科技創新方向、推廣應用綠色高效生產技術、加速農業科技成果轉化，都需要農業科研人才、農技推廣人才，需要提高農民運用科技成果的能力，這要求鄉村人才工作必須緊跟農業科技發展趨勢。

三是農業創業創新業態之變。隨著農村創業創新的深入推進，一二三產業融合加速，農村新產業、新業態、新模式層出不窮，創意農業、分享農業、電子商務、農業物聯網等創新人才嚴重不足，初創公司、小微企業"招人難、留人更難"的現象相當明顯，迫切需要加快培養和造就一支既懂城市又懂農村、既會搞生產又會跑市場的創業創新人才隊伍。

四是鄉村治理體制體系之變。黨的十九大報告強調要"健全自治、法治、德治相結合的鄉村治理體系"；2017 年，中央農村工作會議提出"加快推進鄉村治理體系和治理能力現代化"。提升鄉村治理水平，加強人才隊伍建設是保障。目前，村"兩委"負責人年齡大、學歷低，鄉村法律、文化等專業人才缺乏，制約了鄉村治理現代化的步伐，迫切需要通過鄉村人才振興提升鄉村治理水平。

因此，提出推進鄉村人才振興工作的相關建議，主要有五個突出：第一，突出合力推動，完善鄉村人才工作格局。堅持黨管人才原則，進一步強化"一把手"抓"第一資源"的意識，在中央人才工作協調小組的指導下，推動形成農業農村部門牽頭，各有關部門積極配合，全系統上下協調聯動，各類社會主體廣泛參與的鄉村人才工作格局；建立縣域專業人才統籌使用制度和農村人才定向委託培養制度，造就更多鄉土人才；建立政府、企業、社會多元參與機制，共同加強鄉村人才培養，形成推動鄉村人才振興的強大合力。第二，突出規劃引領，編制鄉村人才振興規劃。按照《鄉村振興戰略規劃（2018—2022年）》，結合《國家中長期人才發展規劃綱要（2010—2020年）》和《農村實用人才和農業科技人才隊伍建設中長期規劃（2010—2020年）》，研究編制鄉村人才振興規劃，制定今後一個時期鄉村人才振興的目標任務和政策措施，加快提高鄉村人才隊伍建設水平。第三，突出能力建設，大力培養鄉村各類人才。推動設立鄉村振興人才發展專項資金，加大鄉村人才培訓投入，以提升能力建設為核心，大力培養鄉村各類人才。緊扣一個"新"字，深入實施新型職業農民培育工程（高素質農民培育）、農業科研傑出人才培養計劃、農技推廣服務特聘計劃，實施農村實用人才"職業素質和能力提升計劃"，加快培養農村實用人才和農業科技人才；緊扣一個"缺"字，加強政策創設、創新培訓模式，鼓勵各類培訓資源參與鄉村人才培訓，大力培養農村雙創、農村經營管理、市場信息、種業等農業農村發展急需的緊缺人才；緊扣一個"專"字，支持鼓勵高校、職校靈活設置涉農專業（方向），為鄉村振興培養扶持一批農業職業經理人、經紀人、鄉村工匠、文化能人、非遺傳承人等專業化人才。第四，突出開放聚才，大力推動鄉村招才引智。本著聚天下英才而用之的理念，敞開大門、廣招賢才，把社會各類人才致力於鄉村振興的願望和力量引導好、利用好。進一步細化和完善扶持政策措施，鼓勵和支持農民工、中高等院校畢業生、退役士兵和科技人員等返鄉下鄉創業創新；建立有效機制，吸引各類人才，通過各種方式服務鄉村振興事業；推動破除城鄉人才資源雙向流動的制度障礙，鼓勵各類人才在城鄉之間、農業和非農產業之間雙向流動；加強對下鄉組織和人員的管理服務，使之成為鄉村振興的建設性力量。第五，突出用好導向，健全人才激勵保障機制。完善人才配套政策，強化金融、財稅、土地等方面的政策支持，為鄉村人才搭建幹事創業的良好平台；按照城鄉融合發展的要求，完善鄉村人才公共服務體系和社會保障制度；推進人才發展體制機制改革，完善分配激勵機制，建立規範有效的獎勵制度，激發鄉村人才活力；加強鄉村人才工作宣傳力度，在全社會營造識才、愛才、敬才、用才的良好氛圍。

——在 2019 鄉村人才振興戰略高峰論壇上的主旨演講

要重視對鄉村人才需求特點的研究 *

鄉村振興對人才的需求越來越大、越來越高。

第一，目前鄉村對人才的供給很乏力。以往實施的各項工程，實際上很多都是輸出性的培訓，而轉移性的培訓很少。但鄉村振興需要的人才不足。為什麼呢？對鄉村人才的需求特點研究和重視不夠。鄉村人才需求的特徵取決於鄉村的特徵，決定了鄉村人才需求的特徵。鄉村具有多樣性、差異性，資源稟賦不一樣，發展階段不一樣，經濟實力、產業背景、鄉村文化、鄉村民俗都不一樣，所以，對鄉村人才的需求也各不一樣。我總結出四句話：鄉村的現狀千差萬別，鄉村的發展千變萬化，鄉村的形態千姿百態，鄉村的問題千奇百怪。

第二，鄉村發展受到的制約比工業、城市要多。鄉村發展受客觀制約因素比較多，比如有自然規律的制約，城市一般比較少。涉及的領域比較多——經濟、社會、政治、文化、生態、黨的建設等等。產業比較多，價值觀念差別大，比較複雜，尤其是組織類型多，各種

* 朱守銀，農業農村部幹部管理學院副院長，黨校副校長。

類型的組織在鄉村都有，利益關係比較複雜。鄉村產業發展週期長，儲藏運輸難度大，投資回報率低，對留住人才影響比較大。外來人才不願意來，本地人才難培養，優秀人才留不住。現在城市發展的規律使人才在城市流動是必然的，這也是符合規律的，城市是人才高地，鄉村是人才窪地，具有很多不利因素。

第三，鄉村人才需求至少有三個方面。一是鄉村人才的需求具有多樣性、差異性、多領域、多層次的特點。不同鄉村之間，不同產業之間，不同主體之間，即使同一層次的崗位，對人才的要求也不一樣。二是鄉村人才總體規模大，個體小而散，無論是需求主體還是需求規模，具體數量都很大，如村幹部、農機操作人員等，具體到每一個需求主體，每一個村莊，每一個企業，每個市場主體，個體需求的規模比較小，而且比較分散。三是鄉村實用人才流動性非常大，穩定性不足，現在除了城市的吸引造成農村人才穩定性不足以外，鄉村內部也有諸多造成人才穩定性不足的因素，比如農業本來就有農閒農忙季節之分，農民還有兼業的趨勢，鄉村產業就業收入差異比較大。

農業生產的風險難度比較大，農業市場主體，尤其是新型主體更替非常頻繁，所以也不穩定。在這種情況下，加強鄉村人才培養培訓，促進鄉村人才振興，無論是相關的政策設計還是人才振興實踐，都要充分考慮鄉村人才的需求特徵。要堅持因地制宜、因業制宜、因村制宜、因崗制宜。培訓模式、培訓渠道、培訓方式、培訓手段以及培訓內容都要體現多樣性、差異性、層次性，真正提升培養培訓的針對性、精準性、有效性、社會性、實踐性、市場性。很多人才是在實踐當中、社會流動當中成長起來的。很多通過市場主體就可以培訓，包括農業農村部幹部管理學院，與浙江大學和一個企業市場主體簽約聯合開展鄉村振興計劃，已經兩年了，已培養1000多人，效果非常好。學員不需要交培訓費，自己負擔交通食宿費就行。學員都是全國各地的家庭農場主、合作社、農村企業老板裏面選出來的，他們的帶動作用是非常明顯的。

——在 2019 鄉村人才振興戰略高峰論壇上的主旨演講

（根據錄音整理）

第九部分
食品安全與健康中國

加強食品安全監管能力
推動健康中國建設 *

　　食品安全關係全民健康，沒有全民的健康，就沒有全面的小康。人民健康是民族昌盛和國家富強的重要標誌。習近平總書記指出："推進健康中國建設，是我們黨對人民的鄭重承諾。"為進一步保障食品安全，全方位、全週期地保護人民健康，大幅提高健康水平，我想談幾點看法。

　　第一，保障食品安全是健康中國建設的重要內容。近年來，我國食品安全形勢穩中向好，食品安全水平明顯提高，安全指數持續提升，2017 年，食品安全抽檢的合格率是 97.6%，比 2016 年和 2015年分別都提高了 0.8 個百分點；追溯體系更加完善，嬰幼兒配方乳粉實現了 100% 的可追溯；規模以上食品企業普遍實現了良好的操作規範，5000 多家食品企業建立了誠信管理體系；輿情環境初步向好，風險監測能力穩步提升，食品安全科普效果凸顯，國際影響顯著增加。我國出口的食品合格率連續多年都保持在 99% 以上，為全球的食品安全貢獻了強勁的中國力量。

＊　張寶文，第十二屆全國人大常委會副委員長。

　　食品安全水平的持續提升，保障了食品行業穩定運行，推動了食品企業的健康發展。2017 年，我國農副食品加工的主營業務收入是 6.4 萬億元，佔輕工業總收入的 26.6%，利潤是 3147 億元，佔輕工業總收入的 19.8%。食品製造主營業務收入是 2.3 萬億元，佔輕工業總收入的 9.5%，利潤是 1851 億元，佔輕工業總收入的 11.6%。食品行業對我國輕工業的快速發展產生了積極的作用，為滿足人民美好的膳食需要作出了卓越的貢獻。

　　目前，我國食品行業整體情況向好，但仍然存在著重經營、輕管理等現象，部分從業人員食品安全責任意識還是薄弱的，影響了食品行業的整體形象，甚至有的危害人民的身體健康，衝擊著食品產業。食品科普知識亟待加強。食品安全是建設健康中國的重要內容，健康離不開食品安全的保駕護航。食品安全是我們大家普遍關注的問題，食品安全指的是食品無毒、無害，符合應當有的營養要求，對人體健康不造成任何急性、亞急性，或者慢性危害。保障食品安全，實現國民健康長壽，是國家富強、民族振興的重要標誌，也是全國各族人民的共同願望。

　　當前，我國居民主要健康指標總體上優於中高收入國家的平均水平。但隨著工業化、城鎮化、人口老齡化的發展，以及生態環境、生活方式的變化，維護人民健康還面臨著一系列的挑戰。關於食品安全與全民健康中較為突出的問題，需要創新體制機制，帶動人人參與、人人盡力、人人享有，在“共建共享”當中實現“全民健康”，提升人民的獲得感。

　　第二，全民健康是建成全面小康的重要基礎。健康助力小康，民生牽著民心。人民健康是民族昌盛和國家富強的重要標誌，習近平總書記的“沒有全民健康，就沒有全面小康”的重要論述，贏得了全社會的強烈共鳴。健康是促進人的全面發展的必然要求，是經濟社會發展的基礎條件，也是廣大人民群眾的共同追求。

　　為推進健康中國建設，提高人民健康水平，黨的十八屆五中全會戰略部署，中共中央、國務院發佈了《"健康中國 2030"規劃綱要》。黨的十九大又進一步作出"實施健康中國戰略"的重大決策，強調堅持預防為主，倡導健康文明生活方式，預防控制重大疾病。未來 15 年是推進健康中國建設的重要戰略機遇期，經濟保持中高速增長，將為維護人民健康奠定堅實的基礎；消費結構升級，將為發展健康服務創造廣闊的空間；科技創新，將為提高健康水平提供強有力的支撐；各方面制度更加成熟、更加定型，將為健康領域可持續發展提供強大的保障。

　　農業農村部啟動了農產品質量安全專項整治工作，強調要深入貫徹習近平總書記"四個最嚴"的重要指示。按照中央的部署安排，以更加負責的精神和更加有效的措施，深入推進專項整治，保障群眾"舌尖上的安全"。剛剛實施的《健康中國行動（2019—2030 年）》，圍繞疾病預防和健康促進兩大核心，提出了 15 個重大專項行動和一系列健康指標，包括兒童近視、體育鍛煉等，對心腦血管疾病、癌症、慢性呼吸系統疾病和糖尿病四大慢性病的防治提出了路徑和建議，一條彙聚 14 億人力量的"健康中國"道路正在鋪就。這一系列的戰略部署，為守護公眾的健康、建成全面小康，指明了方向，提供了保障。

　　第三，提高認識切實加強食品安全的監管能力。食品安全關係人民健康，關係民族的未來。長期以來，黨和政府高度重視食品安全，高度重視公眾健康。習近平總書記曾在中央農村工作會議上強調，能不能在食品安全上給老百姓一個滿意的交代，是對執政能力的重大考驗。食品安全是"管"出來的。隨著食品產業的不斷升級和廣大消費者的需求提升，食品安全的監管也隨之產生了新的命題。面對新形勢，要堅持以人民為中心的發展思想，樹立"食品安全永遠在路上"的責任意識，引導食品生產經營者自覺履行主體責任，切實加強食品安全的監管能力，共同推動食品安全水平不斷躍升。

一是要宣傳貫徹《食品安全法》，提升食品安全法制意識。法律是治國的重器，良法是善治的前提。新的《食品安全法》的頒佈，為人民身體健康和生命安全提供了有力的法律保障。要積極宣傳食品安全的法律知識，創新宣傳形式，豐富宣傳內容，注重宣傳實效，讓食品安全法律知識走進企業、走進社區、走進校園，推動全社會形成"人人懂法、人人守法"的良好氛圍。

二是要倡導規範、誠實、守信，提升食品安全的責任意識。習近平總書記曾指出："民以食為天，加強食品安全工作，關係我國 13 億多人的身體健康和生命安全，必須抓得緊而又緊。"要引導行業企業建立食品安全資源數據庫和食品安全追溯系統，大力推進食品行業誠信體系建設。要引導行業企業自我約束、自我規範、誠實守信，時刻銘記食品安全責任，堅決守護食品安全。

三是普及食品科普知識，提升食品的安全認知水平。近年來，食品安全謠言影響食品市場、衝擊食品產業，食品科普知識普及亟待加強。要利用行業媒體，搭建科普平台，邀請權威專家，多維度答疑解惑，多角度破除謠言，提高全社會對謠言的甄別抵制能力。要加強食品營養健康教育，宣傳健康飲食知識，傳播科學食品安全理念，為人民群眾提供科學有益的膳食引導。以生動豐富、通俗易懂、知識性強、普及面廣的宣傳教育，提升全社會食品安全認知水平。

四是創新食品安全監管模式，提升食品安全監管力度。當前，市場監管領域正在全面推行"雙隨機、一公開"的監管，這是市場監管理念和方式的重大創新。特別是其中的隨機檢查、異地檢查體現了"雙隨機、一公開"的監管理念，而設區的市級以上食品監管部門對下級負責的監管對象的檢查和調查處理，實際上打破了政府層級管轄的壁壘，為"雙隨機"制度增添了活力，進一步強化了食品安全監管部門對生產經營者的事中事後監管。

食品安全是一項關係國計民生的"民心工程"，直接關係到廣大人民群眾的身體健康和生命安全，關係到經濟發展和社會穩定。保障食品安全是一項複雜的系統工程，從生產到流通再到消費，各個環節都要抓好。從政府到企業再到消費者，人人都要明白、家家都應參與，必須嚴厲打擊破壞食品安全、危害人民健康的行為。要加強食品安全宣傳教育，提高全民食品安全知識水平和自我保護能力，營造全社會共同關注、共同參與食品安全的良好氛圍。

民以食為天，食以安為先。保障食品安全，守護人民健康，是人民美好生活的迫切需要，是我們義不容辭的共同使命。我們要深刻理解、準確把握，堅定不移地貫徹落實黨中央、國務院的決策部署，以習近平新時代中國特色社會主義思想為指引，不忘初心，牢記使命，增強食品安全意識，加強食品安全監管能力，推動健康中國建設，不斷提高人民的獲得感、幸福感、安全感，為全面建成小康社會作出新的貢獻。

——在 2019 健康中國與食品安全高峰論壇上的主旨演講

強化食品安全　讓百姓有更多的安全感、幸福感 *

　　民以食為天。食物是人類賴以生存發展的物質基礎，是保障人類健康的先決條件，更是一個民族繁衍進步的重要標誌。食品工業是天下第一產業，也是人類的朝陽產業。食以安為先。食品安全直接關係到食物供給的質量，關係到人民的健康。

　　改革開放 40 多年來，特別是進入 21 世紀 20 年代以來，隨著人民生活水平的提高，食品安全、飲食健康越來越受到人民的關注和重視。食品供給從品種豐富、數量充足、供給有餘，向提升質量、營養健康轉變。黨中央、國務院和各級政府近些年來高度重視食品安全工作，可以說採取了一系列的政策和舉措，大力推進食品安全工作，推進人民的健康事業，取得了明顯的成效和進展，讓廣大人民群眾有了更多的安全感、獲得感和幸福感。目前，我國每年的糧食生產超過了 6 億噸，牛羊肉超過了 8500 萬噸，雞肉超過了 1100 萬噸，水產品超過了 65000 萬噸，蔬菜超過了 7 億噸，水果超過了 2.7 億噸。這麼大的體量，在食品的生產、加工、經營等環節，都面臨不少問題和

---

*　李春生，第十三屆全國人大農業與農村委員會副主任。

挑戰。

從種植業來看，過度施用化肥農藥的情況依然比較嚴重。目前我國每畝平均化肥尿素施用量超過 20 公斤，是世界發達國家的 4 倍左右。農膜每年的施用量超過 260 萬噸，世界第一。農膜的殘留，每年近 100 萬噸。農藥過量使用甚至濫用，造成農產品、畜產品農藥殘留、抗生素超標。此外，大氣、水源、土壤污染也都是影響食品安全的一些重要因素。目前，我國農村每年大體上有 50 億噸的廢棄物還沒有得到很好的處理。農村 82.6% 村莊的生活污水沒有得到集中處理，大多直接排放。全國地表水低於 III 類水質標準的比例高達 32%，劣 V 類水質達 8% 以上。土壤的重金屬超標。所有這些給農產品質量造成了潛在和直接的影響。

從養殖業來看，雖然對於哪些藥可以用、哪些藥不能用、如何用，都有明確規定，但實際執行不規範。抗生素過量使用、濫用，甚至違規使用，明令禁止的藥物也不同程度存在。養殖業產品質量的提升，還任重而道遠。

從食品工業和經營環節來看，目前規模以上的食品工業企業超過 4 萬家，獲得食品許可證的食品生產企業超過 1100 萬家，餐飲服務業超過 340 多萬家，這些食品生產企業大都規模比較小，有的還是家庭小作坊，加工標準低，技術相對落後，有些實際並不具備生產合格食品的資格。還有數百萬家的流通企業和經營企業，其中相當部分是個體商戶，缺乏冷鏈運輸的條件，缺乏有效的保障食品質量的措施。農產品安全，特別是食品安全，已成為大眾高度關注的話題，已成為社會不穩定的重要因素。

廣東著名的呼吸病學專家鍾南山發文稱，我國食品農藥殘留不解決，幾十年後，廣州多數人都生不出小孩。這不僅僅是廣東的問題，恐怕在全國，也應該引起大家的警惕。堅持綠色發展理念，堅持質量興農，生產加工符合健康標準的食品，保證人民吃得好、吃得放心、吃得健康，顯得尤為迫切和重要。

為此，我提幾點建議。第一，應進一步健全完善食品安全規劃、相關規定及政策舉措。2017 年，國務院下發了《"十三五"國家食品安全規劃》，相關部門先後下發了具體的實施方案，提出了相應的政策舉措。從食品安全的現實看，還應結合實際問題進行有針對性的研究，完善優化相關規則方案，做好頂層設計，認真梳理現有政策舉措，使相關規劃方案、政策舉措真正落實到位，推進食品安全工作上層次、上水平。

第二，進一步健全完善食品生產、加工、經營各環節的安全標準。《食品安全法》2009 年 6 月頒佈實施，2015 年 4 月進行了修訂，國務院為此下發了實施細則，相關的規定、標準都有，從實際看，隨著食品安全環境的條件以及人們食品質量安全意識等因素的變化，相應的標準需要適時進行修正和調整。特別是生產、加工、流通各環節的規則標準，應該相互銜接。各環節檢測標準的銜接，對於提升各環節食品安全的規範有效性、提升食品質量的精準性和針對性，都是十分有利的。

第三，應進一步強化農業源頭的有效治理。可以說，鄉村振興提出五個方面的振興，無不貫穿著綠色、生態、環保的理念，堅持質量興農，堅持綠色發展，已日益深入人心。應加大力度控制、減少農業的源頭污染，加快農業廢棄物的處理、鄉村污水的處理，紮實推進生態環境的整治、"廁所革命"、美麗鄉村建設等。加快改善農村生態環境和條件，做好技術、良種、土壤、水、有機肥等相關資源要素的合理配置和使用，努力減少農化產品、抗生素、添加劑的使用，推進種植業、養殖業、食品工業質量的進一步提升。

第四，進一步強化食品安全的監管。有法必依，執法必嚴。做不到這一點，再好的法律法規、規範標準都是一紙空文，沒有任何的意義。實現監督管理的有效性，還要講究方式方法，還要調動廣大消費者的積極性，充分利用好科技手段，等等。比如國家市場監管總局印發的《市場監管領域重大違法行為舉報獎勵暫行辦法（修訂徵求意見稿）》，其中有一條，凡是舉報違反食品安全相關法律法規重大違法行為的最高可獎勵 200 萬元，這是一個很好的監管舉措。要做到監管到位、監管有效，為食品安全提供堅實的保障。

第五，進一步強化食品安全工作的協調機制。食品安全工作牽扯的部門多，2007 年國務院成立了食品安全委員會，2018 年機構改革，這個機構撤銷，所有職能併到了國家市場監管總局，雖然建立了非常設議事協調機構，但權威性大不如前。食品安全牽扯到方方面面，部門、單位比較多，面對食品安全紛繁複雜的形勢，亟須強化協調機制，實現多環節、跨部門的組織協調，統籌利用好相關資源，形成工作合力，使政府各部門各負其責，相互銜接，形成聯動，共同推進食品安全工作，讓百姓得到更多的安全感、獲得感、幸福感。

——在 2019 健康中國與食品安全高峰論壇上的主旨演講

為食品安全保駕護航 [*]

　　非常榮幸能夠在高峰論壇上跟各位領導來賓分享北京量子雲世紀科技有限公司的專利技術，以及該技術在糧食安全和食品安全領域的應用。

　　2019 年，恰逢中華人民共和國成立 70 週年，70 年披荊斬棘，70 年風雨兼程。在這 70 年，中國由一個貧瘠的國家，化身為當今世界第二大經濟體，取得的成就驚歎世人。伴隨著國力的逐日增強，百姓的生活水平也得到顯著的提高。黨的十八大以來，以習近平同志為核心的黨中央大刀闊斧推進民生領域的各項改革，民生事業發展取得歷史性的成就，大幅提升了廣大人民群眾的獲得感、幸福感、安全感。

　　黨的十九大又以全新的 "三步走" 戰略總任務和分階段的長期規劃，在制度層面上形成了更為系統的現代民生制度體系，在思想層面上形成了現代中國的社會主義民生觀。心繫民生，以民為本，身處這個民以食為天的泱泱大國，吃，永遠是每一個國人心中的頭等大事。新中國成立初期國力衰微，吃飽是每一個中國人的夢想。這個夢想雖

---

[*]　鄭學純，北京量子雲世紀科技有限公司董事長。

然卑微，但暗含著那個時代民族的無奈和焦慮。時光荏苒，進入 21 世紀的中國，吃不飽早已成為老一輩傳說中的故事，吃好、吃出健康成為國人在新時代裏對“吃”這個字的嶄新詮釋。在物質極大豐富的今天，食品品類、品種急速擴增，食品行業的競爭進入了白熱化，食品行業的機遇無窮大，誘惑也無窮大，一些不法企業黑心商家，為了牟取高利潤、高回報，不惜以危害老百姓的身體健康與生命安全為代價，食品造假屢禁不止。食品安全關係到每個人的生命安全，更關係到中國的未來。

新時代吃得健康的重要性已經遠遠高於吃好，如何讓人民吃得放心，這成為食品領域發展的重要命題。2019 年 5 月 9 日，為了貫徹黨的十九大報告提出的“實施食品安全戰略，讓人民吃得放心”的指示，中共中央、國務院發佈了《關於深化改革加強食品安全工作的意見》。這是黨中央著眼於黨和國家事業的全局，對食品安全工作作出的重大部署。這是決勝全面建成小康社會、全面建設社會主義現代化強國的重大任務。食品安全是食品行業的基礎設施，基礎設施的牢固直接決定了行業的未來發展。糧食與食品安全，除了依靠國家出台的法規和政策，並加大宣傳的力度之外，還需要科學技術的支持。北京量子雲世紀科技有限公司積極響應黨和國家的號召，並順應行業的發展趨勢，近年來積極投身於食品品牌、食品產業的安全保護，食品質量的監測等領域，作出了一定的貢獻。

北京量子雲世紀科技有限公司是一家集環衛、安全追溯、銷售渠道管理、大數據管理於一體的科技企業，我們的核心團隊多年潛心研發出具有國際領先水平，完全自主知識產權的專利技術，該技術可以實現“一物一碼”，極難複製，能在平方毫米級的面積內生成具有海量信息的智能圖像和識別系統。該技術已經在食用農產品、食用畜牧產品，以及各類食品的外包裝和農業生產資料等重要產品上應用。在生產經營過程當中建立了質量追溯體系，形成了追溯體系統一共享交換機制，實現國家有關部門和企業的追溯信息互聯互通共享，實現來源可查、去向可追、責任可究的目標。

　　唯天下之至誠能勝天下之至偽，唯天下之至拙能勝天下之至巧。未來，北京量子雲世紀科技有限公司將持續以工匠精神奉獻於食品行業的基礎設施建設，為大國食品安全保駕護航，為鄉村振興、小康社會建設添磚加瓦。

　　　　　　——在 2019 鄉村振興暨中國糧食安全戰略高峰論壇上的主旨演講（根據錄音整理）

食品安全的三大新要求 *

　　黨的十九大以來，黨中央、國務院一系列重大決策部署和相關的文件對食品安全提出了許多新的要求，對我們把握食品安全的總體形勢、明確面臨的任務具有非常重大的意義。

　　我講三點理解。一是新時代對食品安全提出了新要求。黨的十九大指出，新時代我國社會主要矛盾已經轉化為人民日益增長的美好生活需要和不平衡不充分的發展之間的矛盾，這和我們過去要解決日益增長的物質文化需求有了質的區別。經過幾十年的努力，溫飽問題已經基本解決了。現在我們說食品安全，不僅要吃得好、吃得健康，還要吃得幸福，這個題目很大。

　　改革開放之前，有7億—8億人處於貧困狀態，更多的人經歷過餓肚子的困苦。我們怎麼解決這個難題？40多年來，我們沒有發現巨大的新能源資源，沒有得到巨額的無償援助，沒有發明一種短時間致富的新技術，更沒有發動戰爭去掠奪他人財富，我們靠的就是中國人的勤勞、智慧、勤奮，解決了從站起來到富起來的問題，走

　*　蒲長城，原國家質量監督檢驗檢疫總局副局長、黨組成員。

上了強起來的道路，這樣的成就在人類發展史上是少有的。當然，我們也清醒地認識到我國仍處於並將長期處於社會主義初級階段。

習近平總書記強調，按照"四個最嚴"要求做好食品安全工作，沒有健康就沒有小康。我們必須深刻領會，創造性地去落實。大家知道，食品的各個環節都可能出現問題，我們也有解決這些問題的辦法和制度。只要真正做到四個從嚴要求，問題就會越來越少。但要滿足人民群眾對美好生活的追求，任務將非常繁重。人們對食品的要求五花八門，過去是把肉拿來就行，現在不行了，因為有的人要生吃，有的人要熟吃，而且這個肉要鹹的、淡的、辣的、不辣的，有各種需求，還有不吃肉的，怎麼辦？在這一點上，搞食品安全的人，要真正理解中央的精神，不斷提高自己的治理能力和工作水平。

二是新形勢對食品安全提出了新要求。我國經濟發展到今天，中央明確提出必須走高質量發展道路。高質量發展落實到食品安全工作中，按我理解，可以說是"食以安為先，安以質為本"，安全的本質是質量，質量不好談什麼安全？企業在食品生產加工過程中要考慮到一些生產的新工藝、新材料、新的飲食方式等的變化。我們要打牢自己的質量基礎，特別是要考慮生產部門、供應部門現在的加工方式、生產的產品是不是能滿足老百姓的要求？不管是哪個部門、哪個企業，一刻都不能放鬆。只有建立完整的質量安全保障機制，從原材料、生產工藝和生產過程的控制，到檢驗、檢測等等這一系列環節從嚴把關、精細管理，才能把高質量發展落到實處。高質量發展是全過程、全方位的要求。過去，有一些企業、一些地方、一些部門往往對此重視不夠，出問題也都在這些方面。基礎不牢，地動山搖。高質量發展靠的是堅實的基礎。今天大數據、網絡化等科技的手段給我們提供了很好的便利條件，我們在這方面要下功夫。

三是新任務對食品安全提出了新要求。我國改革發展的實踐和取得的成就，證明了中國特色社會主義制度的優越性，黨的十九屆四中全會的《決定》意義重大，影響深遠。我們必須把現在已經形成的有中國特色的食品安全監管制度，無論是地方的、部門的還是企業的，都要按照十九屆四中全會的要求，進一步完善和發展，建立共建共享的機制和體制，提高社會治理能力和水平。2019 年 12 月 1 日，國務院修訂後的《中華人民共和國食品安全法實施條例》開始實施，條例強化了食品安全監管，完善了食品安全風險監測、食品安全標準等基礎性制度，進一步落實了生產經營者的食品安全主體責任，完善了食品安全違法行為的法律責任，我們要認真貫徹實施好。我相信，經過不懈努力，我們一定能走出一條有中國特色的食品安全監管和發展的新路子。

——在 2019 健康中國與食品安全高峰論壇上的主旨演講

努力實現高質量的現代農業發展 *

　　高質量和健康中國、食品安全高度相關。我以努力實現高質量的現代農業發展為題講三點看法。

　　從縱向來看，新時代的中國農業正在經歷千年之變。特別是改革開放 42 年的變化，超過了中華民族歷史上的任何一個時期。從橫向來看，美國農業謂之為規模化農業，日本農業謂之為精細化農業，中國農業典型表現為第三條道路——多元化農業。中國農業資源稟賦是多元的，在東北有類似美國那樣廣袤的糧食生產基地，在西南地區有獨具特色的山區農業、丘陵農業，在西北有旱作農業發展，這在一定程度上表明中國農業資源稟賦多元，從而也決定了生產的農產品多元。事實上，全世界沒有任何一個國家像中國農業這樣，生產的農產品多元化，能滿足不同消費層次的需要。從這個角度來看，中國的農業資源稟賦多元，農業產業結構、產品類型多元。農業經營模式也是多元的，有國營的，有民營的，有大量的家庭農戶，也有農墾和工商

---

* 張紅宇，清華大學中國農村研究院副院長，農業農村部鄉村振興專家諮詢委員會委員，原農業部經營管理司司長。

企業。貿易格局同樣多元，我們是世界上最開放的農業大國。農產品對外貿易一方面填補了我們的農產品，包括不同品種方面的欠缺；另一方面，我們的優勢農產品也為我國出口創匯作出了貢獻。

現代農業高質量發展聚焦四個方面

現代農業要求高質量發展，高質量是經濟發展的主旋律，從高質量發展的角度來講，現代農業應該聚焦以下四個方面。

一是確保國家糧食安全，特別是總量方面的安全。2019 年中國的糧食總量達到 13277 億斤，比 2018 年增產了 119 億斤，再創歷史輝煌。這為實現高質量的經濟社會發展奠定了堅實的基礎。無論講健康中國，或者講食品安全，前提還是要吃飽肚子。解決了吃飽肚子的問題以後，才能談質量以及健康食品等其他的相關問題。中國人的飯碗，要牢牢端在中國人自己手上。

二是實現農業供給的優質化。滿足了總量安全以後，高端、優質、綠色、生態，甚至小眾化的供給需求越來越大，這種高質量的供給可以歸結為兩句話：產出好東西，賣出好價錢。所謂產出好東西，就是在總量安全的同時，聚焦高端農產品和健康農產品產出。它一定是安全的，一定是有機綠色的，一定是吃得放心的農產品。在生產的過程中，質量控制讓消費者願意掏更多的錢去購買這個食品，是因為消費者確認是安全的。這個安全食品，第一是產出來，第二是賣出好價錢，這對於農民而言，意義非常重大。農民在生產高端農產品的過程中付出了心血，這個心血要通過價格得到回報，賣出去不是本事，賣出好價錢才是本事。現代農業從高質量發展的角度來講，應該是產出好東西，通過優質化賣出好價錢。

　　三是堅守綠色發展理念。健康中國的前提是堅持綠色發展理念。改革開放以來，中國農業從生產和供給的角度來講，確確實實要求高度重視綠色發展，關鍵是怎麼樣在生產過程中，包括在延長農業產業鏈的過程中將綠色發展理念貫穿其間。2015 年，農業部提出化肥農藥減量使用，到今天應該講成就巨大。化肥使用量在 2015 年達到最高點後，使用量不斷減少，到 2018 年化肥使用量減少了 5% 以上，特別是農藥使用量減的更多。化肥農藥減量使用，但是產出並沒有受到影響，這就是綠色發展。

　　四是高質量發展。一定要為從事農業的勞動力帶來收入增長的機會。最近幾年，農民收入越來越成為備受關注的重大問題。怎樣增加農民收入，縮小城鄉之間的收入差距，尤其在國民經濟增速減緩的情況下，怎麼樣在農業內部增加農民的就業機會、怎麼樣在內部增加農民收入增長的機會就異常重要。在很多地方，包括貧困地方，最近幾年通過產業結構優化，發展高質量的農產品，增加茶葉、柑橘、藥材等特色產品的產出，使這類貧困區域，包括丘陵山區的農民收入增長速度遠遠超過了平原地區農民的收入增長速度。陝北農民收入的 80% 來自於蘋果，江西贛南農民收入的 80% 來自於臍橙。從這個角度來講，高質量的發展，應該為農民收入增長作出貢獻。

高質量發展需要人才支撐

　　農產品安全也罷、產能提升也罷，總體上講，是從業者生產出來的、監管出來的。農業從業者素質高低事關重大。經過改革開放 42 年，從事農業的人口、勞動力都在不斷減少，比例在不斷下降。1978

年，中國的農業勞動力佔整個勞動力比例是 70%，到 2018 年，農業勞動力的比例下降到 26%，平均每年下降 1 個百分點。農業從業者比例下降，但是產出並沒有受到絲毫影響，越來越少的人種越來越多的地，產出更加豐富多彩，這是發展的大趨勢。

當然，由於人口總量在持續增加，在工業化、城鎮化的背景之下，儘管大量農村勞動力轉移出去了，但是從事農業的勞動力，還是在很長時期內保持增長態勢，2002 年達到歷史最高點，由 1978 年的 2.83 億人增加到 2002 年的 3.66 億人。從 2003 年開始，從事農業的勞動力開始直線下降，到 2018 年，從事農業的勞動力數量下降到 2.03 億人。16 年間，農業勞動力由 3.66 億人下降到 2.03 億人，平均每年減少 1000 萬人。很多人認為，2.03 億農業勞動力，是老齡化的、相對知識水平不高的。但農業農村部最近講，中國現在有 850 萬的返鄉創業人員，在農業內部創業的勞動力有 3100 萬人，兩者相加正好 4000 萬人左右。換言之，相對於 2.03 億從事農業的產業勞動力，這 4000 萬新型勞動力正好佔到 20%，從而表明農業內部人力資本的提升速度並不慢。

農業農村部還有一個數據表明，現階段職業化的農民有 1500 萬人，加上各種各樣新型經營主體，主要是 60 萬個家庭農場、220 萬個合作社、8.9 萬個產業化經營組織、115 萬個各種各樣的社會化服務組織和領軍人物等，差不多是 2000 萬人。因此，不論是前面講返鄉創業的 850 萬人加上農業內部的 3100 萬新農民，就業創業的人加起來近 4000 萬人也罷，或者按農業農村部報告的 1500 萬職業化農民，加各種各樣的新型經營體的領軍人物 500 萬人，500 萬人加 1500 萬人正好是 2000 萬人也罷，相對 2.03 億農業從業者佔比為 10% — 20%。這 10% — 20% 具有人力資本的農業勞動力，對確保國家糧食安全、對確保農產品總量安全包括質量安全，意義非常重大。

留在農業內部的 10%—20% 的高端人才，應該怎樣繼續培養？著眼點在什麼地方？我認為他們需要具備四個方面的品質。

第一，有愛農情懷。所謂的高素質人才，所謂的人力資本，他們為什麼願意做農業？第一就是情懷，這種情懷就跟談戀愛一樣，喜歡幹農業，把農業作為他的畢生事業，這是第一個大的品質。

第二，有工匠精神。工業裏面有工匠，農業裏面同樣應該有工匠。現代農業需要越來越多的工匠。這種工匠生產的柑橘、生產的葡萄、生產的大米、養的豬，一定比別人或者說普通農民生產的同類產品品種更多、質量更優、價格更好。

第三，有創新意識。現代農業發展到今天，發展到鄉村產業階段，有很多產業，不是 42 年前可以想象出來的。比如 "互聯網 +"、農工結合、農貿結合、農文結合，催生了多少新產業、新業態？去年阿里巴巴統計，全國有 4310 個淘寶村，從事 "互聯網 +" 的從業人員高達 2800 萬人，從事觀光旅遊休閒的勞動力達到 800 萬人，這些職業在過去絕不存在。很多新產業、新業態需要有創新意識。最近幾年我到農村調研，發現很多過去不曾有的新職業，如從事鄉村規劃設計的、從事農村養老產業的，需要掌握各種各樣的技能。互聯網、智慧農業，催生了很多的新職業，需要我們有創新意識，才能從事好各項工作，才能幹出名堂來。

第四，有社會責任感。所謂的社會責任感，就是從業者需要帶領普通的農業勞動力，共同發展、共同提高，構建現代農業的產業體系、生產體系和經營體系，在運行機制方面、分配機制方面，讓大家實現共同富裕。這就意味著我們的職業化農民也罷，或者叫領軍人物也罷，在社會責任感方面還要加強。健康中國、食品安全、生產的食品是不是安全、賣出去的東西能不能讓消費者放心，社會責任感就充斥其間。高素質人才具備了這四個方面的品質，我堅定地相信，生產出好東西、賣出好價錢、生產出安全的東西、讓消費者吃得安心，這些目標就一定能夠實現！

　　——在 2019 健康中國與食品安全高峰論壇上的主旨演講

推進大農業與大健康產業融合發展 *

當前，中國有兩個大的產業呈現融合發展的勢頭，一個是農業產業，一個是健康產業。我國已到了消費升級、產業轉型的新階段，健康產業與農業產業融合發展是大勢所趨，這也是發達國家已經走過的路。

近年來，中共中央先後出台了《"健康中國 2030"規劃綱要》《國家鄉村振興戰略規劃（2018—2022 年）》，這兩個規劃應運而生，為推進健康產業與農業產業深度融合帶來了機遇。健康產業與農業產業的深度融合，必將推進我國農業產業和健康產業大發展、大轉型。推進農業產業與健康產業的融合，可從三個方面發力。

樹立大農業觀、大食物觀，滿足城鄉居民多樣化消費需求

新中國成立 70 年來，改革開放 40 多年來，特別是黨的十八大以

---

* 江文勝，農業農村部辦公廳一級巡視員、副主任。

來，我國農業取得重大成就，糧食等重要農產品不斷跨上新台階。
1949 年的時候，我國的糧食產量只有 2263 億斤，人均糧食佔有量是
400 多斤。2019 年，我國的糧食產量是 13277 億斤，人均糧食佔有量
是 940 多斤，比世界平均水平還要高 140 多斤。其他農產品產量也是
極大地豐富了，2018 年，蔬菜產量是 7 億噸，水果產量是 1.8 億噸，
肉類是 8625 萬噸，水產品是 6458 萬噸。可以說，我國已經徹底告
別了短缺經濟，解決了溫飽問題，用佔世界 9% 的耕地，養活了世界
20% 的人口，這是一個了不起的成就。

糧食等重要農產品有效供給為大健康奠定了基礎，一個重要標
誌就是中國國民人均預期壽命不斷增長。據世界銀行數據，1960 年
中國人均預期壽命為 43.35 歲，1970 年為 58.68 歲，1980 年為 66.52
歲，1990 年為 69.03 歲，2000 年為 71.73 歲，2010 年為 75.01 歲，至
2015 年為 75.99 歲。2018 年，中國居民人均預期壽命提高到 77 歲。
1960 年至 2018 年，58 年間中國國民的平均預期壽命增長了 33.65
歲，增幅達 77.6%。應該說，我國農產品供給更加充足、花色品種不
斷增多，人們衣食無憂，是居民健康長壽的重要原因之一。

悠悠萬事，吃飯為大。隨著人口增加、城鎮化推進，我國糧食需
求量將呈剛性增長態勢，目前糧食安全的基礎還不穩固，糧食安全形
勢依然嚴峻，什麼時候都不能輕言糧食過關了。要始終把解決 14 億
人口的吃飯問題作為頭等大事，實施"藏糧於地、藏糧於技"戰略，
穩定糧食支持政策，確保穀物基本自給、口糧絕對安全，中國人的飯
碗任何時候都要牢牢端在自己手上，中國人的飯碗主要裝中國糧。

現在老百姓生活水平高了，對食物需求更加多樣化。人們的主食
消費減少，肉蛋奶、果菜魚等產品的消費大幅增加，牛羊肉等肉類產
品、蝦蟹等水產品都擺上了老百姓的餐桌。要樹立大農業、大食物觀
念，合理調整糧食統計口徑，科學開發各種農業資源，注重拓寬食物

來源渠道，不僅要盯著耕地、盯著糧油調整，而且還要盯著山海、盯著林草調整。利用廣袤的山區、林地、草原、海洋和豐富的物種資源，積極引導農民"唸好山海經、唱好林草戲、打好果蔬牌"，挖掘各種資源的生產潛力。統籌糧經飼發展，推動肉蛋奶魚、果菜菌菇全面發展，推動食物來源多渠道、多品種、多樣化，為廣大人民群眾提供豐富多樣的農產品供給。

樹立大安全觀、大營養觀，增加
綠色優質農產品供給

習近平總書記指出，現在講糧食安全，實際上是食物安全。隨著經濟發展和消費升級，人們對農產品的質量要求越來越高，不僅要吃得飽、吃得好，還要吃得安全、吃得放心、吃得營養、吃得健康。我們不僅要保障糧食和重要農產品數量上的安全，也要保障質量上的安全。為此，要把增加綠色優質農產品供給放在突出位置，實施綠色興農戰略、質量興農戰略、品牌強農戰略，促進農業轉型升級，實現農業高質量發展，不斷滿足人們對美好生活的需要。

農產品質量安全，既是產出來的，也是管出來的。近年來，我國堅持一手抓標準化生產，一手抓質量安全監管，農產品的質量水平不斷提升。據監測，農產品質量安全檢測合格率維持在 97% 以上。當前，農產品質量安全風險隱患仍然存在，確保農產品質量安全必須堅持不懈、久久為功。要加快轉變農業方式，加強農產品產地環境綜合治理力度，推進農藥化肥減量化，推進農膜、秸稈、畜禽糞污資源化利用，推進農業標準化生產、標準化健康養殖，從源頭上保障"舌尖上的安全"。加強農產品質量安全監管，開展農產品質量安全縣創

建，全面建設農產品質量安全追溯體系，推進管理服務網格化，確保不發生重大農產品質量安全事件。

食物營養乃生命之源、健康之本，是人類賴以生存的基礎物質，在促進人體生長發育、預防疾病、修復疾病、維持人體健康等方面，具有不可替代的作用。人體所需營養成分主要從食物中獲取，提高食物營養水平對保障人體健康、提高生活品質至關重要。要順應新時代的營養健康要求，大力發展營養健康型農業，由過去的單純追求產量逐步向以營養為導向的高產、優質、高效、生態、安全轉變，由過去"生產什麼吃什麼"逐步向"需要什麼生產什麼"轉變，由"加工什麼吃什麼"逐步向"需要什麼加工什麼"轉變。針對當前我國微量營養素缺乏，以及超重肥胖、糖尿病、癌症等日益高發等一系列健康新問題，一些地方探索發展高鋅小麥、高葉酸玉米、高葉黃素玉米、高花青素紫薯、高飽和脂肪酸花生等高營養品種，以滿足消費者的個性化需求。今後看，發展營養健康型農業，關鍵要靠科技。要推動營養強化型產品在育種、種植、加工、檢測、評價等多個技術環節方面規範化、標準化，加快食藥同源產品開發，讓更多營養健康農產品走進人們的生活。

樹立大產業觀、大健康觀，打造健康農業產業融合體

推進大農業與大健康融合，形成農業新產業、新業態，這是健康產業新的領域。可以預見，大農業與大健康融合，推動農業延伸產業鏈、提升價值鏈、打造供應鏈，這會帶來一個巨大的市場。

要拓展農業功能，提升價值鏈。農業傳統功能主要包括食物供

給、吸納就業、提供原料、創造外匯等方面，現在功能進一步拓展為文化傳承、生態涵養、休閒旅遊、健康養生等功能。要大力發展休閒農業、康養農業，讓農區變成景區、田園變成公園、產品變成商品，讓城市居民到鄉村去吸氧養肺、悠閒靜養、爬山玩水，白天曬太陽、晚上看星星，使農業成為健康的產業、農村成為養生的樂園。

要發展農產品精深加工，延長產業鏈。對農產品進行精深加工，將健康營養的成分提取出來，對於促進人體健康非常有益，也使得農產品的產業鏈延長，增加了農產品的附加值。如從藍莓中提取花青素，對於幫助睡眠、保護眼睛非常有好處。要依靠科技創新，推動農產品加工成更多保健型、養生型產品，造福人類，同時也帶動農民就業增收。

總之，大農業與大健康融合發展潛力無限，空間巨大。要按照中央決策部署，加大政策支持，強化科技支撐，健全法律法規，加強制度建設，推動健康農業持續健康發展，為全面建成小康社會、全面建設社會主義現代化強國作出更大貢獻。

──在 2019 健康中國與食品安全高峰論壇上的主旨演講

把好農村食品安全的"三關" *

"健康中國"，是習近平總書記在十九大報告中講的一個重大戰略。"食品安全"，是習近平總書記強調的重大民生問題，也是高水平全面建成小康社會的內在要求。我主要講三點。

第一，講一講認識。習近平總書記多次強調，悠悠萬事，吃飯為大。吃飯問題，牽扯到每個人、每個家庭，牽扯到全社會。我現在最擔心的是糧食問題，儘管國家統計局已經把我們 2019 年的糧食總產量公佈了，13277 億斤。儘管糧食產量 16 年持續高產，但是我還是擔心，因為我們國家 14 億人口吃飯，不可能像日本人在海外囤田，日本可以把糧食運進來，我們要運糧，太難了。我們也不像美國人，有那麼大量的耕地可以耕種，可以賣糧食。我們耕地有限，人口眾多，糧食問題太重要了。

第二，講三個擔心。1. 我擔心會種地的農民越來越少，生活在農村的人不見得都會種地，能種地的、會種地的人越來越少。好在我們進城務工的人裏面，有一半都在本省、本市或者本縣務工，這些人農

*　王韓民，中華全國供銷總社監事會副主任。

忙季節可以回去，但出省的農民也有一半多，我最擔心的就是這些人。2. 能打糧食的農田越來越少，儘管各地搞佔補平衡，但佔的都是好地，補的都是差地，甚至是生地。2017 年跟 2016 年比，播種面積少了 1200 萬畝。2019 年跟 2018 年比，播種面積少了 1400 萬畝。減少的都是好地、糧田，補回來的差地多、生地多，能打糧食的地太少。3. 留在農村的垃圾太多。影響食品安全的化肥農藥，儘管已經實現了連續 3 年零增長，但我國農藥化肥的使用量還是世界第一。現在好多地方要求既要減量使用化肥農藥，還要把包裝袋、包裝瓶都收回來，以減少對農田的污染。同時，城市垃圾現在總量有 1.5 億噸，每年還以 8% 的速度增加，全國有 2/3 的城市垃圾堆山，這些垃圾，大部分流向農村、流向農田，所以我很擔心，這些垃圾對農田造成新的污染。

第三，解決好健康中國食品安全的問題。我有三點建議：1. 要把好生產關。不僅要保證糧食的總產，還要保證糧食的質量安全。人們對高質量優質的農產品要求越來越高，生產關是第一關，生產關裏面有三個因素非常關鍵：（1）種子關。育種這一塊原本是沒有問題的，但是轉基因的問題要高度關注。（2）化肥農藥的問題。我們國家從 1978 年至 2015 年，農藥化肥使用量與糧食產量成正比。從 2015 年、2016 年以後，不成正比了。糧食產量穩步持續提升，總產量已經達到 1.32 萬億斤。化肥農藥使用量雖然下降了，但優質的、高效的、低毒的農藥比重還是不高，還是要持續地研發優質的、高效的、低毒的農藥。（3）各種垃圾對農田土壤、水體、大氣都造成影響。要減少城市垃圾向農村的排放、向農田的排放。2. 要把好流通關。農產品能不能產得出、賣出好價錢、怎麼賣出好價錢，流通關非常重要。各級供銷社就是承擔農產品的流通，政府對農產品的進城、工業品下鄉非常重視，要求供銷社加大農產品進城，搞好流通，特別是要做好冷鏈物流。好多農產品如果沒有冷鏈物流，大概在倉庫、在運輸過程中就會損失 20% — 30%。好端端的農產品，如果沒有好的條件運輸和儲藏，農產品賣不出去，更賣不出好價錢，所以流通關非常重要。全國供銷社系統，大概有 5000 家農產品批發市場，年交易額 5 萬億元，我們要全力以赴保證農產品賣得出去、賣個好價錢，讓農民增收有希望。3. 要把好監管關。農產品質量安全，各種監管非常重要。市場的監管尤為重要，現在農村有好多小超市，大量低質的產品充斥著農村的市場。農村的市場也好、城市的市場也好，食品監管非常重要。誰來監管？有國家市場監督總局，但遠遠不夠。監管需要全社會參與，供銷社非常重視進入農村產品的監管，也跟農業農村部、國家市場監管總局等部委，一起對農村市場進行監管。

生產關、流通關、監管關，這 "三關" 把握好了，農村的食品安全才有希望。

　　——在 2019 健康中國與食品安全高峰論壇上的主旨演講

（根據錄音整理）

農產品質量安全的現狀與監管 *

　　農產品質量安全是食品安全的源頭和重要組成部分，也是推進健康中國的重要任務。我給大家報告一下中國農產品質量安全的總體情況。黨和政府高度重視農產品質量安全工作，習近平總書記先後作出了"四個最嚴"、走高質量發展之路、走質量興農之路等一系列重要指示，為加強農產品質量安全工作提供了重要指導。各級農業農村部門會同相關監管部門認真履行職責，在各個生產經營主體、廣大的消費者、廣大新聞媒體朋友們的共同努力下，我國農產品質量安全工作取得了很大的進展。農產品質量安全水平不斷提升，保持一個穩中向好的總體態勢。具體講，體現在四個方面：

　　第一，農產品合格率的情況良好。全國監測的合格率連續 6 年保持在 96% 以上，2001 年的合格率只有 60% 多，2019 年前三季度合格率是 97.3%，提高了 30 多個百分點。國家市場監管總局經常發佈工業產品抽檢的合格率，也就是 97% 左右。農產品生長在田間地頭、池塘這種天然的環境中，能有這樣的合格率非常不容易。跟國

＊　黃修柱，農業農村部農產品質量安全監管司副司長。

外比，美國也開展農藥殘留的監控，他們的蔬菜合格率也就 98% 左右，所以基於合格率來講，我國農產品的狀況總體上是有保證的。

第二，我國農產品的治理體系基本建立。從標準方面看，我們已經制定了農藥、獸藥殘留標準 1 萬多項，比國際上的標準不低。有的比一些發達國家還要嚴。無論哪個國家，制定標準的時候一定是把安全放在第一位的。在保證安全的前提下，根據本國是進口國還是出口國，更多地從貿易角度考慮。從檢測方面看，"十一五""十二五"期間建立了 3293 個質檢機構，農產品檢測人員已經達到 3.2 萬人，已經基本實現有發現問題的能力。從監管上看，省、市、縣、鄉都有監管機構，監管人員大約 11.7 萬人。這些年，農業農村部門在加快推進綜合執法，農業綜合執法人員達到 3.2 萬人，監管和執法人員加起來近 15 萬人。

第三，突出問題治理取得明顯成效。高毒農藥佔比已經降到 1%，基本打掉了瘦肉精生產經營的鏈條，特別是把地下的窩點都鏟除了。2019 年在中央"不忘初心、牢記使命"主題教育專項整治過程中，中紀委牽頭整治侵害群眾利益問題，有一個專項任務就是整治農產品質量、安全問題。從 2019 年 9 月到 11 月，農業農村部會同公安部、國家市場監管總局，在全國範圍內再次開展農產品的專項整治，提出了"4+2+2+5"的整治重點和目標任務。這次專項整治由中紀委牽頭，各個相關部門指導協調，由省裏負總責，市、縣抓落實，目標就是形成可檢驗、可評判，特別是老百姓可感知的成果。中央電視台《新聞聯播》也對工作的成效進行了報道。此次行動解決了一大批問題，突出問題治理取得明顯進展。

第四，農業產業不斷升級。農業農村部不斷推進農業供給側結構性改革，不斷推進綠色化生產、標準化生產，發展品牌，認證了綠色有機和地理標誌農產品 4 萬多個，通過品牌引領來拉動農產品安全水平的提升。用一句話來概括：我國農產品質量總體上是安全的、可靠的、有保證的，大家可以放心吃、放心買。當然，我們也認識到，個別點上還有這樣或那樣的問題，特別是一些企業違規使用禁用藥物，一些生產主體不按照規定使用獸藥和農藥，導致了這樣或那樣的問題。下一步，我們還是要按照中央的要求，按照習近平總書記的 "四個最嚴" 的指示精神，從 "產出來" 和 "管出來" 兩側推進農產品質量安全工作。

監管 "六個化" 包括：1. 規模化。只要生產企業有規模了，就一定會非常重視農產品質量安全，生怕在質量安全上出一點問題，從而影響企業的聲譽，影響產品的銷售，這是一個很關鍵的方向。要想從根本上解決質量安全問題，就要不斷地推進規模化。要抓住企業、合作社、家庭農場，讓它們落實生產質量安全控制措施。對於小散戶，要推進 "合作社 + 農戶" "企業 + 農戶"，把它們納入質量安全監管的範圍。農業農村部正在抓緊研究制定和出台合格證制度，就是借鑒工業產品的理念，由生產經營主體自行開具承諾不使用禁用的藥物、承諾遵守制度、承諾所上市的產品是合格的。開具合格證後，農產品進入批發市場，由批發市場來查驗合格證，有證放行，沒證檢測，從而形成倒逼機制，讓生產主體落實安全控制措施。從 2020 年起將在全國範圍內試行。

2. 標準化。最重要的是標準的修訂，要繼續制定農藥殘留和獸藥殘留標準，從根本上保證好人民群眾的身體健康。同時，要圍繞產業是有機的、整體的來設計生產技術規程、標準體系，從種子、栽培、生產過程管控、採收、病蟲害防治、檢驗檢測等各個環節入手，形成一個綜合的標準體系，讓生產經營主體可以照單操作、按標生產，抓好標準的實施。農業農村部門要大力宣傳標準，要讓標準落地，而不是掛在牆上。要實施對標、達標行動，建立一批標準化生產示範基地。

3. 綠色化。農業農村部一直在抓"一控、兩減、三基本","兩減"就是指化肥、農藥減量使用。圍繞農產品質量安全,化肥、農藥減量使用非常重要。前些年農業農村部搞了化肥、農藥"零增長"行動,現在又提出"負增長"行動,要開展有機肥替代化肥,通過綠色化、減量化生產,從源頭上減少藥物使用,提高質量安全水平。

4. 品牌化。要發展綠色食品、發展有機食品,開展地理標誌保護行動,讓品牌深入人心,引領農產品質量安全水平的提升,引領農業產業升級。

5. 法制化。嚴格監管、依法監管,首要的是要抓緊修訂《農產品質量安全法》。《農產品質量安全法》是 2006 年出台的,現在很多情況都發生了變化,所以要把《農產品質量安全法》的修訂擺在首位。2019 年,農業農村部已經起草了一個修訂草案,報到國務院和司法部正在徵求意見。核心一個字,就是"嚴"。從初稿情況看,一是小散戶要納入,二是法則要跟食品安全法相匹配,三是要把合格證制度寫進去,等等。要嚴格執法、加強執法,將體系隊伍逐步建起來,下一步要強化農產品質量安全執法,加強相關監督抽查。黨中央、國務院 2019 年出台了兩個重磅級文件,一是《關於深化改革加強食品安全工作的意見》,二是《地方黨政領導幹部食品安全責任制規定》,都對怎麼加強監管提出了一系列的要求。堅持發現問題是業績、解決問題是我們的一種監管理念,堅持問題導向,哪兒有問題就向哪兒發力,開展突出問題的專項整治。我們目前正在跟公安部一起抓緊制定管理辦法,以前是農業部門執法,有一些地方會有一些案子不移,也有一些移過去人家不接。出台這個辦法,有利於促進農產品質量安全的刑事處罰工作。

6. 科技化。解決農產品質量安全問題,根本上還是靠科技。農業農村部在產業技術體系裏設立了農產品質量營養崗和研究崗，在研究產業發展的時候，把質量安全和營養問題擺在更加突出的位置。同時，也在設立一些專項，來研究、來攻關質量安全突出的問題。此外，要探索智慧監管，推進農產品追溯工作。現在信息化技術飛速發展，在農產品質量安全領域的應用，就是用這些信息化技術、用機器代替人來智能監管，用大數據分析預警質量安全，鎖定突出問題。還要研究方便檢測的技術。我們有一個理想：有一天，大家可以拿著手機，在菜市場買菜的時候掃一掃，就知道農藥超沒超標。全民開始監管，我們就可以失業了。

──在 2019 健康中國與食品安全高峰論壇上的主旨演講

（根據錄音整理）

科學理性地對待新生事物 *

我談幾點我國農產品質量安全管理方面的情況。

第一，關於良好農業規範。就是現在大家說的全程質量控制，它的理念，就是重點關注源頭控制。在農產品生產過程中，如果做不到全程控制，一旦哪個環節不合格，比如說農藥使用不當造成超標，那整個農產品就報廢了，報廢了以後，可能就變成了有機垃圾，不僅對農民造成損失，也影響了農產品的有效供給。對於管理農業生產的產業部門來說，其職責是既要保證消費者的安全，又要保證農民的增收、農產品有效供給，還要關注農業的可持續發展，可以說良好農業規範把這些目標很好地結合起來，是實現工作目標的有效抓手。

20 世紀 90 年代，歐洲暴發瘋牛病以後，消費者協會提出了倒逼機制，提出要建立農產品生產的良好農業規範，從源頭上抓農產品質量安全。1997 年制定了《歐洲良好農業規範》，2007 年改成《全球良好農業規範》，後來一些國家陸續開始實施。我國在這方面的工作

---

* 寇建平，農業農村部農產品質量安全中心副主任。

起步比較早，2002 年開始在中藥材上推廣這個理念，2005 年頒發了標準，2006 年就搞了《中國良好農業規範》，英文縮寫是 GAP。2009 年中國的 GAP 得到國際上的承認。

認證 GAP 的好處主要有兩個：一是只要使用全球 GAP 的標誌，產品就可以在全球暢通無阻銷售。二是獲得這個認可以後，產品信息可以在全球主要零售商網站上發佈。現在農產品買在全球、賣在全球，推行一些全球公認的品牌農產品，有利於我國農產品走出國門。

企業開展 GAP 認證，一般要經過受理、註冊、審核、批准等幾個步驟。我國有超過 1/3 的出口企業，通過了《中國良好農業規範》認證，或者通過了全球 GAP 的認證。通過認證的農產品價格大概提高 20%－30%，目前我國認證機構大概有 66 家，農業農村部農產品質量安全中心也是其中一家認證機構，截至 2019 年認證了 93 家企業，到年底達到 100 多家。

日本的農業跟我國的比較像，它也是小農，規模不大。日本農產品主要是通過推行 GAP 來保證質量。從易到難分成 6 級，最簡單的是 1 級，其認證標準就是只要達到食品安全的標準，不認證，就可以標農協 GAP。2 級是縣級的 GAP 認證，3 級是省級的 GAP 認證，4 級是日本的 GAP 認證，5 級是亞洲的 GAP 認證，最高的 6 級是全球 GAP 認證。日本的產品質量控制主要是用的這個系統。

第二，轉基因農產品安全問題。轉基因農產品也是農產品，屬於農產品安全管理職責範圍。前面有的嘉賓也提到了轉基因安全問題，這是一個非常重要的問題，也是大家關注的焦點問題之一。

現在我國農業發展進入了高質量發展階段，特別是要參與全球競爭，那首先要降低成本。我國推廣抗蟲棉的時候，種轉基因抗蟲棉和常規的抗蟲棉，施藥由 20 次減到 7 次，可以減少農藥使用 2/3，用工減少 41 天。現在用工一個工都要一兩百元，由此可見，降低成本非常明顯。從全球來看，目前有 67 個國家在應用轉基因作物，24 個國家種植，43 個國家進口。大家覺得 24 個國家不算太多，但是，主要糧食出口國本來就不多，大概就是加拿大、美國、巴西、阿根廷、烏拉圭等國家。按種植面積排名。第一名是美國，中國現在是第八名。全球轉基因作物的應用率，按作物來說，80% 的棉花、77% 的大豆、32% 的玉米、30% 的油菜都是轉基因的。

我國 2001 年開始立法，對轉基因生物進行管理。1982 年誕生了全球第一個轉基因生物——轉胰島素大腸桿菌，從此胰島素基本上就是用轉基因微生物的方式生產。由於微生物繁殖力非常強，這樣就極大地降低了胰島素的生產成本。我國現在有這麼多的糖尿病人，大家都能用得起買得到胰島素，這也是轉基因技術對人類的貢獻。如果胰島素都從動物胰臟提取，那情況就完全不同，一是買不到，二是價格很昂貴買不起。

農業轉基因的產業化從 1996 年開始，研發起步更早，但各國依法監管都是後來的事，以前一直以常規技術的方式在監管，如我國 2001 年立法管理。大家比較關注的，轉基因的安全性有沒有定論？有定論。世界衛生組織、經合組織、糧農組織對轉基因食品都有一個結論，目前上市的所有轉基因食品都是安全的。從我國管理的角度來說，凡通過安全評價、獲得安全證書的轉基因食品都是安全的，可以放心食用。比如說電視機、手機，或者買任何一個產品，就看它是不是在正規的場所銷售的、有沒有合格證。大家一般認為，凡有合格證的產品，相關部門對它已進行了檢測，大家就可以放心地使用了。轉基因食品也是一樣的，經過了安全評價，也發了安全證書，在正式場所銷售，到了我們身邊，它是安全的，可以放心食用，大家要用同一標準、同一態度對待轉基因食品。

　　現在轉基因安全評價採取的是個案分析原則。研發出一個轉基因生物，我們就對它進行安全評價，看這個轉基因生物是不是安全的。因此，不能籠統地說轉基因食品到底是安全還是不安全。如果說把對人有害的或者過敏的基因轉到小麥或者水稻裏面，它肯定不安全。因此，我們只能說通過了安全評價、獲得了安全證書的轉基因食品是安全的。

　　還有一個事實，從 1996 年開始到現在大概快 20 年了，轉基因食品還沒有發生過一起被證實的食用安全問題。大家在網上炒作的問題，都被澄清是假的。大家應該有這樣的基本認識，絕對安全的農產品是不存在的。有些人說，轉基因食品要讓它絕對安全再推廣應用。但是事物都是一分為二的，有優點就有缺點，不可能都是安全的。比如說飛機、火車、手機，用的電、修的水壩、蓋的房子，都不是絕對安全的，就連我們的食用鹽也不是絕對安全的，吃多了也要中毒。因此，應該遵循風險評估的基本原則，即通過了安全評價、風險很小、風險可控，這樣的技術就可以推廣應用。

　　還有一個誤區是認為我們吃的農產品都是天然的。我們現在吃的所有農產品都是人工培育的。玉米是現在種植面積最大的作物，也是人工培育的，天然玉米分 8 個杈，而我們培育的玉米不分杈。野生棉花是多年生喬木，可以長成參天大樹，人工培育的棉花是一年生並長得很矮的植株。

　　我國發了 7 種農作物安全證書，真正種植的只有轉基因棉花和轉基因番木瓜。我們進口的轉基因農產品有棉花、甜菜（糖）、油菜、大豆、玉米、番木瓜。只要在加工過程中，用到上述轉基因農產品作為原料加工的食品就是轉基因食品。

　　有些人擔心轉基因食品的安全問題。任何一個轉基因產品上市的時候都要經過安全評價，包括環境安全評價和食用安全評價，也要採取必需的安全防範措施。如美國轉基因蚊子，在實際操作上只向自然環境中釋放雄性轉基因蚊子，因為只有雌性蚊子叮人，所以不用顧慮對人的安全問題。雄性轉基因蚊子跟野生的雌性蚊子交配以後，生的後代還沒有達到性成熟就死了，從而減少了蚊子的數量。通過這個技術可以看出來，一是不會滅掉野外的蚊子，二是可以控制蚊子的數量，對其他的生物也沒有什麼影響。

還有美國轉基因三文魚也上市了，商業化生產的全是無生育能力的雌魚。採取的是陸地培養方式，不會對海裏的三文魚產生影響。魚卵在加拿大生產，養殖在巴拿馬，魚肉運回美國。這種三文魚上市，不會對野生的三文魚造成影響。

還有我國轉基因棉花的例子。很多人擔心，一旦轉基因放開以後，我國的產業就淪陷了。在轉基因抗蟲棉種植之初，我國國產抗蟲棉只佔百分之幾，美國的品種佔 97% 以上，經過 10 年的發展，現在生產上，種的轉基因棉花基本都是國產抗蟲棉，美國的轉基因抗蟲棉退出中國市場，棉花放開以後是這樣的情況，以後玉米、大豆如果放開，情況也不一定像有人擔心的那樣。

大家關心轉基因輿情問題。轉基因這個東西，要加強科普宣傳，形成良好的輿論環境，要是科普做得不好，影響很大。轉基因的爭論是非常錯綜複雜的。雖然說輿情比較穩定，但是水已經攪渾了，再變清，還是很難的。

我給大家舉了一些轉基因的爭論，分別來自貿易、宗教、倫理、經濟、科學、道德、政治等諸多方面。我們科普只能解決科學問題，其他這些問題爭論通過科普是解決不了的。比如說宗教問題，宗教界人士認為世界上的萬事萬物都是上帝創造的，人類改變了基因，等於人類創造了生物，所以他們堅決反對。

在倫理上，牛奶和人奶有差異，特別是人血中的血清白蛋白、球蛋白，奶牛都沒有。有科學家把人的這兩個基因轉到奶牛身上，喝了這個更接近於人奶的牛奶應該對孩子成長發育更好。有些倫理專家會說這個做法違反了倫理。

在經濟上，抗蟲基因、抗除草劑基因，大大降低了成本，減少了農藥用量，原來賣農藥的那些公司，會出來堅決反對這個事。

還有政治上，特別是西方政治跟選舉掛鉤，為了選票，支持的人多的東西，他就大力發展，反對的人多就堅決禁止。

我們生活中是不是都有這種感受：主人和他養的寵物越長越像。但是為什麼越長越像？因為人和狗之間有 75% 的基因是一樣的。地球上所有生物都是從單細胞原核生物進化而來的，所以我們的基礎基因是一樣的。人類跟豬的基因的相似度，有專家說達到 82%。

所有的生物進化都是從最底層的原核生物開始，太陽系大爆炸以後，形成地球，地球開始產生第一個單細胞生物，所有的現在千姿百態的動植物微生物都是從這個生物來的，基礎基因都是一樣的。

圍繞轉基因，因為它是個新事物，大家可以爭論，也可以討論。我們當然擔心它的安全性，要不然國家為什麼要專門制定農業轉基因生物安全管理條例，為什麼要立法管理？因為不能說轉基因的技術一定是安全的，技術都是中性的、一分為二的。爭論是正常的，但是一定要客觀理性。上次跟美國管轉基因的專家交流，他們說中國這個情況，跟他們國家 20 世紀 70 年代遇到的情況一樣。包括電的推廣也一樣，一些反對人士就說電會破壞人的免疫系統，影響生育，電線在牆裏面繞來繞去產生電磁場，也會影響生育。我後來在網上看了一下，當年關於電的謠言與現在的轉基因差不多。

對一項新技術，擔心是正常的。對任何一個新生事物，大家接受都有一個過程。汽車開始出現的時候，也有好多人反對，反對最厲害的是英國人。英國人為此專門出了一個 "紅旗法"，是說汽車在路上開，前面必須有一個人舉著旗子讓大家讓開，這樣汽車的速度永遠超不過人走路的速度，後來英國的汽車工業反倒落後了。我最後再強調一下，轉基因技術是個前沿技術、是個新生事物，大家認識有個過程，但是一定要科學理性地對待一個新生事物。

——在 2019 健康中國與食品安全高峰論壇上的主旨演講

推動食品安全　為建設健康中國
貢獻一份力量 *

　　非常榮幸能夠在 2019 健康中國與食品安全高峰論壇上分享一下個人對食品安全的觀點，並簡要介紹一下名優特產品推進委員會。

　　2019 年 7 月，在各位領導和同仁的大力支持下，中國小康建設研究會名優特產品推進委員會正式獲批成立。我們的宗旨是為推進我國食品安全、農民增收、農業現代化作出貢獻。挖掘和利用各地特色資源優勢，推動地方特色品牌升級，促進名優特產品提升品牌影響力和競爭力，推動農業高質量發展，滿足消費者對安全、優質、營養、健康的農產品及食品的追求，滿足為脫貧攻堅提質提效發揮長效推動作用的迫切需要。

　　我們將全方位整合政府資源、商業資源、數據資源、商品資源、人力資源以及技術資源，通過開展調研、諮詢、培訓交流、宣傳、渠道拓展等各項工作，為中小食品企業發展中遇到的一系列實際問題提供支持，如商品鋪貨渠道難、品牌知名度低、產品附加值低、地方產品上行難，利潤薄，核心競爭力缺失等，助力其拓展市場、推廣品

---

* 鄭學純，中國小康建設研究會名優特產品推進委員會副主任兼秘書長。

-366-

牌、提升品牌價值，獲得更大發展。

在食品安全成為國家戰略的背景下，科技的力量將會被更多地聚焦。如何利用大數據、區塊鏈、雲計算、智能手段，全方位地把控食品安全，是我們比較關注的問題。北京小康佳選商貿有限公司是一個專門銷售健康優質食品的電商平台，他們將作為名優特產品推進委員會重要的合作夥伴，為成員企業直接銷售產品，推廣成員企業的品牌，為中國名優特產品貢獻一份力量。用科技手段確保食品安全是這家公司的一大特色，為了保證產品的安全與健康，小康佳選依託全球領先的追溯體系，採用北斗全球定位系統以及螞蟻金服區塊鏈認證技術、全程追溯體系，對產地進行追蹤溯源，確保產地保真。

當下在健康與安全的目標指引下，以及市場之手的合力推動下，中國食品正在實現結構轉型，中國小康建設研究會名優特產品推進委員會將謹記委員會成立宗旨，矢志為推動食品安全、建設健康中國貢獻一份力量！

——在 2019 健康中國與食品安全高峰論壇上的主旨演講

（根據錄音整理）

第十部分

社會養老的創新發展

第五届社会养老创新发展论坛

用科技創新推進養老保障體系建設 *

自古以來，中國人就提倡孝老愛親，倡導老吾老以及人之老、幼吾幼以及人之幼。人口老齡化作為世界性問題，對於人口數量龐大的中國來說尤為突出。養老創新是我們面臨的亟待解決的問題。今天大家齊聚一堂，共同探討養老問題具有重要的現實意義。下面我談幾點看法和大家交流。

一、人口老齡化已成為我國的基本國情

國家統計局數據顯示，截至 2018 年底，60 歲及以上老年人口達到 2.49 億人，佔總人口的 17.9%，是目前世界上唯一老年人口超過 2 億人的國家。我國已經進入老齡化社會。

人口老齡化對人類社會產生的影響是深刻持久的。據世界衛生組織預測，到 2050 年，中國將有 35% 的人口超過 60 歲，成為世界上

---
* 陳宗興，第十一屆全國政協副主席、中國生態文明研究與促進會會長。

老齡化最嚴重的國家。而根據老年流行病學調查發現，老年人慢性病患病率為 76%－89%。患慢性病的老年人中，46% 有運動功能障礙，17% 生活不能自理，82.9% 的老年人每年到各醫療機構看病。有文獻報道，65 歲以上老年人平均患 7 種疾病，最多達 25 種。其中骨質疏鬆症已經成為老年人中最常見的多發病之一。60 歲以上的人群患病率已過半，其中女性發病率最多。在這樣的社會背景下，如何優雅地老去？這不再是一個文藝的說辭，而是擺在每個人面前極為現實的問題。

黨的十九大報告提出，要構建養老、孝老、敬老政策體系和社會環境，推進醫養結合，加快老齡事業和產業發展。為推動老齡事業全面協調可持續發展、健全養老體系，國務院基於 "十三五" 規劃發佈的《"十三五" 國家老齡事業發展和養老體系建設規劃》提出，到 2020 年實現老齡事業發展整體水平明顯提升、養老體系更加健全完善的發展目標。積極應對人口老齡化，加快發展養老服務業，不斷滿足老年人持續增長的養老服務需求，保障民眾老有所養，推動我國老齡事業全面協調可持續發展，是打造健康中國的一項重要內容，也是全面建成小康社會的一項緊迫任務。

二、科技創新為應對人口老齡化提供戰略支撐

人口老齡化的不斷加劇將對我國經濟社會發展和人民生活產生重大的影響。我國也已經進入新一輪科技革命和產業變革時期，科技創新為應對人口老齡化提供了強大的戰略支撐。智能養老是現代科技與傳統產業的創新融合，具有十分廣闊的發展前景，將成為引領經濟發展和社會進步的新興產業。

新時代養老服務既要"專"，也要"廣"。進一步豐富養老服務的內容和形式，有助於推動養老事業健康發展。深化醫養結合是拓寬養老服務技能、推動養老服務改革創新的重要舉措。早在 2015 年，國務院辦公廳轉發了《關於推進醫療衛生與養老服務相結合的指導意見》，指出要加快建立醫養結合機制，到 2020 年讓每個養老機構都能為老人提供專業醫療衛生服務。積極探索智慧健康養老，提高信息化水平；充分利用物聯網、雲計算、智能硬件等新一代信息技術，開發適合老年人的便攜式健康監測設備、智能養老監護設備等多樣化和個性化的健康養老產品；探索大容量、多接口、多交互的健康管理信息平台建設；實現老年人預約掛號、健康跟蹤、病情診斷和實時監測等高層次醫養結合一體化。

隨著物質生活水平的提高，大健康產業生態康養業態的發展模式也迎來重大發展機遇，其擁有良好的市場環境，發展空間巨大，是一個值得開拓的方向。

三、加速推進多層次、立體化養老保障體系建設

新中國成立 70 年來，我國養老服務事業取得了巨大發展，養老服務體系政策框架初步建立，各地進行了廣泛的探索實踐。中國養老體系主要有三種基本模式：一種是居家養老，是以家庭成員作為養老支撐主體，與中國傳統"養兒防老"思想相契合，廣大農村人口以居家養老模式為主，佔整體養老比例的 90%；一種是社區養老，依賴政府、家庭成員、社會力量為老年人提供養老服務，佔整體養老比例的 7%；一種是機構養老，例如養老院、養老公寓（養老地產）等，

是以社會保障制度為根本，由複合型機構組件來提供養老資源的一種養老模式，佔整體養老比例的 3%。從整體來看，在成熟的養老模式中，規範經營與專業化程度都較高，相較之下，我國養老產業的發展還有較大的成長空間。在子女與老人分開居住逐步成為趨勢的情況下，養老需求將迎來 "井噴"，我國作為家庭觀念相對比較重的國家，居家養老仍將是我國養老行業的主流。

社區養老和居家養老的形式應更加多元，使老年人可根據家庭實際情況靈活選擇養老方式。相比遠離社區的機構養老，更多老年人青睞在地化的養老模式。一些國家開始推行養老機構回歸社區的做法，即由老年人自主選擇或分階段挑選包括全託、日託和居家養老在內的任何服務類型。國內有條件的社區應積極鼓勵、優先推進這種混合養老模式，實現分類服務、全面覆蓋，充分整合社區養老資源，統一運營多種養老方式，提高服務效率與質量。

隨著中國特色社會主義建設進入新時代，人民群眾對養老服務事業發展提出了更多新要求。不管我們是否願意面對，我們都終將老去。自 20 世紀 70 年代實施計劃生育政策以來，第一代獨生子女的父母已逐漸步入老年，過去大家族式的養老模式已不復存在，核心家庭（一對夫婦）照顧 4 位老人的模式逐漸成為主流。積極探索解決養老問題的痛點、難點，推進多層次養老保障體系建設，健全完善居家為基礎、醫養相結合的養老服務體系是我們亟待解決的根本問題之一。

讓老年人老有所養、老有所依、老有所樂、老有所安，關係社會和諧穩定。我們要在全社會大力提倡尊敬老人、關愛老人、贍養老人，大力發展老齡事業，讓所有老年人都能有一個幸福美滿的晚年。讓我們集思廣益、共同努力，為社會養老構建美好的明天！

——在第五屆社會養老創新發展論壇上的致辭

注重制度建設　積極應對老齡化 *

如今，我國面臨著老齡化程度越來越高的問題。對於老齡化，我們應該有一個正確的認識——它是社會經濟發展的必然趨勢，也是人類文明進步的一個重要標誌。一個國家經濟發展得越快，人的壽命越長；越進步，人的健康程度越高，老年人就會越來越多，老年人佔國家總人口的比例也會越來越高。這種趨勢不可逆轉，只能應對，或者說積極地應對。而應對的方法之一，就是要注重制度建設。

黨的十九屆四中全會明確提出，要加強中國特色社會主義制度建設，推動國家治理體系和治理能力現代化。這也是有效應對老齡化的一個重點課題。我們不僅要研究一些具體的方式方法，更重要的是要研究一些思路、研究一些方向、研究一些制度建設。

目前，我國的老年人數約為 2.5 億人。數字很大，但是需求千差萬別。從年齡上來說，60—100 歲，應該分不同的情況採取不同的方式。比如說 60—75 歲的老年人，絕大部分可以自理，可以以自我保健、自我生活為主。75—85 歲，甚至到 90 歲，這一部分老年人，需

---

*　高強，原衛生部部長。

要社會關照，要加強引導，告訴他們如何保健、如何強身、如何幸福生活。90 歲以上的老年人，大部分處於失能、半失能狀態，他們應該是被照顧的重點。從經濟狀況來說，一部分老年人屬於高收入人群，社會只要為他們創造一個良好的養老條件即可。中低收入者應是關注的重點。因為完全靠政府，力所不及；完全靠家庭，又沒這個條件。所以只能是政府、社會、家庭，還有個人聯合起來，共同解決這些老年人的困難和問題。

最近，黨中央、國務院發佈了《國家積極應對人口老齡化中長期規劃》。其中提到的要求，值得我們深思。

首先，如何完善養老保險制度。截至 2018 年，我國的社會養老保險基金結餘 5 萬億元，數字很大。但是已經參保的人數超過 3 億人，平均來算，一個人也就 1 萬多元，這作為養老來講，是遠遠不夠的。我國地區之間經濟發展水平差距很大，有的地區是大大的結餘，比如深圳，他們的人口都是外來人口，非常年輕，30 歲左右，他們的養老基金大量結餘。但是有一些老工業基地就遠遠不足，要靠政府來扶持。

隨著企業困難的增加，政府決定調低企業繳納社會保險金的數額和比例。同時還要根據物價的上漲，不斷地增加養老金發放的數額。財政也面臨著減利讓稅、赤字增加、債務壓力加大等困難。所以，養老基金的收繳就面臨著一個萎縮的趨勢。而完善我們的社會養老保險制度，有效補充養老基金，長期滿足退休職工的養老金發放，才是一切養老的基礎。只有保證養老金按時足額發放，才有社會養老、健康養老，才有幸福晚年。

其次，要改革退休制度。當前，我國的退休制度非常不規範。不同工種、不同崗位、不同性別，都有不同的退休年齡。甚至還有一些特殊情況，職工沒有到老年人的年齡就已經退休了。

近年來，國家正在嘗試漸進式的延續退休年齡。這種做法是可行的，但它同時也會帶來一個問題：將導致我國長期處於一個養老年齡沒有法律依據可循且不穩定的狀態。我建議實行彈性退休制度。如果工作者身體好又有知識、有能力，且單位有需要，就可以簽訂契約，經過勞動部門批准延續退休，但延續退休期間照常繳納養老金，並推遲養老金發放。這樣既可以增加延續退休者工資收入，充盈國家的養老金，同時也不會給養老金發放造成負擔，一舉三得。

第三，是老年人的基本醫療保障問題。按照相關規劃，到 2020年，我國要建成基本醫療衛生制度。但到底這個基本醫療是什麼定義？服務的範圍是什麼？服務的標準是什麼？缺乏有效的規定。而在這個全民通行的基本醫療衛生制度中，如何體現對老年人的照顧和保障，也是一個大問題。

眾所周知，老年人的醫療衛生服務需求不可能和青年人、中年人一樣。如何為老年人提供特殊的、優惠的基本醫療衛生服務，是制度中必須要考慮的問題。目前，老年人的報銷比例和青年人的報銷比例沒有區別，但對於老年人，特別是那些失能、半失能的老年人，就應該在報銷比例上給予照顧和傾斜。否則，很多老年人可能就享受不到應有的基本醫療保障。比如，有的地方按照規定，會送一些有困難的老年人去社會機構養老。但如果這些老年人是失能、半失能的，往往就會被養老機構拒收。理由是經濟負擔過重，機構承受不了，而老年人自己又承擔不起。作為社會養老機構，拒絕不是沒有道理，但是怎麼辦？留到家裏誰去管他、誰去照顧他？政府要如何保障這部分人的基本醫療？長期照護的費用能不能列入基本醫療保險保障的範圍？能不能報銷？這都是需要考慮的問題。總之，應考慮老年人的權益，各個方面都要照顧到。

第四，國家現在有《老年人權益保障法》，其中提出了一些原則，也提出了一些要求。希望能夠根據現在應對老齡化趨勢和面臨的實際問題，進行調整、補充、修改，使之對老年人的權益保障更加具體、更加明確、更加可行。

什麼是制度？制度就是大家必須共同遵守的規則、規範、規定、規矩，甚至有的要上升到法律，這就是制度。制度的制定要有先進的理論做指引，要有豐富的經驗做基礎，還要有充實的民意體現到制度中，便於落實、便於執行、便於廣大的民眾能夠享受到實際的利益。關係到應對老年人的問題、老齡化的問題，制度的完善必不可少。

黨中央、國務院發佈的《國家積極應對人口老齡化中長期規劃》中，明確提出到 2022 年，要基本建立起積極應對老齡化的制度框架。在未來的 3 年中，希望有關部門以及專家學者加強對制度框架的研究，特別是要對保障老年人權益的制度加強研究，繼而提出一個完整的方案，供黨中央、國務院參考。

──在第五屆社會養老創新發展論壇上的主旨演講

創新發展老年照護服務 *

    2019 年中央經濟工作會議指出，應對當前經濟下行，要激活蟄伏的潛能，其中強調了要開放巨大的中國市場潛力，要發揮龐大的人力資本和人力資源。特別讓人高興的是，會議提出了要解決"一老一少"的問題，作為 2020 年經濟工作的重點。這樣的話，就把全面建成小康社會所包含的老有所為、老有所醫、老有所樂，朝著精準性、有效性大大推進了一步。我就結合中國勞動學會承接中國科協《關於老年照料人員調查報告》所形成的一些成果和大家交流。

    老年照料是目前老年事業、老年產業發展中的一個短板，應該說老年照料是傳統產業和現代產業相融合的朝陽產業，每天清晨起來中國就有億萬人開始了照料的服務。但隨著全球化、新技術革命，老年事業也出現了新的趨勢。經過國際比對，世界上發達國家平均 30% 的家庭有家庭服務需求，中國由於婦女的勤儉持家，僅有 15% 的家庭有家庭服務需求。近年來，北上廣深和一些省會城市發展較快，已

---

*   楊志明，人力資源和社會保障部原常務副部長、黨組副書記，國務院參事室特
    約研究員，中國勞動學會會長。

經上升到 20% 以上。

這個家庭服務從中國的實際出發，包括了四個基本業態：1. 家政服務；2. 老年照料服務；3. 醫患陪護服務；4. 小區照料服務。在這四種服務中，唯獨老年照料服務供給不足，那麼是什麼原因呢？經過 5 萬份的老年抽樣調查，發現大概的情況是這樣的：60—70 歲年齡段普遍身體很好，一部分人自己還要照料老人，所以這時候老年照料的需求總體上看是不需要，或者說聘用的比較少。70—80 歲這個階段，主要是三助：第一是助潔，家庭清掃保潔；第二是助餐，需要聘用小時工等做飯；第三是助急，家庭突然發生了一些變化需要僱人。80—90 歲年齡段又發生了新的變化：第一是需要助行，出外行走得有人陪同；第二是助醫，看病也需要有人一同前往；第三是身體不太好的需要助浴，也就是幫助洗浴。90 歲以上就進入了全天候需求。大概就是這樣的情況。另外還有失獨家庭、孤寡老人、病殘老人等等，全國有一兩千人是剛需。

面對剛需，目前在全國家庭服務市場包括老年服務市場上，出現了“五軸聯動”。

第一動是市場拉動。一是中國城鎮化的加快，城鎮化率每增加 1 個百分點，就增加 280 萬個家庭；二是老齡化的加快，全國老年人口有 2.5 億人；三是家庭服務社會化的加快，在北京，家裏生了二胎，不僱個育兒嫂、月嫂，光靠老人來幫助照料顯然很困難；四是二胎政策的普及化也使市場出現了缺口。所以，這“四化”造成了在中國今後 20 年內，家庭服務將進入旺季，到達黃金發展期。

第二動是政府推動。2010 年國務院常務會議研究通過《關於發展家庭服務業的指導意見》，到 2019 年 5 月又通過《進一步發展老年事業激活老年產業》，這一系列政策包括老年照料在內，國家降稅減費的扶持、從事家庭服務業給予 3 年免徵營業稅的支持、給予最大限度減少各種新費的支持等，吸引了全社會的關注。

第三動是企業帶動。全國出現營業收入 100 萬—1000 萬元的優秀家政企業 1000 戶，1 億元以上的 100 戶，叫"千戶百強"引領家庭服務業發展。在老年照料方面，北京發展得比較好的是"愛儂"，可以去朝陽區愛儂家庭服務培訓大樓看一下，他們的口號是"您有所需，我有所助"。在全國發展比較好的是杭州的 3T 公司，也是全國最大的家庭服務企業，"替人受苦，替人受累，替人分憂"。家庭服務大企業做大做強，家庭服務中小企業做大做精。

第四動是環境的鬆動。怎樣給老年照料人員更多的支持呢？目前願意從事這個行業的，國家給予人均 800 元的培訓補助。北京率先按照國務院的要求對家庭服務人員給予 30% 的社保補貼，緊接著成都也跟上，全國大城市陸陸續續也都出台類似政策。不給家庭照料人員一些超出一般外出務工人員的優惠，是難以吸引從業人員的。我到石家莊的勞動力市場，看到有人在排隊搞家庭服務業培訓，大概就是現在所說的"40 後""50 後"農村婦女。

第五動是科技驅動。家庭保健機已經進入了許多家庭，老年助浴機也逐步發展起來。兩款德國製造的機器是 1 萬元左右，芬蘭的是 2 萬多元，經過中國的改進提升發展以後，價格大大降低，只相當於進口的 60%—70%，而且還有進一步降低的空間。我曾經應邀到阿里巴巴，看到兩件事：一是看一下他的全國電商客服技能大賽，二是體驗一下智慧酒店。我進去之後深有感觸，一進門把身份證一放，自動辦理入住手續，從上電梯，到開樓層門，再到進門以後拉窗簾、開電視、放音樂等，一切都是人臉識別系統指揮下的機器人操作。一個叫"天貓精靈"的機器人會和你對話，你需要什麼，比如你說今天晚上需要個蕎麥皮枕頭，它很快就通過酒店的信息系統發指令給你送來了。我早上去吃早餐的時候就碰見一個機器人和我一起等電梯，因為它要給酒店內客人送餐。無論是床單、枕套還是零食飯餐，只要手機一點，隨時都可以快速送到。所以智慧管理可以大大提升老年照料"六助"中的至少"三助"。我又一次對人工智能產生了思考：一是它可以替代危險勞動，包括井下和地面採掘、危害化學品生產等勞動；二是替代苦髒勞動，包括城市保潔、短途物流搬運等等；三是簡單枯燥的勞動，像大家都看過的卓別林電影裏生產線上的勞動；四是替代一般的生產和服務勞動。那麼阿里巴巴開發的這個"天貓精靈"，它超越了德國的機器，可以給人提供互動性強的、非常好的服務。

這"五動"是積極的趨勢，那老年照料行業有哪些難題呢？經過調查發現，有"三難"。

第一難是照料老人的意願低。為什麼呢？調查過程中照料人員講，照料小孩經常有歡樂，看著孩子一天天長大很高興。但是照顧老人，他最怕老人家嘮叨，尤其是七八十歲的人常常拿自己的經驗積累套用現在的規矩，比如說在家庭服務培訓裏，剩飯、剩菜都要倒掉，但老人要放到冰箱還等著吃下頓，所以經常為這些事情發生不愉快。

第二是招工難。家庭服務人員現在的市場需求至少是一兩千萬人，但是去年市場供給僅僅有 300 萬人，這是個龐大的缺口，是一個硬短板。需要源源不斷的人員，讓他們有體面的勞動、有優厚的報酬，然後進入到家庭服務業。我長期兼任國務院農民工辦的主任，也是國務院家庭服務業聯席會議辦的主任，有的領導就問我：保姆，特別是月嫂在北京掙多少錢？我說一般的 8000 元，好的 1 萬元。這不是我們的指導價，也不是誰定的，就是市場供需決定的。現在家庭服務最新引入了一些院校的學生，從事中高端家庭服務，一個月 1 萬元到 1.5 萬元，在北上廣深率先進入市場。

第三難就是家庭老年照料陪護沒有一個行業標準。發生一些不愉快的爭執難以理斷，勞動爭議難解決。菲傭為什麼會成功呢？首先他們都是中專、大專畢業，受過專業的訓練；其次菲傭的行業基本規範就是不與僱主發生爭執，即使僱主說的不對，菲傭也說我反思反思，所以菲傭贏得了全世界的認可。當年阿基諾在機場鋪上紅地毯，像迎接奧運冠軍一樣迎接菲傭回國，因為他們給國家掙了 40% 的外匯。

所以我認為破解"三難"需要"六有"。

第一是上崗有培訓。目前國家正在實行兩大計劃。一是農產品技能提升計劃，每年培訓 2000 萬人，一部分人是新進勞動力市場的，一部分人是提升服務的。像人社部的"春潮行動"、扶貧辦的"雨露計劃"，加上住建部、教育部共同完成的職業技能終身培訓，人均補助 800 元，扶貧辦的比較高，有 1300 元。二是從 2019 年開始，國家拿出失業保險金 1000 億元，3 年培訓 5000 多名技工，包括家庭服務人員。這是新中國成立以來，最大的一次對於職業技能培訓的國家投入，北京是幾十億元，廣東最多有 200 億元。

第二是發展有龍頭。扶持一大批優秀的家庭服務企業，逐步擴充員工隊伍。為什麼呢？目前家政市場企業員工僅僅佔到 15%，40% 是中間機構，另外 40% 多是朋友介紹，好多都不需要勞動合同。要把口頭吸引變成勞務契約，就需要發展上前有標兵、後有追兵，才能解決這個問題。

第三是服務有補貼。要把養老照料人員的養老補貼發放快速推向全國各個大城市。不少人問我，50 歲退休交不夠養老保險怎麼辦？國家有規定，不夠 15 年的補交後，就可以享受退休以後的養老保險，所以要推動這個事情盡快落地。

第四是行業有規範。儘管"盜竊保姆""縱火保姆"是個案，但是給社會造成的負面影響很大。所以各級政府 12 個負責養老產業的部門和行業協會都要加強治理，基本的一條就是要求他們都要有就業服務計劃。如果有這一條，那麼"杭州縱火保姆"事件就不會發生，因為她已經有前科，不符合家庭服務規範。但是目前沒有注重誠信記錄，所以就發生了悲劇，因此行業要自律。

第五是環境有寬鬆。就是說各級政府，包括街道、居委會都要把降稅、減費、補貼這些政策落實到位，使人流、物流、資金流、信息流源源不斷地湧入家庭服務和養老產業。

第六是小區有驛站。這是老年人普遍反映的問題。老年產業最需要的就是就近服務，包括鐘點工服務，住家保姆的服務。所以小區驛站的建立將成為2019年民政部等12個部門，落實國務院指導意見最重要的抓手。

老年產業又叫"銀發經濟"。開發"銀發經濟"永無止境，我們希望通過這次論壇吸引社會上越來越多的人投身到老年照料的行業裏，讓願意照料的人基本滿意，讓願意消費的人基本滿意，讓願意投身這個產業的人基本滿意，共同創造綠色的、低碳的、環保的、便捷的、源源不斷的照料服務，創新管理、創新服務，給老年人帶來全面的服務！

——在第五屆社會養老創新發展論壇上的主旨演講（根據錄音整理）

積極適應健康產業發展的新需求 *

　　社會養老問題是當前中國很熱的話題。為什麼這麼說呢？因為我國已進入老齡化的時代，60 歲以上的老人已經超過了 2.5 億人，佔全國總人口的 17.9%。回顧一下 21 世紀初的時候，我國老齡人口是 1.26 億人，這 19 年來淨增長 1.23 億人，平均每年淨增長 683 萬人，近幾年每年增加超過千萬人，增速是世界第一。據預測，到 2050 年，我國老年人口的數量會接近 5 億人，將佔到我國人口總量的 1/3 多一點。這樣一個龐大的群體，他們的健康是全民健康進步的一個重要標誌，他們需求的滿足，也是相關產業發展繁榮的一個重要標誌。

　　國家對如何應對老齡化的問題非常重視，2019 年以來中央和有關部門以及地方各級政府都下發了規劃、方案、指導意見，提出了不少含金量很高的優惠政策。比如 2019 年 4 月，國務院辦公廳下發了《關於推進養老服務發展的意見》，這個意見提出在 2022 年確保老年人人人享有基本養老的服務基礎上，有效地滿足老年人多樣化、多層次的養老服務需求。2019 年 8 月，國務院又建立了應對老齡化的養

---

*　李春生，第十三屆全國人大農業與農村委員會副主任。

老服務部際聯席會議制度。2019 年 11 月，黨中央、國務院又下發了《國家積極應對人口老齡化中長期規劃》，規定到 2022 年，基本確立起積極應對人口老齡化的制度框架；到 2035 年，積極應對人口老齡化的制度安排更加科學有效；到 21 世紀中葉，就是到 2050 年，與社會主義強國相適應的，應對人口老齡化的制度和安排進一步成熟完備。隨後國家發改委、衛計委、民政部、財政部、稅務總局密集下發了指導意見、實施方案、規劃標準以及相應的政策。中央已經把應對人口老齡化的問題上升為國家戰略，目的就是加快建設居家、社區機構相協調，醫養、康養相結合的養老服務體系，把老齡人口的問題最大限度地解決好。

應對人口老齡化，做好社會養老，一方面應繼續做好政府主導的公共醫療和養老服務事業，另一方面應積極引導社會力量興辦養老、康養產業。二者實現有機結合，互為補充、相互促進，共同推進社會健康養老事業發展。

從老年人的需求來看，相對其他年齡段的群體，健康是他們最大的需求。他們對健康的需求尤為迫切，這也是現階段醫療健康養老公共服務事業加快發展，特別是健康或者康養產業迅速發展的一個重要原因。談到保障老年人的健康，這次論壇的主題提到創新，當然，醫療健康公共服務事業的發展需要創新，很重要的是健康和康養產業發展需要很好的探索創新。目前，健康和康養產業發展很快，但從社會的需求來講，這些產業發展也僅僅處在初步階段，發展的潛力空間還很大。對健康和康養產業發展理念、業態、模式都應該進行深入探討，積極探索實踐和創新，真正使產業發展適應市場需求，適應老年人的需求，與國家醫療健康的公共服務事業發展相適應，與國家相關方案的規劃相匹配。

從農業產業的發展來看，以康養為目的的農業產業方興未艾，產業的業態模式可以是豐富多樣的，發展種類很多。

第一，田園的生態養生。就是依託當地獨特的自然資源、生態環境和優良的氣候條件打造的生態體驗，如田園養生、休閒農莊、度假養生等。2019 年 6 月，我到廣東的大埔，那裏素有"常來大埔，健康長壽"之說，山清水秀，風景秀美，被譽為"中國長壽之鄉"，榮獲"全國深呼吸 100 佳城市"。這個縣把綠色生態作為發展的最大資源、最好條件、最佳機遇，幾年來積極開拓生態宜居康養產業。生態宜居康養產業已成為當地富民強縣的重要產業之一。

第二，田園健康養生。將醫療、康養、休閒、度假等多種元素融合，結合當地獨特的溫泉療養、礦物質療法等特殊的資源條件，發展康復療養、田園休閒養生。

第三，田園文化養生。通過挖掘當地獨特的宗教、民俗、歷史文化等資源，利用先進的科技手段打造具有文化特色的休閒養生區，回歸本心，修身養生。前不久我到浙江的永嘉縣，它位於浙江的東南部，是千年古縣。當地充分利用特有的自然風光、歷史文化和深厚的人文積澱等條件，引進有文化專長的鄉賢回鄉創業，建立了多個文化藝術書院。我參觀的南溪書院很現代，坐落在環境非常優美的地方，它吸引了大量的海內外藝術家到當地寫生，藝術院校的學生到當地實習，帶動當地發展民宿、休閒、養生、度假產業，是典型的以文化為依託把產業做得很好的案例。

第四，田園飲食養生。我們國家食品種類非常豐富，相當一部分食品是藥食同源。一些地方發展綠色種植業、生態養殖業，進行健康、綠色食品研發，生產適應特殊群體特別是老年人需求的具有保健功能的生態健康食品，與休閒農業相結合，這樣的產業在農村產業發展中還是很多的。

隨著農村健康產業的發展，康養小鎮、生態小鎮、文旅小鎮等特色小鎮不斷湧現，催生了農村健康產業的新模式、新動態，助推形成健康產業發展的新動能、新趨勢。至於如何把這些產業進一步發展好，適應社會養老的需求，我想從宏觀的層面談三點建議。

第一點，應按照《國家積極應對人口老齡化中長期規劃》以及相關方案，結合區域資源的條件，制定具體的指導意見，積極引導社會經營主體參與社會健康產業的發展。

第二點，應結合養老健康產業發展中的實際。針對當前社會經營的養老機構普遍存在融資難、運營難、用工難等問題，政府應該認真提出應對舉措，給予必要的支持，如土地的供給、資金的補貼、稅費的優惠、共同項目的委託、相關技術的支持等，為社會養老、康養產業的發展創造有利條件。

第三點，應制定和提出管用、有效的舉措來推進工作。比如結合老年人群體的需求分類施策，針對不同的年齡段有不同的政策，根據國家相關的規劃方案制定相關的制度規範和標準，同時要形成工作運行的機制，形成正向的激勵和導向，促進社會健康、養老事業和健康產業的快速有序發展。

應注重統籌各方資源，形成工作合力，為農村養老健康產業提供可靠的保證。因為健康養老事業絕不是一個部門的事情，而是牽扯到多個部門、社會的方方面面，所以要把各方面的資源有效地銜接統籌起來，發揮合力，來解決我們社會的養老問題，來促進我們社會健康產業的發展。

—— 在第五屆社會養老創新發展論壇上的主旨演講

社會養老事業的機遇和挑戰 *

　　我非常關注社會養老事業的發展。講三個觀點,第一是機遇,第二是挑戰,第三是發展。

　　第一,機遇。

　　我覺得社會養老事業不僅僅是現在的機遇,而且是一個永遠的朝陽產業。因為每個人都有生老病死,中國有這麼多人口,過去又是比較落後的國家,現在可以說提前進入了老齡社會。有 2.3 億以上 60 歲的老年人,這還是 2018 年上半年的數字。這麼多的老年人,怎樣度過晚年生活?這是一個全方位、全過程的需求。所謂"全方位",即老年人的衣食住行,都離不開社會養老事業。"全過程"就是從生到死整個過程都有需求。人進入老年以後,醫療、服務、生活料理等都需要社會養老事業來保障。所以說,社會養老事業不僅僅是機遇的問題,而且是一個永遠需要發展的問題。之所以說現在是機遇,是因為黨的十九大明確提出"健康中國戰略",戰略就是大事,不是

---

*　賀鏗,第十一屆全國人大財經委員會副主任委員。

小事。是長時期的問題，不是短時期的問題。2019 年的經濟工作會議，在民生這個條目下著重提到了"一老一小"問題，這就是說，從今年開始，是做好社會養老非常好的時機。

第二，挑戰。

當前發展社會養老事業確實面臨著許多挑戰。凡是從事這個行業的企業家、社會組織等，都知道現在競爭非常激烈，許多人都在做這個工作。如何讓自己所從事的社會養老事業在行業競爭中站住腳跟，順利地做下去，這就是一個挑戰，需要拼質量。一部分同志把社會養老的目的還沒有弄得太清楚，只作為一般產業來考慮，甚至把它當房地產事業來考慮。這樣就把社會養老問題搞偏了。所以，把社會養老概念搞準確非常重要，明確社會養老事業的重點也非常重要。因為競爭很激烈，如果不把這些問題搞清楚，在這樣激烈的競爭中就可能搞不長，就辦不下去。中國的許多產業壽命很短，改革開放 40 多年來民營企業的平均壽命有人說是 2 歲，有人說是 4 歲。就算是 4 歲，那也是壽命不長。其中一個很重要的原因就是沒有真正把自己的事業理解深透，只把賺錢放在中心位置上，致使產品質量不高、產業發展的水平不高、科技進步不快。社會養老事業涉及許多許多的問題，醫療、康養、老年人的生活需求等等。百姓的實際情況是什麼樣的，收入水平是什麼樣的，要針對這些實際情況確定方向、定好位，才能把事業做好。國外的養老事業有很多經驗值得我們學習，但是他們的經驗也應該與中國的實踐相結合。我們的收入水平、生活習慣跟西方是有差異的，所以需要研究，明確了方向，才能保證將自己的事業做好，使自己的事業有競爭能力。

第三，發展。

要結合中國的實際情況，把養老的標準定好。不能一味地搞高端。大多數中國人月收入不超過 1 萬元，他們需要什麼樣的養老，心中要有數，所以要定好位。健康中國不是健康一部分人，而是整個中國，所以我們的養老事業應該是高、中、低各類養老事業都要發展。

我覺得要重點把社區養老工作做好，廣大農村的養老更是需要研究。我有許多農村親戚，他們現在都面臨養老問題。對農民的收費標準肯定不能太高，這一部分養老事業要怎麼發展，也需要認真研究。還有一些康養工程，比如說建立一個健康小鎮，在山清水秀、住著很舒服的地方辦養老事業，還需要考慮產業佈局問題。老年人有三個方面的需求要考慮：一是老年人要與社會接觸，不能把他孤單地放在一個所謂氣候好的地方。二是不能遠離醫療資源。一個康養機構不可能把醫療設施辦好，也不太必要。三是中國人家庭觀念與西方人不一樣，中國人老了希望跟自己的親人、子女經常接觸。所以康養機構不能一味放在偏遠的氣候好、風景好的地方，而是要考慮到方方面面的需求，把位置選擇好。選址當然不僅僅是企業家的事，政府也要做規劃。

最後，要講一講康養點建設問題。我曾經向貴州銅仁的同志提過建議，我說你這個地方適合發展康養事業，在發展中，第一，是要注重文化元素，例如書畫。老年人中可能有許多人都喜歡詩詞歌賦、書畫。你要考慮讓他在康養點可以做這樣的事情。第二，可以發展一些休閒農業。他們希望種一點什麼，就幫助他們種些什麼。這樣既有益於他們的身心健康，還能發揮餘熱創造財富。因為有活動能力的老年人在家裏一個人生活比較難，如果有這麼一個能滿足自己需求的地方，他是很樂意出一點錢去養老的。所以說，養老這個主題要不斷創新、不斷豐富內涵。不能簡單地把西方的一些經驗搬到中國來，一定要根據中國的實際情況創新發展，把質量提高。這樣我們的社會養老事業就會越做越大、越做越好，就會真正實現黨的十九大提出的健康中國戰略。

　　我衷心希望中國小康建設研究會把這個事情抓深、抓全面，引導各方面的人士在一個明確的體系下共同把社會養老事業做好。

──在第五屆社會養老創新發展論壇上的主旨演講

社會養老創新要關注農村老齡化問題 *

　　目前農村康養產業主要解決的是城市人的養老問題，而不是農村人。所以我藉此機會就農村的老齡化問題談一點觀察和思考。主要談三點。

　　第一，農村老齡化形成的原因及其特點。農村的老齡化有三個特點：一是一部分人由於人口的自然生長，達到了老齡化的邊界或者範圍，所以成了老齡人口。二是外出就業到了年齡之後返鄉的人口，從"50後"到"60前"都是 60 歲的人，這些人口到了一個比較集中的返鄉時間段，這樣給農村的養老帶來了一些新的壓力和挑戰。三是農村人口居住比較分散，不像城市人口都在一個社區，有一個活動中心，能經常到一起聚聚。特別是那些邊遠的地方，戶與戶都不挨著，這個其實對老齡人口的身心健康帶來了很大的影響。基於這些特點，我們在研究如何應對農村老齡化問題、怎麼樣落實規劃的時候，要有特殊的考慮。要根據農村老齡化問題形成的原因和特點來施策，否則

＊　宋洪遠，農業農村部鄉村振興專家諮詢委員會副秘書長，農業農村部農村經濟
　　研究中心主任。

不可能真正地解決問題。

第二，農村老齡化問題對經濟社會發展的影響。首先就是對農村的勞動力有效供給帶來的影響。當前農村勞動力整體上年齡偏大，而且最近幾年又出現了一個新情況，就是農村出現了大量的適婚男女，這就給農村勞動力的供給帶來了不利影響，既影響了人力資源的素質，又出現了開發利用難的問題。所以老齡化帶來的影響不僅是經濟的問題，還有社會的問題。其次就是農村勞動人口的年齡越來越大，他們不接觸新事物，不知道新產業、新業態，所以發展難，產業競爭力受影響。最後就是在養老、孝老、敬老的理念和意識上，農村代際之間差異很大。年輕人都到城市打工，受到城市的影響，與老人的觀念不同，出現了很多不敬老、不孝老、不愛老的問題，這給農村的養老問題帶來了一些挑戰。

第三，不能老用城市的思維去說農村的事、解決農村的問題。健全、構建城鄉統一的應對老齡化的體制機制和政策體系，要關注以下四個問題：一是經濟基礎和保障標準的問題。經濟基礎決定保障標準的高低，城鄉要一體化對接，但這個錢到底是城市出還是農村出？所以要構建城鄉統一的應對老齡化的體制機制和政策體系，首先就要考慮經濟基礎和養老標準的銜接問題和適應問題。保障高了當然對老人好，但是農村的基礎能力不夠；低了就跟城市差距很大，又會有新的窪地，導致不公平。二是居家養老和社會養老這兩個方式的選擇。農村的養老主要是居家養老，其實農村人也希望社會養老、公共機構養老，問題是農村的社會機構覆蓋不足，提供的服務不夠。我覺得農村居家養老以後面臨的挑戰和壓力會越來越大，因為農村好多貧困人口，還有老弱殘的人口，所以也要考慮社會養老的方式，不能只依賴居家養老。要考慮到居家養老和社會養老之間的配合。三是養老和醫療的結合。在城市人看來醫養結合非常容易，養老的地方都有醫務室，附近就有醫院。農村的醫院是縣、鄉、村三級醫療機構，很多村沒有醫療機構。老人住在村裏，看病還要出去，這個是有困難的。所以農村養老的醫養結合還是有一些工作需要銜接的，有很多制度上的問題、體制上的問題都需要考慮。四是要考慮發展養老事業和發展康養產業的區別。有的事情可以市場化，有的事情不能市場化，是需要政府做的。就是說，在養老事業的發展上，政府做哪些事、市場做哪些事，這些都需要研究。所以農村的養老問題，在構建養老體制和政策體系的時候、在進行社會養老創新的時候有很多需要研究，這是和城市不一樣的，有其特殊性。

我的建議是這樣的，第一，還是要做試點，讓基層去做。在調研中發現基層有很多好的養老模式、理論方式，這是很好的試點。要鼓勵基層自己去幹，自己去試。第二，要選擇一些有特點、有代表性的地方去試，試完以後再全局推廣。這樣通過試點找到一些路徑和辦法，然後再進一步促進城鄉養老體制機制和政策體系的銜接與融合。

——在第五屆社會養老創新發展論壇上的主旨演講（根據錄音整理）

創新社會養老制度體系
提升老齡社會治理能力 *

　　推進社會養老，根本上要靠制度。黨的十九屆四中全會提出，要健全老有所養的國家基本公共服務制度體系。要從國家治理體系和治理能力現代化上應對我國的老齡化問題，構建適應老齡社會要求的制度體系，推進社會養老健康有序地發展。

　　我認為，推進社會養老制度體系，應該著重從以下三個方面進行制度創新。

　　第一，創新醫養結合的制度體系。推進全民健康的最大問題是老年健康，發展社會養老事業最核心的是提高老年人的健康水平。黨的十九屆四中全會明確提出，要強化提高人民健康水平的制度保障，特別強調要積極應對人口老齡化，加快建設居家、社區、機構相協調，醫養、康養相結合的養老服務體系。目前，在我國 2.49 億 65 歲以上的老年人中，患慢性病的有 1.2 億人，失能、半失能的有 4000 多萬人。我國的衛生與養老服務銜接還不夠到位，醫養結合的服務質量還不高，相關的支持政策還不夠完善。因此，要創新促進

＊　凌先有，水利部離退休幹部局黨委書記、局長。

醫療衛生和養老服務融合發展制度，深化醫養簽約合作，促進醫養結合。要創新預防保健疾病增值制度，促進優質的醫療資源和優質的藥品向社區和家庭延伸。要創新康復護理保障制度和市場化資源配置制度，促進醫生和護理人員為老年人開展上門醫療服務和精神慰藉服務，引導商業保險公司開展長期護理保險業務。我們要促進各種醫養結合政策制度的銜接，增強制度政策的合力，為提高老年人健康水平提供制度的支撐和保證。

第二，創新養教結合的制度體系。文化教育養老是體現當代人人文關懷、促進老年人身心健康的一種新型養老方式。習近平總書記指出，"老年是人的生命的重要階段，是仍然可以有作為、有進步、有快樂的重要人生階段"，並且強調要適應時代的要求，創新思路，推動老年工作向注重老年人的物質文化需求、全面提升老年人生活質量轉變。我們要認真落實習近平總書記的要求，創新老年教育管理制度，實施發展老年大學行動計劃，並使之納入國家的終身教育體系。在老年教育的體制機制、隊伍建設、經費投入等方面加強保障，促進老年教育與經濟社會的協調發展。要創新老年大學資源共享制度，促進各個行業與城鄉社區融合的，各具特色、互為補充的老年教育網絡建設，擴大老年教育資源的有效供給，切實解決當前老年大學"一票難求"的問題。要創新養老機構開展老年教育的制度，在社區老年人日間照料中心、託老所等各類社區養老場所設立固定的學習場所，配備教學設施設備，開展形式多樣的老年教育，推進養教一體化，推動老年教育融入養老服務體系，豐富老年人的精神文化生活。

第三，創新養為結合的制度體系。老有所為，奉獻社會，是一種積極進取的養老方式。老年是仍然可以有所作為的重要人生階段。老年人的需求不僅局限在物質和醫療方面，更有實現自我價值的願望和需求。習近平總書記強調，要為老年人發揮作用創造條件，引導老年人保持健康心態和進取精神，發揮正能量，做出新貢獻。要按照習近平總書記的要求，把老有所養與老有所為結合起來，使老年人不僅是經濟社會的共享者，更是改革發展的奉獻者。目前，我國在發揮老年人積極作用方面還存在著思想觀念和政策制度等制約因素，老年人參與社會活動的渠道、機會和平台比較有限。我們要創新老年人人力資源開發利用的制度，充分發揮老年人的智慧優勢、經驗優勢、技能優勢，為其參與經濟社會活動搭建平台、提供政策支持，激勵老年人在科學普及、環境保護、社區服務、治安維穩等方面積極服務社會、奉獻社會。要創新老年人就業政策，使相對貧困、低收入的老年人在社區服務、養老服務等活動中獲得更多的兼職機會，提高生活水平和質量。

總之，要通過社會養老制度的創新，推動老齡社會治理體制的創新，激發老齡社會發展的活力，為推進國家治理體系和治理能力現代化作出貢獻。

——在第五屆社會養老創新發展論壇上的主旨演講

社會養老的趨勢和模式 *

  中國小康建設研究會以養老創新為主題舉辦的論壇，主題抓得準、切入得比較實在，體現了小康建設研究會的社會責任和擔當。

  我認為，討論養老，必須從老齡社會長壽時代的大背景去研究，才有針對性。相比於年輕社會，老齡社會是一個全新的社會形態，對一國乃至全球的經濟、政治、文化、社會、生態建設都具有全面、持久、深刻的影響。從現在到 21 世紀中葉，我國人口老齡化將經歷三個階段：第一階段（2020 年前）老年人口增至 2.55 億人，老齡化水平提升至 17.8%。其中，受人口慣性規律的作用影響，隨著 1949－1958 年第一次出生高峰人口進入老年，到 2020 年，少兒人口數量略高於老年人口數量，達到 2.66 億人；勞動年齡人口數量達到 9.13 億人，佔屆時總人口的 63.7%。之後，老年人口數量開始逐漸超過少兒人口數量，我國從此進入以撫養老年人為主的時代。第二階段（2020－2035 年）是急速人口老齡化階段。老年人口數量從 2.55 億人增至 4.18 億人，人口老齡化水平從 17.8% 升至 28.7%。在此期間，隨著 1960－1975 年第二次出生高峰人口進入老

---

* 王深遠，中國老齡科學研究中心主任。

年，老年人口迎來第二個增長高峰，年均淨增加 1087 萬人，老年人口年均增長率為 3.35%，是同期總人口年均增長率（0.1%）的 33.5 倍。在此期間，少兒人口淨減少 5500 萬人，勞動年齡人口淨減少 8600 萬人，社會總撫養比由 57.1% 快速提升到 76.1%。隨著人口老齡化持續加重，到 2035 年，老年人口數量超過少兒人口數量將近 1 倍，老年撫養比將達到 50.5%，比少兒撫養比高 1 倍。這個時期是 21 世紀人口年齡結構變化最劇烈的時期，老年人口增長速度最快，老少比翻一番，達到 198:100，這種人口老齡化速度在人類發展史上絕無僅有。第三階段（2035─2050 年）是深度人口老齡化階段。老年人口數量增至 4.83 億人，人口老齡化水平從 28.7% 升至 34.1%。其中，2046─2050 年，隨著第三次出生高峰人口進入老年，老年人口迎來第三個增長高峰。在此期間，總人口數量從 14.56 億人持續減少到 14.17 億人，少兒人口規模基本穩定在 2.1 億人左右，勞動年齡人口數量從 8.27 億人持續縮減到 7.13 億人，而老年人口以年均淨增 433 萬人的速度繼續穩步增加，2053 年達到峰值 4.87 億人，相當於新中國成立時總人口的九成，比屆時發達國家老年人口總和多約 6700 萬人，約佔屆時亞洲老年人口的 1/2、世界老年人口的 1/4。這一時期的典型特點是：高齡人口加速增加，80 歲以上高齡人口從 0.6 億人增加到 1.08 億人，年均淨增 320 萬人，年均增速為 4%，比同期老年人口年均增速快 3.85 倍；2050 年老年撫養比將達到 67.7%，少兒撫養比為 31%，社會總撫養比達到 98.7%，社會撫養負擔持續加重。

從以上三個階段的人口比例變化和發展趨勢不難看出，在我國實現新時代兩步走戰略的征程中，人口快速老齡化將始終伴隨我們。老年人總數的壓力、起伏波動的壓力、高齡老人基數迅速增長的壓力、年輕勞動力減少的壓力以及社會總扶養比近百的壓力，給我們的個人、家庭、社會和國家都帶來極大考驗和挑戰，是任何國家不曾經歷的。因此，解決好養老問題，必須放眼我國人口老齡化的長軸線考慮，必須從老齡社會的大局和戰略視野研判，樹立與老齡社會相適應的理論、觀念和思維方式，回答和解決影響養老發展的深層次根本原因。

面對我國艱巨複雜的人口老齡化形勢，做好養老服務保障，就必須以積極備老和戰略應對為出發點。我們常說在繼承的基礎上創新，那麼圍繞養老創新這一主題，我們不妨先從近幾年我國養老發展的總體情況和客觀評價說起。

"十三五"以來，我國養老服務體系建設取得了長足發展，呈現出四個轉變的良好勢頭：由民政單部門主導向政府多部門綜合發力的轉變，由重養老機構建設向社區居家養老支撐能力提升的轉變，由重養老設施硬件建設向養老服務軟件建設的轉變，由重養老服務供給向老齡產業甚至老齡經濟發展的轉變。這反映了政府和社會在我們迎來老齡社會和長壽時代的形勢下，對全面、科學、綜合應對老齡問題有了新認識、新覺醒和新定位，是把養老問題放在我國經濟社會發展的新常態、放在億萬老年人品質生活的新需求、放在推動經濟發展新動能背景下思考謀劃的顯著標誌。也可以說，正因為有了 2013 年以來我們對養老思路、發展機制、保障重點的不斷探索，才有了目前較好的發展態勢。

面對我國養老發展的新形勢，特別是在深入推進健康養老和醫養結合的當下，我想和大家交流的就是三句話：把握一個趨勢，抓住三個融合，關注一個現實。

把握一個趨勢

居家和機構養老是基本發展趨勢。

未來老年人服務面臨的突出特點是，以獨生子女父母為主體，家庭進一步小型化核心化、少子化和長壽時代同時到來，既想清靜又怕孤獨同時伴隨，狹義養老置於廣義享老之中。因此，單純從養老居住地來說，未來養老方式無非就兩種：第一種，是生活能夠自理，又珍視所謂的"天倫之樂"的老人就選擇居家養老；第二種，"父母的家永遠是兒女的家，兒女的家卻不是父母的家"，對於高齡、失能、怕孤獨和身邊無子女，需要多方援助的老人，只有機構養老是根本選擇。

少子化（2016 年，法國 1.92，是歐洲生育率最高的國家；德國 1.59，是 1973 年來的最低。歐洲平均 1.6，南歐 1.34。全球 224 個國家和地區，日本 1.41、韓國 1.26、中國台灣 1.13、中國香港 1.19、新加坡 0.83，東亞文明圈全球生育率墊底）和長壽時代同時到來，倒金字塔型人口結構家庭增多，養老社會化是必然選擇。

這裏我們必須明確三個不確定：攻克腫瘤的時間不確定，攻克細胞衰竭的時間不確定，控制慢性病根本轉變的時間不確定。但兩個是確定的：長壽和老年人越來越多是確定的；年輕人不結婚、不想生，少子化是確定的。這就帶來了我們老年人數量巨大和養老人才短缺的矛盾，這將是未來養老服務的巨大挑戰。

抓住三個融合

第一個融合——"醫"和"養"深度融合。醫養結合要落地，其公共政策討論的語境必然要具體化、清晰化，不能過於寬泛，即醫是醫、養是養，"醫"和"養"作為兩套服務保障體系，首先要有結構分化和功能分化，在解決各自問題並獲得充分發展的基礎上，通過不同結構之間的功能耦合，實現"優勢互補""整體大於部分之和"的有機整合。在醫養結合的語境下，要縮小"養"的邊界，將"養"限定為社會服務性質的"照護"，即老年人的生活照料，以及社會服務性質的康復與護理；而醫學性質的康復和護理，應將其納入"醫"的範疇。在此基礎上才是以健康管理為前提的深度融合，才是在身體功能不同狀況下醫和養的轉換、轉化和轉變。

第二個融合——服務元素的深度融合。無論居家養老還是機構養老，起決定作用的是各自鏈條上的服務元素整合、融合。社區居家養老層面，需要空巢獨立養老和居家養老服務絲絲入扣、深度融合，不斷完善社區在醫療、監控、上門服務、無障礙和精神文化上對居家養老的硬支撐。例如，如北京豐台區福海棠華苑社區驛站的功能複合化：熟食、超市、老年餐桌、康復理療、聽力測試、咖啡飲品、體育健身、自助餐，老少一體（老殘一體）。通過解決好剛需，增強90%以上老人的安全感、歸屬感和幸福感。

機構集中養老層面，則應該是更多服務元素的集成。通過多級、多個性化、多品類的機構養老建設，為失能、高齡、獨居和無子女老人（高度脆弱老人）開展專業化、個性化、家居式、親情式的醫養結合、養老照料，降低機構養老的心理成本。

第三個融合——牽頭部門的深度融合。2018年國務院機構改革後，"九龍治水"養老的現象得到改善。但在當前過渡時期，部門真正跳出"自我領地"，一切從服務老年人出發，搞好所制定規章的銜接、融合、拾遺補闕，尤為重要。2019年2月，國務院下發《關於在市場監管領域全面推行部門聯合"雙隨機、一公開"監管的意見》，要求建立部級聯席會議制度，就是思路、制度、路徑、方法統合的具體措施。

關注一個現實

真正失能了去哪養老？先從人口結構，即家庭供養能力分析，我認為未來失能老人60%得去養老機構養老。下面分析一下當前我們的老年人中到底哪部分人需要養。在一次研討會上我提出過只有6000萬老人需要養的數據，很多企業家反映這麼點老年人需求，我們還做什麼養老呀。2019年我國老年人大體數是2.5億人，基數總量是很大，但實際上真正需要養的不多。也就5000多萬的失能老年人加上2000多萬的高齡老年人，除去這其中的重複統計老年人，真正需要生活照料養老的老年人也就6000多萬人。這對於我們14億人口的大國來說，撫養壓力應該不大。到了2035年左右的時候，我們的老年人口數量為4.18億人，人口老齡化水平為28.7%。而少兒人口淨減少5500萬人，勞動年齡人口淨減少8600萬人，社會總撫養比由57.1%快速提升到76.1%，老少比達到198:100。這也是進入了我們國家獨有的、典型的、計劃生育家庭為主體的養老時代，就是我們常說的"421"家庭。這樣的家庭結構，失能老人居家養老可能嗎？我認為，去養老機構，既解脫了孩子，又解放了自己。

再從養老意願分析。老人入住機構養老意願的比例，國際上平

均為 5%，中國為 10%，歐美國家為 35%。北京、上海也提出了
"9073""9064" 的概念，即只有 3% 或 4% 的老年人入住機構養老。
這兩個數據都是從老年人總數的全口徑佔比分析的。具體到失能老
人，隨著我們國家養老觀念的改變、家庭支持功能的弱化、老年人
觀念的轉變和養老機構個性化的多元發展，我給出的判斷還是 60%
的失能老年人會入住機構養老。我在前不久發表的文章中對此也進行
了詳細闡述。

　　因此說，真到老了不能動的那一天，對大多數人來說，未來（10
年後）養老的最好方式就是養老機構，也就是我們常說的養老院。

　　　　　　　　　　　——在第五屆社會養老創新發展論壇上的主旨演講

社會養老創新要關注老年人的特性需求 *

　　人離不開生死，這就是生活。生也容易，活也容易，生活真不容
易。每一個人的生活都要經歷四個階段：成長期、謀生期、休養期、
依賴期。從 1 歲到 25 歲左右是成長期，身體和學習都需要成長，為
將來美好的生活奠定基礎。25 歲到 55 歲是謀生期，不管自由不自
由，不管有沒有尊嚴，不管想不想，為了生活和工資都必須要工作。
但是 55 歲到 75 歲，就進入了休養期。什麼叫休養期？就是根據自己
的特點和愛好，想幹什麼就幹什麼，進入了所謂的自由階段，活出了
自我，是一生中最快樂的時候，也是最能總結自己的經驗出成果的時
候。其實這個階段應該更好地發揮出來。因此，說中國進入老齡社
會還為時尚早，中國應該實行積極的養老政策，根據老年人的特性
需要設計社會習慣和政策制度。休養期其實是人的第二成長期，只
要發揮每個人的特性就能活出精彩。75 歲以後在生活上就要有點依
賴別人了，到了依賴期，才進入真正的老齡社會。20 歲我們只學不

---

*　張利庠，中國人民大學教授、博士生導師，教育部重大課題鄉村振興課題組
　　組長。

幹，打基礎；30 歲邊學邊幹，搞一技之長；40 歲邊幹邊學，養成習慣；50 歲總結經驗；60 歲自由掌握；70 歲換個玩法；80 歲邊玩邊養，適可而止；90 歲自主坐臥就很優秀。老話說，十七十八披頭散髮，二十七八抱養娃娃，三十七八等待提拔，四十七八疲疲沓沓，五十七八退休回家，六十七八養魚種花，七十七八振興中華！人就這麼簡單。

積極的養老政策就是適應老年人的特點和需求建設社會習慣、形成社會風氣。老年人的性格很怪，比如頹廢型、憤怒型、自衛型、安樂型，最理想的是成熟型。中國的養老產業雖然缺資金、缺設備、缺隊伍、缺人才，但最缺的是對老年人的尊重和對老年人性格的研究實施精準政策。我身邊好多老年人沒人管沒人問就送醫院了，他對死亡非常恐懼，但是又沒有人給他開導。我們要尊重老人，就要落實在行動上，不能落實在嘴上。比如老年人進入臥床不起的階段，就要給他光明的希望。

積極的養老政策，要提前培訓老人。因為人一輩子就老一次，誰也沒有老的經驗。所以老年人是對老年一無所知的“孩子”。老年人的生活特性第一是身體功能發生了變化，比如說彎腰、弓背難，運動能力下降，骨骼脆弱。這是老年人的特徵，而不是病，是正常的狀態。第二是老年人過去感知功能也發生了變化，比如聽覺、味覺、視力、平衡感都下降。心理上變化更大了，過去的東西忘不掉，當前的事想不起來，更加脆弱。老年人的生活也發生了變化，休閒的時間比較多，睡眠時間不規律。

現在我國養老的硬件都滿足了，但是軟件比較差。我們怎麼樣才能增強軟件呢？養老是一個朝陽產業，它分為一產、二產、三產、四產、五產、六產，老有所養、老有所醫、老有所學、老有所為，都是養老產業要解決的。一產就是老年的休閒農業、農產品；二產就是老年的生活用品、保健品；三產就是老年的家政、醫療、保健、房地產、文化、旅遊、教育、商貿；四產就是老年的服務；五產、六產是快樂宗教產業。任何一個產業單做都會虧本，比如說養老房地產業，養老的糕點、保健品，因為六個產業你只賺了一個產業的錢，六個產業的成本你都支付了，因此你肯定是虧的。所以我們國家養老，第一要立法，第二要有資金，第三要有理念，第四要有產業生態，做大養老產業鏈和價值鏈。

微觀養老要主動參與，中國的老年問題產生的最大原因就是缺活力。要積極養老，如果老年人沒有目標，那就只能看到死亡。既然每一個人最後都要死亡，我們就慢下來，優雅從容地享受老年生活。科學的養生是每個人的健康醫療佔 10%、遺傳佔 15%、環境佔 20%、生活方式佔 55%。均衡的飲食、適量的運動、充足的睡眠、良好的心態、生態的環境，這就是庠式養老生活方式五大要素。我們在北京成立了康之道養老俱樂部。康之道的歌曲是："細嚼慢嚥七分飽，五穀雜糧不可少，瓜果蔬菜補維 C，蛋白纖維礦物水，營養均衡體質好！生態環境是個寶，心態良好笑一笑，適量運動睡好覺，健康三寶要記牢，提升免疫康之道！"老年人要適度運動，運動是多樣的，血管、筋骨、肌肉、思想要全面運動。

老年最脆弱的就是對死亡的恐懼。不但要優生，還要"優死"。要臨終關懷、溝通和安慰，帶著走向光明的希望安靜舒適有尊嚴地離開。

——在第五屆社會養老創新發展論壇上的主旨演講

第十一部分

鄉村全域治理體系建設試點（鄞州）經驗案例

寧波市鄞州區社會治理工作情況 *

　　一直以來，我們認真貫徹落實習近平新時代中國特色社會主義思想，特別是習近平總書記關於鄉村振興的一系列重要講話精神，按照中共中央、國務院《關於加強和改進鄉村治理的指導意見》要求，圍繞鄉村全域治理，舉辦了三場重要研討會，分別是全國鄉村振興與扶貧協作（寧波）論壇、全域治理研討會，以及今天的鄉村全域治理體系研討會，每一次都是群賢畢至、集思廣益，可謂好戲連台、成果豐碩，所以很感動也很感謝各位領導對我們長期以來的關注、支持和幫助。

　　2015 年 1 月，在中共中央黨校第一期縣委書記研修班上，習近平總書記專門論及王安石任鄞縣知縣時的治理業績，我們深受啟迪。這傳遞出兩個信息：一是鄞州區地域獨特，二是鄞州區治理獨到。下面，我圍繞這"兩個獨"，向各位領導作一匯報。

---

*　褚銀良，寧波市委常委、鄞州區委書記。

鄞州區地域獨特

一是地名獨特。鄞州的"鄞"字，至今已有 2200 多年歷史，秦朝時置鄞縣，歷史上先有鄞縣後有寧波，明朝時改明州為寧波，這裏文化底蘊深厚，擁有天童寺、阿育王寺、七塔寺三座千年古剎，以及寧波首個世界文化遺產——慶安會館。習近平總書記講道，寧波、泉州等古港口是記載海上絲綢之路的活化石，海上絲綢之路就是指從寧波的鄞州這個區域出發的。這裏名人名賢輩出，王安石、梁山伯治理過鄞縣，《三字經》的作者王應麟、書法泰斗沙孟海、生物學家童第周、大提琴演奏家馬友友等都是鄞州人，目前就有鄞州籍院士 30 餘位。

二是稟賦獨特。鄞州"擁江攬湖濱海"。東仙湖在區域的心臟位置，是西湖的 4 倍。靠海有山，沿山、江而建城。城鄉林田、山海江湖各種資源一應俱全，是鄞州區非常獨特的地方。同時也是寧波市的都市核心區，寧波已經進入了"萬億俱樂部"，鄞州區佔寧波市 17% 多的經濟總量，是寧波的政治、經濟、文化、金融、會展、航運和商務 7 大中心，同時也是寧波高教中心，是中國美麗鄉村建設示範區（縣），擁有一大批文化名村、生態美村、旅遊強村和特色新村，榮獲浙江省新農村建設"九連冠"。

三是發展獨特。我們抓住了改革開放、撤縣設區、區劃調整三次重大機遇，實現了從"農業大縣"向"工業大區"到"經濟強區"三次質的飛躍。特別是行政區劃調整後，現代都市與美麗鄉村統籌融合，先進製造業與現代服務業"雙輪驅動"，大眾創業與萬眾創新"雙創拉動"，去年 GDP 達 1820 億元，今年可以突破 2000 億元，總量居寧波第 1 位、浙江第 3 位，連續 4 年名列全國綜合實力百強區第

4 位，居全國中小城市綠色發展百強區第 2 位、科技創新百強區第 3
位。

四是前景獨特。我們始終牢記習近平總書記對鄞州的諄諄囑託，
著眼把總書記考察調研地建成縣域發展示範區，大力激發“實幹、擔
當、奮進”的新時代鄞州精神，“二次創業”再出發、“兩高四好”
勇攀高，加快推進高質量發展、建設高品質強區，打造政治生態好、
經濟生態好、社會生態好、自然生態好的全國示範區，朝著全國綜合
實力百強區前三位的目標闊步前進。當標兵、走前列、立潮頭，是鄞
州的特質，更是鄞州的追求。

鄞州區治理獨到

一是治理形態的典型性。從空間看，鄞州區半城半鄉、各有特
色。目前都市建成 117 平方公里的都市核心區，有 700 平方公里的美
麗鄉村，沿湖、沿海、沿江、沿山，處在全域都市化快速的完善期和
推進期，對探索以城帶鄉、城鄉一體的現代化治理模式有著重要研究
價值。

二是治理體系的系統性。作為沿海先發地區，鄞州面臨的問題比
別人早、面對的挑戰比別人多、遇到的情況比別人複雜，例如商務樓
宇的治理是一個重要的領域和陣地。我們聚焦推進鄉村治理體系和治
理能力現代化，初步探索出了“一核三治五共”的全域治理體系，具
有典型的推廣意義。

三是治理研究的先行性。中國小康建設研究會鄉村振興研究院、
浙江大學社會治理研究院寧波中心先後落戶鄞州，下一步將對照中
央鄉村治理 2020 年、2035 年發展目標，出台全域治理的《決定》和

《三年行動計劃》，舉辦全域治理全國論壇，形成鄞州全域治理研究成果，發佈縣域社會治理指數。我們有信心、有決心，也有基礎、有條件建成全國試點示範區。

全域治理的 "五個全"

鄞州的全域治理，從鄉村治理開始，以鄉村治理為基。如果說王安石是過去鄞縣鄉村治理的奠基者、開拓者，那麼習近平總書記就是當代鄞州鄉村治理的擘畫者、指引者。2003 年 9 月，時任浙江省委書記習近平到鄞州灣底村視察，殷切囑託我們把村莊整治與發展經濟結合起來，與治理保護農村生態環境結合起來，走出一條以城帶鄉、以工促農、城鄉一體化發展的新路子。16 年來，我們始終以習近平總書記的重要指示精神為指引，一張藍圖繪到底，一任接著一任幹，創新探索出鄉村全域治理的新路子，把習近平總書記的 "灣底囑託" 幹成了鄉村治理的 "鄞州解法"，主要體現在 "五個全"。

第一個 "全" 是全域覆蓋。鄞州鄉村治理的一大特點，就是全域覆蓋，是基層治理的升級版，也是我在寧海實踐基礎上的升級版。主要體現在兩個方面：一是鄉域全覆蓋。我們把傳統的鎮村治理，延伸到每個平台、合作社，深入到每個組織、群眾，延伸到每個網絡、網民，做到網上網下全域覆蓋。二是領域全覆蓋。鄉村治理應該是經濟、政治、文化、社會、生態文明 "五位一體" 的大治理。我們堅持走 "接二連三" 的農業發展之路、"全景打造" 的環境治理之路、"串珠成鏈" 的鎮村建設之路、"五金富民" 的增收致富之路，"三融五美"（發展融合、形態融合、民生融合，打造產業美、鎮村美、環境美、生活美、鄉風美）鄉村樣板，這與中央要求的 "緊緊圍繞統籌推進‘五位一體’總體佈局”、全國試點示範區創建要求的“探索鄉村治理與經濟社會發展協同發展機制”相契合。

怎麼做到兩個全覆蓋？重在建好“黨委領導、政府負責、社會協同、公眾參與、法治保障、科技支撐”的現代鄉村社會治理體制。其中，黨的領導是核心，我們著眼“完善村黨組織領導鄉村治理的體制機制”，大力實施基層黨建“百千萬”工程（百個品牌大提升、千個支部大進位、萬名黨員當先鋒），在堡壘建設上“下抓一級”，區委下抓一級到村社（每個季度召開村社黨組織書記交流會）、鎮街下抓一級到網格（同時把工作下抓一級與隊伍上管一級結合起來，試點推進村社黨組織書記備案、重大事項報告制度等），更好發揮基層黨組織戰鬥堡壘作用；在第一書記選派上，結合村黨組織帶頭人整體優化提升行動，採取全脫產任職、全日制住村的方式，把部門優秀年輕幹部下派到攻堅任務重的矛盾複雜村去摸爬滾打，與老鄉同吃、同住、同勞動。中國工程院的陳劍平院士，聽到我們這個做法也很感興趣，主動請纓到他老家村子裏擔任第一書記，充分發揮黨組織先鋒模範作用。多方協同是關鍵，我們按照“多方主體參與鄉村治理”的要求，綜合運用傳統治理資源和現代治理手段，推動共建共治共享，創新民生實事項目人大代表票決制，特別是做好“後半篇”文章，創新“1+1+N”動態監督、群眾評價等辦法，新華社、《人民日報》、中央電視台等媒體作了報道。創新“請你來協商”機制，我參加了多次“書記與委員面對面”協商會，還有“部門回應＋書記點評”的專題協商、“現場協商＋網絡連線”的互動協商、“委員工作室＋委員一點通”的常態協商等，得到全國政協副主席張慶黎調研時的充分肯定。此外，開展全媒體矩陣“局長問政”，讓群眾當考官、局長來答題，通過現場提問、當場答覆、下場整改，倒逼公共服務、環境整治、交通出行等問題的有效解決，得到各級媒體多方關注。

　　第二個 "全" 是全面創新。中央明確指出，鼓勵各地創新鄉村治理機制。當前，鄞州正開展解放思想大討論，創新鄉村全域治理是重中之重。一是堅持理念創新。我們堅持以習近平總書記在浙江工作時提出的 "兩座山" "兩隻鳥" "兩隻手" "兩種人" 等理念為指引，創新運用 "四劃並重" "三圈理論"，特別是推進自治、法治、德治 "三治融合"，共建共享、共治共管、共同締造 "五共聯動" 等。"兩隻鳥" 是騰籠換鳥和鳳凰涅槃，整治村一級的集體留用地和村一級的小微工廠園區，建設成為中小企業產業的集聚園和都市產業園，這樣既提高空間利用，又優化環境，促進轉型，提升效率。在政府有形的手和市場無形的手 "兩隻手" 的應用方面，我們也有很多典型，不僅政府在這樣做，農村基層也這樣做。區裏的一個農村文化禮堂是個綜合體，採取市場化運作，每個月平均文化活動有 15 場，每年群眾參與量高達 9 萬人。政府不僅不需要出錢，還給村裏賺錢，一年給村裏將近 20 萬元，這是浙江省的典型，是以理念的領先來促進治理的率先。二是堅持方法創新。好的方式方法，往往能事半功倍。我們用好移花接木法，結合推進 "放管服" 改革和 "最多跑一次" 改革向基層延伸，把 "最多跑一次" 改革理念拓展到民生領域，創新推進最多改一次的信用體系。比方老舊小區改造，我們是小區 "最多改一次"。在原來寧海涉農資金整合基礎上，把 14 個縣的資金、事項整合起來，讓一個平台發光，一個主體實施，一批項目整合。今年 7 個小區全面試點，我們要用好推陳出新法，推廣灣底村幸福工作法，來增強群眾獲得感和幸福感。城市社區實施 "三個五" 工作法，這也是得到習近平總書記充分肯定和批示的先進經驗。同時我們創出了 "陸家堰契約式" 治理，通過村幹部履行初心契約，骨幹隊伍講風險契約，與老百姓達成姐妹契約，實現議事契約，讓鄉村乾乾淨淨、和和美美。陳黃村書記採用 "一點通"，只要村民一按手機鍵，所有問題都由村裏面去解決，簡單問題當場解決，複雜問題 24 小時答覆，疑問問題一週解決。三是堅持模式創新。針對村社小微權力不透明、群眾不明白等問題，我們把實施村級事務陽光工程、規範鄉村小微權力運行、健全小微權力監督制度等結合起來，做了升級版。創新實施基層公權力 "三清單" 運行法，建立部門責任清單、10 類 31 項權力清單、7 個嚴禁負面清單和運行流程圖，實現城鄉基層公權力規範運行全覆蓋。同時發揮村監會 "村級紀委" 作用，真正以 "群眾明白" 還 "幹部清白"。針對涉農資金中存在的廉政風險隱患，我們全面整合涉農資金，一個區整合 8 大類 25 個項目，整合資金達到 8.25 億元，通過搭建項目集中申報、公開比選、聯評聯審，做到 "多個管子放水、一個池子蓄水、最後一把龍頭放水"，讓村社不必跑資金跑項目，集中精力一心為村民謀發展、抓建設、幹事業。

　　第三個 "全" 是全景打造。一枝獨秀不是春，百花齊放春滿園。我們搞鄉村全域治理，就是把 "點上盆景" 串成 "全域風景"。一是做好 "提標擴面" 的文章。我們堅持發展新時代 "楓橋經驗"，"小事不出村、大事不出鎮"。寧州的 "老潘警調" 是全國模範，是司法部部級樣板，老潘警調有 36 計，建立了覆蓋全區的 "老潘警調" 中心，現在老潘工作室有 23 個，形成 "老潘 + 小潘" "遠程 + 上門" "線上 + 線下"、110 警情糾紛化解調節這樣的 "骨架"。目前全區建立了 444 家調委會，完善調解、仲裁、行政裁決、行政復議、訴訟等有機銜接、相互協調的多元化糾紛解決機制，上半年調解成功率達 98.8%。二是做好 "串珠成鏈" 的文章。在景觀打造上，結合農村人居環境整治三年行動，把傳統村落保護、傳統文化傳承、民間特色節慶等融合起來，把散落在各村的資源整合起來，打造十大風情鎮、百個特色村、千里遊步道 "十百千工程"，利用萬畝農業園來推進全域景區化，把全域旅遊和全域景區結合起來。在村集體經濟發展上，統籌用好土地流轉金、股金分紅、養老金、經營租金和勞動薪金 "五金富民" 的做法，幫助對口幫扶地區共建飛地產業園、共享稻田等多種模式，增強集體經濟 "造血" 的功能。在新村建設上，借鑒老舊小區加裝電梯群眾自籌的做法，採取群眾籌、聯戶建等模式，解決新村建設資金問題。三是做好 "聯點成網" 的文章。發揮信息化支撐作用，探索建立 "互聯網 + 網格管理" 服務管理模式。在網絡覆蓋上，打破各單位之間的網絡壁壘，建成一體化視頻監控點 4600 餘個，村社重點區域覆蓋率達 60%。打造智能警務實戰平台，將人聯、車聯不同的設備整合起來，把全國的逃犯協控等數據庫按照系統的特點，做到人不留痕、車不留痕、物不留痕，有力地提升了智能化、精細化、專業化水平。在網絡治理上，針對鄞州區網絡企業多、網民數量多、分佈散、分佈不強的問題，把各類網絡社會組織整合起來，成立浙江省首個聯合會，建立 "178" 平台，即諧音 "一起辦"，形成網絡社會柔性治理平台和機制，一起畫好網上同心圓。

第四個 "全" 是全民參與。我始終認為，智慧力量在民間，所以我們堅持發動群眾、組織群眾、依靠群眾，增強村民自我管理、自我教育、自我服務能力，凝心聚力推進鄉村全域治理。一方面推行 "三民治村"。全力構建民事民議、民事民辦、民事民管的多層次基層協商格局，主動拜群眾為師、汲取群眾智慧，堅持村事民議，大力拓展村民參與村級公共事務平台，創新建立說事長廊，幹部與群眾面對面議、心貼心談，做到群眾點單、幹部收單、鎮村辦單、區裏督單、群眾簽單；堅持村務民定，對村裏建設、發展等事項，與群眾一起商量、民主決策；堅持村權民管，按照基層公權力 "三清單" 運行法要求，強化群眾對村務決策、執行、成效的全過程監督。另一方面推行 "三治融合"。比如在自治上，用好村規民約，把出台村民自治章程和村規民約結合起來，發展壯大群防群治力量，做到以群眾管群眾。

在法治上，圍繞法治鄉村、平安鄉村建設，推進社會治理綜合服務實體化。把分散在各部門的各類社會治理中心，全部整合起來，建成治理的"超市"，像"放管服"的辦理中心一樣，跑一個地方跑一次就可以把問題全面解決好。同時，創新了信訪機制，網上對半、信訪對半，群眾信訪不必跑，我們替他跑。公檢法聯合保障重大工作部署，包括攻堅戰、安全專項整治，掃黑除惡專項鬥爭。在德治上，大力推進新時代文明實踐中心向基層延伸，深入實施鄉風文明培育行動、公民道德建設工程，依託獲中華慈善獎的"善園"等平台，強化全國道德模範俞復玲、周秀芳等典型的引領，深入推進正面人物評選、家規家訓的傳承，引導廣大群眾踐行社會主義核心價值觀。同時發展壯大服務性、公益性、互助性社會組織，建成了各類志願服務團隊3200多個，志願服務品牌上百個，進一步擴大了"義鄉鄞州"的影響力。

　　第五個"全"是全員出征。充分發揮黨員幹部在鄉村治理中的帶頭示範作用，一級做給一級看，黨員領著群眾幹，形成千軍萬馬奔騰之勢。一是以"三進三訪"沉到一線。推進黨員聯繫農戶、承諾踐諾等具體化，領導幹部帶頭進企業、進社區、進農村，開展"五夜六送"活動，即夜學、夜訪、夜詢、夜談、夜議；送信心、送政策、送服務、送措施、送點子、送關心等，機關幹部進國企、進社會、進農村。截至目前，已走訪企業4500多個，解決問題90%以上，走訪村社3300餘次，收集問題4800餘個，解決率達90%。開展大接訪、大走訪、大回訪行動，一些信訪問題得到解決。領導幹部到鄉鎮，開門辦公接訪，做到群眾在一線聯繫、幹部在一線擔當、問題在一線發現、成效在一線顯現。二是以"三辦兩不過"提升效率。著眼提升為農服務的能力和效率，目前全區正在開展效率大革命，對重大部署、重點任務、群眾關鍵小事等，推行"馬路辦公、馬上就辦、辦就辦好"機制，嚴明"小事不過夜、大事不過週"要求，建立閉環解決體系，做到聞風而動、聞過則改、雷厲風行。三是以"六賽六比"爭創一流，即瞄準先進地區。例如，中國百強區排名在我們前面的順德、南海等，深入結盟，交流學習，激勵比學趕超，以"六賽六比"村社治理競技賽作為載體，邀請全省各村的村書記，作為考察的專家，到現場當裁判。專家點評，群眾打分，賽出了非常好的效果。四是以"三亮三考"提升實效。以"五聚焦五整治"為抓手，堅決整治形式主義、官僚主義，向工作拖沓敷衍的"亮燈"、向辦事推諉扯皮的"亮牌"、向迴避矛盾問題的"亮劍"，實行群眾考幹部、企業考幹部、基層考部門，特別是創新一線精準培育識別選用幹部辦法，在賽場賽"馬"、選"馬"、治"馬"，倒逼黨員幹部說到做到、做就做好，以幹部辛苦指數換企業發展指數、群眾幸福指數。

鄉村治理是一個永恆的課題，只有進行時，沒有完成時。儘管在鄉村全域治理上，鄞州區做了一些探索，闖出了一條路徑，但我們始終覺得這是萬里長征的第一步，建設全國鄉村治理體系試點示範區，對我們來說是一次對標找差距、全面提升的過程，是一次探索創新、爭創一流的過程。中央鼓勵基層開展改革試點、勇於探索創新，我們一定舉全區之力，高起點、高水平、高質量做好試點工作，既把標準要求做到位，又把自選動作做出彩，為全國鄉村治理提供可複製、可推廣的鄞州元素。通過提煉鄞州治理的模式，宣傳推介鄞州治理的解法，同時把更多的試點項目平台放到鄞州，共同開創鄉村治理的新高度、新境界。

——在 2019 鄉村全域治理體系研討會上的發言（根據錄音整理）

鄉村全域治理體系建設的四點啟示 *

　　鄉村治理是國家治理的根基，也是鄉村振興戰略實施的重要基礎。黨中央明確提出建立健全黨委領導、政府負責、社會協調、公眾參與、法制保障、科學支撐的現代鄉村社會治理體制。堅持自治、法治、德治相融合，確保鄉村社會充滿活力，社會和諧有序。實際上，實現這樣一個目標要求絕不是一日之功，可以說是一個具有前瞻性的要求，鄞州區委、區政府充分認識到鄉村治理的極端重要性，超前安排，明確思路，提出舉措，努力實踐，為我們提供了可借鑒的寶貴經驗。

　　鄞州區委、區政府探索實踐鄉村全域治理體系建設，堅持理念和方式模式的創新，開闢了對話式共商、多元式共治、清單式共管、契約式共建、普惠式共享的"五共"鄉村全域治理之路，把城鄉統籌發展融入全域治理當中，形成了空間上城鄉一體，內容上由點帶面，網絡上多方參與、全網融合，成效上普惠全體群眾的全域治理模式，效果非常好。採取的做法、取得的成效、獲得的經驗可以說難能可貴、

---

*　李春生，第十三屆全國人大農業與農村委員會副主任。

可喜可賀。從鄞州區創造的經驗來看,有四點啟示,值得我們很好地學習和借鑒。

第一,農村基層黨組織在鄉村治理方面能否發揮戰鬥堡壘作用非常關鍵。目前,從全國來看,農村老齡化、空心化、家庭離散化的趨勢並沒有從根本上發生改變。村莊人去地荒,鄉村失去了生機的現象也是存在的。這給建立現代農村治理體系帶來了不小的挑戰和難度。現階段,農村基層黨組織佔整個黨組織總數的 30%,農村黨員佔黨員總數的 40%,基層黨組織軟弱渙散,缺乏戰鬥力的現象比較普遍,農民群眾對黨組織的認同感、信任度不是很高,這為鄉村治理體系建設增加了不小的難度。鄉村治理真正實現有效管理,很重要的前提是要把基層黨組織抓實建強,充分發揮在鄉村治理中的戰鬥堡壘作用。這方面,各地都有一些有益的探索。比如,一些地方基層黨組織強化帶頭作用,通過助貧富民、調節矛盾等日常工作,隨時隨地為農民提供服務。還有一些地方通過一片民情責任區、一張民情聯繫卡、一本民情日記本,第一時間了解農民的難事,了解他們的矛盾,及時幫助他們解決難事和矛盾糾紛,小事解決在村裏,大事控制在鄉裏,增強了人民群眾對黨組織的認同感和信任度。這方面鄞州區作的非常突出,他們開展鄉村全域治理,把強化黨組織建設放在重要位置,以黨建引領為核心,以黨建"百千萬工程"為推手,推進鄉村治理,推進鄉村振興。建立了村社書記交流的例會制度,村社第一書記選派的機制,先後選派了 105 名優秀年輕幹部駐村。踐行以人民為中心的思想,堅持為人民服務的宗旨,增強政治功能,提升組織力,在鄉村全域治理中發揮了很好的核心領導作用,這是關鍵和前提。

第二,鄉村集體經濟的發展能否提供支撐保障作用非常關鍵。目前我國實行的是農村勞動群眾集體所有制,農村的集體資產無論是經營資產還是資源資產,所有權歸屬於集體每一個人所有,資產經營產生的收益也應歸屬於集體的每一個成員，這就明確了鄉村集體資產的收益要優先服務保證集體當中每一個成員的利益。當前，農民對集體資產訴求日益強烈，處理好這些利益訴求很重要的前提是發展壯大集體經濟，這也是"村兩委"推進鄉村治理的一個重要抓手。從總體來看，目前農村的集體經濟發展比較緩慢，實力還比較弱。全國鄉村的集體資產 13600 億元，58 萬個行政村，平均每個行政村 234 萬元。這是一個平均數，實際資產總額的 70% 以上都集中在東部地區，全國有一半以上的行政村集體資產是沒有收益的。鄉村集體經濟發展與治理關係非常密切，鄉村集體經濟發展了、壯大了，處理好農民的利益訴求就有了物質基礎，就會為鄉村治理提供有效的保障；同時，鄉村治理好了，也為集體經濟的發展創造了一個好的客觀環境。鄞州區灣底村通過產業融合發展書寫了鄉村傳奇。通過工業發展，先人一步，賺到了第一桶金，形成了資本的積累。然後以工補農，打造集農業、觀光為一體的都市村莊、城市花園，全村發展的產業產品有百種，淨資產超過 8 億元，村集體一年可支配收入超過了 3000 萬元，村集體經濟得到很大發展，實力空前壯大，為鄉村治理提供了很好的支撐和保障。

第三，農村多元化社會組織能否在鄉村經濟、社會事務中發揮調解、溝通、協調的作用非常關鍵。鄉村是一個人情社會、熟人社會，人情與道德習俗緊密相連，相關民間組織出面協調非常必要。目前，農村各種類型的社區和民間組織很多，最具有代表性的是農民合作社，現在全國創建了 200 多萬家，在組織農民開展生產運營、發展公共事業、協調民間事務方面發揮著重要作用，還有各類協會、公益組織、鄉賢民間組織的參與，這對於化解矛盾糾紛、促進鄉村和諧有序是非常有益的。鄞州區有的放矢地發展多元化社區民間組織，引領社會組織參與鄉村治理，提供專業、志願服務，充分發揮了反映訴求、化解矛盾的功能，實現共治、共管、共商、共建、共享，有效促進了鄉村全域治理體系的建設。

第四，各地方黨委、政府能否發揮好領導作用非常關鍵。黨委領導的重要性體現在有效的組織引導上，還有社會參與的各種力量。要加強農村基層的基礎工作，將鄉村治理的工作重心下移，盡可能將資源、服務、管理下放到農村基層，逐步實現鄉村管理的全域治理精細化和精準化，這方面鄞州區確實有很好的作為。比如剛才銀良書記介紹的"三民治村"，建設村事民議、村務民定、村權民管，鎮村辦單，最後農民簽單。集中各種資源形成"治理超市"，"最多跑一次"便利了農民辦事。組織黨員幹部走訪企業，下到基層駐村。解決問題的辦事效率在 90% 以上，這種效果肯定大大提升了農民群眾對基層黨組織和政府的信任度，他們做得非常精準、非常精細，考慮得非常全面。

要實現鄉村有效治理的目標要求，還應建立健全相關的工作運行機制，如黨組織領導下的鄉村治理協調推進機制、鼓勵支持社會力量參與鄉村治理的激勵機制、鄉村治理效果的定期跟蹤評估機制等，形成一個管用有效的工作機制來保證，才能收到更好的治理效果。

鄉村治理是一個繁雜而堅定的系統工程，相對來說是一個新的課題，也是一個永恆的課題。正如鄞州區情況介紹講的，只有進行時，沒有完成時。鄞州區的鄉村治理已經奠定了非常好的基礎，為我們提供了可借鑒的經驗，從全國來看，如此系統性、全方位的鄉村治理模式還不多，應該很好地歸納總結。鄞州區應該按照既定的目標，在現有的治理架構、體系基礎上，進一步完善提升，充分調動方方面面的主動性、積極性，增強鄉村治理的針對性、有效性以及可持續性，讓廣大農民群眾真正成為受益者，得到更多的獲得感、幸福感，在鄉村治理中不斷走出一片新的天地。

——在 2019 鄉村全域治理體系研討會上的主旨發言

完善鄉村治理的幾點建議 *

　　大家學習中央文件可以知道，"社會治理"是黨的十八大正式提出來的，"鄉村治理"是黨的十九大正式提出來的。我們黨從"社會治理"到"鄉村治理"提法和要求上的變化，形式上看是一詞之差，本質上卻在治理的理念、思路、方法、手段等方面發生了巨大的變化，標誌著我們黨在社會治理方面的一種探索和升華，最核心的是從原來的主要依靠政府單一管理向社會多元主體共建、共治、共享轉變。

　　本輪國務院機構改革後，中央賦予中央農辦、農業農村部協調推進鄉村治理體系建設的職能，為了切實履行好職能，探索自治、法治、德治"三治"相融合的路徑方法，今年以來，中辦、國辦印發了文件，對當前和今後一個時期加強和改進鄉村治理工作作出了全面部署。中央農辦、農業農村部、中央組織部、中央宣傳部、民政部、司法部 6 個部門在浙江寧波聯合召開了全國鄉村治理體系建設試點示範工作會議，學習貫徹"兩辦"文件，研究部署重點工作。經過研究，

---

* 張天佐，農業農村部農村合作經濟指導司司長。

今年將聯合啟動鄉村治理試點示範工作，在全國選擇 100 個左右的縣（市、區）開展試點，探索 "三治融合" 的路徑方法，取得經驗後再在面上推廣；同時，在全國開展鄉村治理示範村鎮創建工作，通過創建活動，推出一批在鄉村治理方面特色鮮明、成效突出、可借鑒推廣的示範村鎮，引領全國鄉村治理體系建設。

鄉村治理工作重在基層，關鍵靠治理，核心是方法。近年來，一些地方在鄉村治理方面下了很大功夫，取得了良好的成效。褚銀良書記在鄉村治理方面有豐富的經驗，他在鄞州任職之前是在寧海工作，寧海小微權力治理方面探索的 "36 條"，成為全國鄉村治理的典型，入選全國鄉村治理 20 個典型案例。今年初，上海電視台專門為此拍了一部電影《春天的馬拉松》。褚書記到鄞州以後，在寧海經驗的基礎上，推行全域治理，成效也很突出。治理方法上 "五共聯動"，在公共權力管控上採取 "三個清單"，包括責任清單、權力清單、負面清單。在矛盾糾紛調解上，推廣 "老潘警調" 調節方法，在全民參與上提出 "三民治村"，等等。探索的內容非常豐富，值得很好地提煉和歸納。

針對鄞州區的材料修改完善，我再提點建議：在框架結構上按照背景、做法和成效三個板塊再進一步系統化。背景要說透、要講到位，重點闡述像鄞州這樣的區域，鄉村治理工作的迫切性、重要性。做法要更條理化，歸納出具體的做法和規律性的東西，讓其他地方可學、可借鑒。材料裏提出的 "五共聯動" 對話共商、多元共治、清單共管、普惠共享、契約共建等是做法，"三治融合" 也是做法，建議把這些突出的做法歸納成一級標題和二級標題，每個標題下的具體做法更聚焦、更清晰、更醒目。成效部分篇幅不一定太長，但要把主要的效果概括出來。"五全聯動" 就是成效。

鄞州區是典型的半城半鄉的社會結構，外來人口非常多，城鄉經濟社會相互交融，這樣的區域面臨一些特殊的問題。2010 年，我在鄞州蹲點調查半個月，那個時候經常有一批人在上訪，這些人是十多年以前從外省農村到鄞州去務農的，長期駐紮在周邊，承包土地經營。十多年過去了，他們的訴求是要享有當地農村人口的社會保障和一定的集體經濟收益分配。如何處理原住民與新住戶的關係？改革開放已經 40 年了，傳統農村的封閉性被打破，靠傳統農村熟人社會治理的一些手段，已經力不從心了。在越來越開放的農村社會，採取自治、法治、德治“三治”相融合的方法非常迫切。再比如，隨著農戶階層的分化，利益衝突也在不斷加劇。農村原來都是普通的農民，經過幾十年的發展，有的成了老闆，有的成了個體工商戶，有的還是普通農民。對同樣一件事情，大家因為利益不同，最後態度和訴求完全不同。鄞州這個地區土地的價格越來越高，農村的資源要素潛在的價值和現實的價值越來越凸顯。鄞州鄉村區域和城市區域圍繞著土地利益分配，矛盾也日益加劇。

　　總之，經濟社會發展越快的地區、越開放的地區，面臨的新情況、新問題就越多，對改革完善鄉村治理就更為迫切。鄞州區作為經濟發達地區，半城半鄉的地域特點，決定了處理好城鄉關係的極端重要性，決定了建立健全城鄉融合治理機制的緊迫性。希望鄞州在鄉村治理體系建設方面改革創新，大膽探索，多出經驗。

——在 2019 鄉村全域治理體系研討會上的主旨發言

鄞州鄉村治理模式的思考 *

　　從黨的十六大到十九大，"鄉村治理"的話題一直沒有變，"鄉村治理有效"這句話一直沒有變。習近平總書記在黨的十九大報告講到鄉村振興，我理解鄉村振興不是五年規劃，也不是近期的一個計劃，而是一個至少到 2049 年新中國成立一百週年、長遠的中華民族復興的一個大的規劃。

　　鄞州這個地方很有代表性，宋代王安石變法，其中一個是要減輕農民的徭役賦稅，以錢代徭。農村稅費改革實際上也是鄉村治理的一個方面。鄞州區進行鄉村治理應該很久了，值得推廣的經驗不少。

　　第一，衡量鄉村治理效果有三個硬指標、三個軟指標。三個硬指標第一個是農業強，第二個是農村美，第三個是農民富。三個軟指標第一個是農民的文明素質素養有提升，第二個是農村法治建設有提升，第三個是鄉村和諧穩定。三個軟指標在今天鄉村全域體系裏邊更為重要，也更為緊迫。因為硬指標都很好達到，而且鄞州區的 GDP 已經達到 1800 億元了，農民收入 3 萬多元，在寧波市領先，這是鄉村治理衡量的一個標準。

　　第二，鄉村治理包括褚書記所講的"五全聯動"，我再加三個

＊　王韓民，中華全國供銷總社監事會副主任。

"全"，這"全"要單列出來。一是全要素的投入，全要素投入包括人財物投入，教育投入，其他技術、治理等。二是"360度"的做法，全天候、全程化服務，有些地方供銷合作社已經開始為農民提供全程化服務，耕種管收，烘乾、儲藏、售賣等全天候服務。三是要全方位的監督，發揮人大、政協的作用，發揮社會組織的作用，不管是城市治理、鄉村治理，監督工作什麼時候都不能缺。鄉村治理是國家治理的基礎。我們的治理都是從鄉村治理開始的。

第三，鄉村治理是國家治理的基本，是力量所在。城裏人上溯三代都出身於農民，以農為主的社會，農民是社會的主體力量，主導力量和主要力量。2019年7月1日公佈的黨員人數為9000多萬人，農村佔40%。所以鄉村治理不是簡單的一個鄉村發展，鄉村治理應該是鄉村的一場革命，革命性措施上可能更好一些。

從古到今，由小到大，從少到多，探索鄉村治理的深度和廣度，鄞州區的經驗確實是值得學習。建議把鄞州區作為全國鄉村治理的一個示範點。不管是鄉鎮層面也好，村一級層面也好，至少得列名。此外，我針對具體實施提幾點建議。建議把做法和成績分開，作為示範點，向全國推薦要把鄞州農村怎麼抓治理、街道怎麼抓治理、城鄉融合交會的地方怎樣抓治理再具體化，可能效果會更好。組織建設，黨支部是領頭羊、是核心，村委會、村監委、村集體經濟組織、合作社、合作組織以及其他組織，按照文件要求把鄞州區不同的行政組織進一步健全，特別是村監委組織要加強。農村的事一定要抓實抓細，作為各級政府把小事做好、做到位，小事不出村、大事不出鎮，小事不過夜、大事不過週。

——在2019鄉村全域治理體系研討會上的主旨發言（根據錄音整理）

鄞州鄉村治理的"六特點""四規範" *

　　鄞州在鄉村治理方面取得很好的成效，創造的經驗和進行的積極探索，讓人感到振奮。鄞州的經驗，體現在求索的精神、求實的態度、求變的勇氣和求精的境界。

　　鄞州的工作體現了六個著眼：一是著眼於圍繞大局、服務大局。始終牢記習近平總書記對鄞州的囑託，按照中央、省、市的要求，實幹、擔當、奮進。二是著眼於工作的連續性、統籌性、實效性，把以前的工作總結提煉，進行統籌，注重整體效果。三是著眼於解決民生、保障民生、改善民生。四是著眼於社會建設、社會服務，以及基層服務。鄉村全域治理，也就是基層治理。五是著眼於提高質量、提高水平、提高能力。六是著眼於公正，促進公平、促進和諧、促進穩定。鄞州的"刀法"很準，就是宣傳千遍不如切準一點，以人民為中心。

　　在工作步驟上體現了四個注重：一是注重了以往工作的規範；二是注重了對新開展工作的研究；三是注重了整體工作的統籌和現

---

*　湯晉蘇，民政部政策法規司巡視員。

有資源的整合；四是注重了問題的及時發現和認真解決。

在工作思路上體現了四個結合：一是當前工作與長遠發展相結合；二是落實任務與建立長效機制相結合；三是總體要求與分類指導相結合；四是側重點與整體推進相結合。

在工作中體現了四個關注，即關注與群眾利益密切相關的問題、關注具體難點問題、關注中央正在研究和探索的關鍵問題、關注現階段亟待解決的問題。

希望鄞州區一手抓推進，一手抓研究，從群眾滿意的事做起，再吹衝鋒號。鄞州的明天，一定會更加美麗。

——在 2019 鄉村全域治理體系研討會上的主旨發言

（根據錄音整理）

鄞州鄉村治理上的亮點 [*]

鄞州在鄉村治理上的經驗值得我們新聞單位關注，主要有以下五個亮點。

一是全區域性。無論是在全區的治理體系上，還是在社會經濟文化各個領域都很有亮點，在方法上創新、在模式上創新、在理論體系上創新，值得推廣和總結。

二是善治之路。把"最多跑一次"運用在鄉村治理上，善治之路才是鄉村治理的根本。善治是什麼？不僅在法治和德治上，人治恰恰是善治最重要的部分。善治大家滿意、群眾滿意、老百姓滿意。

三是全景打造。鄞州是東部經濟發達地區的典型代表，半城半鄉，提供了經濟基礎和條件，增強了"活血造血"功能。解決農村矛盾靠什麼？經濟的發展。經濟發展了，就能解決老百姓關注更多的矛盾和利益糾葛。

四是全民參與。老百姓的事交給老百姓，民事民議、民事民辦、民事民管。發揮鄉賢的作用，他們經常跟老百姓在一塊，是老百姓的

* 趙澤琨，中國農業電影電視中心黨委書記、主任。

優秀代表。

五是全民出征。幹部全到基層，同時有一種倒逼機制提升實效。剛才褚銀良書記介紹了五個鄉村治理的背景，希望在這方面做一些深入調查，配合農業農村部裏的工作，好好總結鄞州模式加以推廣，用鏡頭反映鄞州的經驗。

同時提一個建議，核心是方法，重點在制度，最後檢查效果是善治。社會和諧不僅僅是用法律的手段，或者道德規範的手段，重要的是大家在和諧共處的田園生活中，享受善治最後的效果。

——在 2019 鄉村全域治理體系研討會上的主旨發言（根據錄音整理）

鄞州經驗的幾點思考建議 *

　　鄞州區的做法既符合中央精神，又有很多創新意義，特別是與中辦、國辦剛剛出台的《關於加強和改進鄉村治理的指導意見》很多地方不謀而合，有些已經走在了前面，所以我認為鄞州經驗模式特別可貴。

　　鄞州區的"五個全"，打通了黨建與經濟、政治、社會、文化、生態文明五方面的建設，通過全域覆蓋的方式，實現了黨建與"五位一體"發展的連接，體現了從治國理政的高度來推進鄉村振興；打通了縣、鄉、村行政管理的體制，通過全員出征方式，把幹群關係融洽提升到一個新的水平，形成了高效的鄉村治理體制機制；打通了鄉村治理與老百姓對美好生活的嚮往追求，通過全景打造做好三篇文章，有力推進了集體經濟、人居環境、化解矛盾、平安鄉村的建設，取得了一舉多得的效果；打通了法治、德治、自治，通過推行"三民治村""三治融合"，形成了科學有效的鄉村治理體系，走出了鄉村治理的善治之路；打通了共管、共治、共商、共建、共享，通過全面創

　＊　雷劉功，中國農村雜誌社總編輯。

新、理念創新、方法創新、模式創新實現了"五共聯動"治理效果。

農村基層黨組織在鄉村治理中發揮著引領和戰鬥堡壘作用。2018年底出台的《中國共產黨農村基層組織工作條例》寫得非常明確，鄉鎮黨委、村黨組織的主要職責，很重要的一條就是"領導本鄉鎮的基層治理""領導本村的社會治理"。《中國共產黨農村工作條例》不僅把農村基層黨組織組織發動群眾的戰鬥堡壘作用寫出來了，而且專門指出要發揮在鄉村治理方面的引領作用，農村基層黨組織核心引領作用已經上升到黨和國家重要法規的層面。

集體經濟是鄉村治理的重要保障。基層的事只要有錢就好辦事，農村集體經濟發展好的、壯大的，鄉村治理就會做得就比較好；集體經濟比較薄弱的，鄉村治理一般就相對比較落後。有錢辦事才能調動老百姓參與其中。鄉村振興，農民是主體，習近平總書記強調要調動農民參與鄉村振興的積極性、主動性和創造性。此外，加強農村精神文明建設非常重要，加強和改進鄉村治理的指導意見明確提出來積極培育和踐行社會主義核心價值觀，鄉風文明、道德模範引領，包括農村文化的建設都很重要。這些都是最基礎的支撐，這些方面建設好了，鄉村治理才有可持續性。

鄞州治理方式和善治之路的推廣價值到底在哪裏？建議做進一步的總結和提煉，把主要的做法、經驗、模式提煉出來。特別是把"一核""三治""五共"做進一步的提升。為什麼鄉村治理在鄞州能夠取得成功？剛才幾位領導都談到了，農村基層黨組織是核心，農村集體經濟發展壯大是保證，包括農村精神文明建設是支撐，農民主體地位的提升和主體作用的發揮是基礎。國家鄉村振興規劃中，在農村人居環境章節裏提出"三個美"：建設美、經營美、傳承美。建設美體現的是訴求；經營美體現是的機制和體系；傳承美體現的是文化，是農民主體意識上的提升。"三個美"，實際上體現的是治理體系和治理能力的現代化。同樣道理，要把鄉村治理自治、法治、德治聯繫在一起，有機結合起來，站在這樣的視角，把鄞州的經驗做進一步挖掘、總結和提升，使其成為引領鄉村治理的典範。

——在 2019 鄉村全域治理體系研討會上的主旨發言

積極探索創新模式　完善鄉村治理體系 *

　　針對會議主題，我談談自己的粗淺認識，主要有三個方面。

　　第一，鄉村治理制度創新和模式探索。近年來，中央對鄉村治理工作越來越重視，習近平總書記多次強調要加強社會治理，一些地方按照中央的部署要求，結合自己實際，堅持問題導向，進行了積極探索。比如，有些地方創新基層黨建模式，把黨組織建設在產業鏈上，強化黨在農村基層的領導核心地位；有些地方推動村民自治中心下沉，以一個小的區域範圍或者以村民小組、自然村為單位實施自治，依託熟人社會之間的利益共同約束，使自治回歸到村民認同感、歸屬感更強的傳統村落，這是增進群眾互信的有效方法；還有些地方積極探索多元共治模式，比如成立鄉賢理事會等，把農民吸引到村落建設發展規劃上來，充分調動農民參與治理的積極性。好多地方在鄉村治理過程中，加強農村公共服務體系建設，加大政府投入力度，發揮政府主導作用，讓農民享受實實在在的好處。

　　第二，結合鄉村治理發展農村集體經濟。我感覺，比較多的農村改革經驗出在浙江，浙江是很有創新精神的地方。比如，二三十年

---

* 　張海陽，農業農村部政策與改革司政策調研處處長。

前，德清就對農地的"確權確股不確地"進行了探索，嘉興搞了"兩分兩換"，浙江很早開展了集體經營性建設用地入市，支持土地經營權作價出資入股發展產業化經營，還有溫州的外向型經濟和小城鎮建設，都給人們留下深刻印象。近年來，浙江按照習近平總書記重要指示精神，走鄉村善治之路，助推鄉村振興，堅持黨建引領、自治為基、法治為本、德治為先，以黨建統攬全局，著力構建"三治融合"的鄉村治理體系，取得非常好的效果。在褚書記的介紹中，很多做法非常紮實，充分體現了鄞州在鄉村治理方面視野開闊、意識創新、理念先進、思路可行、措施有力。農村區域是多重權力交匯的地方，特別是沿海發達地區像鄞州這樣的地方，經濟社會分化程度是很高的，熟人社會性質已經在弱化，半熟人社會性質越來越強。在這種地方，加強黨對農村工作的全面領導，改進政府支持方式，完善鄉村治理體系，通過制度文化創新，可以優化鄉村治理結構，拓展一些不同權力的作用空間。村委會、村集體經濟組織，以及非正式組織如各種民間經濟社會組織、鄉賢等，在維護村社共同體內部秩序方面，能夠各司其職、有效合作，促進鄉村善治。

發展農村集體經濟，對於加強和改進鄉村治理非常重要。經濟基礎決定上層建築，鄉村治理本質上講屬於上層建築範疇。近幾年，各地深入推進鄉村治理基礎完善，增強了農村經濟發展活力，但總體上感覺鄉村治理、農村經濟發展的良性互動局面還有待進一步形成。這是因為，一方面，現階段農村經濟社會分化程度提高，對構建現代化的鄉村治理體系、提高鄉村治理能力提出新的要求；另一方面，各地農村經濟發展不平衡，很多地方農村集體缺乏經濟實力，鄉村治理、公共服務、社會事業發展很難。

第三，加大制度創新和政策支持力度，加快完善鄉村治理機制。為促進農村經濟發展，政府在鄉村治理舉措上應突出以下六點：一是不折不扣貫徹落實黨的農村政策，讓農民得到實惠；二是堅持依法治國的理念，提高農村工作的法治化水平；三是引領培育全社會的契約精神，創造良好的市場環境；四是構建新型政商關係，鄞州以群眾的明白換幹部的清白，就是很好的理念；五是加強農村產權保護，經濟發展中，產權保護是基礎，有利於穩定投資預期；六是切實維護農民權利，鼓勵農民群眾參與和支持鄉村治理。褚書記的介紹材料很全面、很系統，當地政府和黨委做了大量工作。在鄞州鄉村治理經驗和做法的總結提煉上，可以突出黨委和政府在完善鄉村治理機制中的作用，包括加強領導、加大投入等。

在農村社會深刻轉型的過程中，要健全黨委領導、政府負責、社會協同、公眾參與、法治保障、科技支撐的現代鄉村治理機制，還有很長的路要走。要開展相關問題研究。比如，如何加強農村基層黨組織對各類組織的領導；如何強化村級組織的服務功能；如何推動縣鄉服務功能向村級延伸；如何綜合運用傳統治理方式和現代治理手段；如何完善政策提高土地集約利用水平；如何通過發展多種形式的農民聯合與合作，以利於在鄉村治理中更好地處理政府與農民的關係。

在城鄉人口流動的大格局下健全鄉村治理體系，農民等相關方的利益訴求應該受到重視。特別要研究集體經濟組織立法問題，分析發展新型農村集體經濟有什麼困難，集體組織在鄉村治理中發揮什麼作用、發揮到什麼程度。因為農村集體經濟組織是市場主體、特別法人，其成員從集體經濟發展中受益，而在一個外來人口較多的地方，很多公共服務是不是要由集體經濟組織來提供，還值得研究，這是構建鄉村治理體系改革成本分擔的問題，政府也要加大投入。要加快建立健全城鄉融合體制機制和政策體系，吸引更多人才回流農村，強化鄉村治理的主體力量，鼓勵社會力量加入鄉村治理體系建設。此外，還要統籌推進鄉村精神文明建設，宣揚社會主義核心價值觀，倡導建設文明鄉風。

——在 2019 鄉村全域治理體系研討會上的主旨發言

加強公共法律服務體系建設
服務鄉村治理 *

　　近些年我去浙江調研了 4 次，主要是圍繞全面依法治國，在省域、市域、縣域做了初步的了解，在省裏面座談的時候，對浙江的印象主要是三個，就是車俊書記打造的三張名片：紅船精神的先驅地、改革開放的先行地、習近平新時代中國特色社會主義思想的萌發地。這三個"地"在今天的經驗介紹中都體現出來了，有很多地方都閃耀著這三個"地"的精神和成果。我把個人的體會向大家匯報一下。

　　第一，體現了以人民為中心的鄉村治理理念。在整個發展過程當中能夠深刻體會到多地黨組織、政府以及鄉村自身的建設都體現了人民參與、民主集中，以人民的利益為第一要務發展的理念和思路。

　　第二，體現了創新發展的新發展理念。雖然中央提出的創新發展戰略主要針對的是科技創新以及對經濟發展的驅動力上，但是我個人認為，創新發展理念不僅僅體現在技術上，同樣體現在理念和模式的創新上。

　　第三，體現了依法治理的發展理念。從黨中央在十八屆四中全會

*　江澎濤，司法部研究室處長。

上提出推進依法治國以來，法治在社會治理中的地位越來越受到重視。材料中很大篇幅、很大分量體現了在鄉村建設中對法治思維的運用，尤其是楓橋經驗、警調聯合，民主機制、決策，包括圍繞法治鄉村、平安鄉村建設，對我啟發特別大。

在整個材料上，目標是總結，以總結促發展，以發展促推廣，希望下一步有更好的理念提供出來，建議突出三個結合：第一，把站位跟黨中央重大決策部署結合起來，主線突出跟鄉村振興戰略的結合。第二，與加強黨的基層組織建設結合。第三，將依法治國的國家戰略與黨代表人民治理國家的方略的落實情況結合。

自治、法治、德治在目前工作中是一個嶄新的，也是一個重點研究的領域，現在還沒有破題，還在逐個推進中。首先在鄉村治理的制度上，治理的主體不是鄉村，鄉村是對象，治理主體是政府，實際上政府發揮著引領、規範和保障作用。在這個基礎上習近平總書記指出，法治政府建設是依法治國的重點工程和任務。地方政府的職責和義務是不能缺位的，建議在材料中把這一塊作為一條主線來突出一下。在主題上，目前做的"五全聯動"總結得非常好，但是在邏輯上如果以主題式的演進會更好。比如像美麗鄉村建設、平安鄉村建設、法治鄉村建設，這些都是中央提出來的一些比較大的框架。

關於加強公共法律服務體系建設的意見，這裏有相當的內容是用來服務鄉村治理的。在這個基礎上加強和推進鄉村治理意見的延伸，包括我自己研究的領域，也與提供依法治國的公共法律服務體系建設方面有很大的關係，這方面如果將來有需要，我也願意溝通和合作。

——在 2019 鄉村全域治理體系研討會上的主旨發言

（根據錄音整理）

鄞州治理有效的啟示 *

　　鄞州的探索很有成效。我們以往在治理表述上和過去的巨大區別是兩個字：有效。治理要有效，治理沒效就會亂，這是善治的核心。有效性表現在鄞州全域治理促進了鄞州的增長發展。鄞州很好實現了從農業大縣到工業大區再到經濟強區的三次飛躍發展，GDP 達 1820 億元，總量居寧波第 1 位、浙江第 3 位，連續 4 年名列全國綜合實力百強區第 4 位，居全國中小城市綠色發展百強區第 2 位、科技創新百強區第 3 位，這就是治理模式體現的成果，鄞州的治理很有成效。

　　鄞州做法對我們有很多啟示。

　　第一，在治理中要處理好政府作用與市場的關係。對現代鄉村治理體系要求是從過去的 5 句話 20 個字，擴大到 6 句話 24 個字。咱們千萬不能停留在那 5 句話上。黨的十九大報告是 5 句話 20 個字，我們這次指導意見是 6 句話 24 個字，加了一句"科技支撐"，這是手段問題。如果沒有手段，那治理什麼？其實科技支撐也是個

---

　* 　宋洪遠，農業農村部鄉村振興專家諮詢委員會副秘書長，農業農村部農村經濟研究中心主任。

紐帶，包括"三治"，現在有"五治"，浙江也是"五治"，加了"政治"和"智治"，那不就是科技手段嗎？6 句話 24 個字，說一千道一萬，還是第一個觀點，是政府治理的，哪些是政府治理的，哪些是社會治理的，現代治理的概念是從社會治理出來的，這個關係對我們是一個啟示。

第二，頂層設計和基層探索之間的關係。頂層設計，中辦、國辦印發了指導意見，現在關鍵是靠基層探索，找路子、找辦法。指導意見怎麼落地，怎麼落實，怎麼能夠學懂弄通、找到辦法。最近調查一個人力組織的時候，發現我們國家真是一個國家四個"世界"，有"發達經濟體"、有"新型經濟體"、有"傳統經濟體"，還有"落後經濟體"，做法完全不在一個層次上，發達地區好多事，都是落後地區多少年以後想的事。

第三，兩個關係很重要。一個是治理目標和治理手段的關係，一個是治理架構和治理方式的關係。兩個"制"，一個是體制，5 句話 20 個字，現在我們改成 6 句話 24 個字；一個是機制，"三治融合"。實際上，體制是架構，機制是方式，兩個只有合理創新，才能夠形成體系，否則就又不一樣了。這是架構體制和創新機制的關係。

第四，目標和手段。現在都變了，目標不一樣，手段也不一樣。我最近到浙江調研數字鄉村振興新型戰略，剛出台文件，人家就把這個列為 6 個數字化，講得非常清楚，都有例子講怎麼合作。比如說數字化集成產業，與阿里巴巴等企業合作，一個模式一套就出來了。目標上，特別要注意手段的改進，手段改進就會有很大的改變。這是政府作用和社會作用的啟示，頂層設計和基層探索的啟示。

在此給鄞州提幾點建議。建議制訂新的時間方案和自己的規劃決定。這個方案本身很有針對性，我倒是覺得要考慮發展和戰略轉型的要求。現在到當口了，我們的發展轉型是由第一個百年奮鬥目標——

全面建成小康社會，到第二個百年奮鬥目標——全面建成社會主義現代化強國。在這個大的發展背景下，要求不一樣。過去稱為小康，是以兩個建設為主，即政治建設和社會建設。現在我們的治理有兩個現代化的要求，即治理能力現代化和治理體系現代化，既要有能力還要有體系，有了體系沒有能力也幹不成事，有了能力沒有體系形不成合力。所以要從兩個建設向兩個現代化大背景去轉變。那麼由於這樣一個轉變，根據深化鄉村治理實踐提出的要求，15 年後，到 2035 年，要講治理能力、治理體系兩個現代化，不再講兩個建設，所以兩個現代化對實踐、對方案設計要求更高了，不一樣了。此外要處理好五個總要求中一個要求和另外四個要求的關係，統籌協調而不是治理為主。斯大林講過："生產不是目的，滿足需求是目的。" 生產是手段，不能為治理而治理。有的地方就是這種情況，做不到治理有效。所以處理好治理要求和各方面的關係，形成良性互動，才能達到治理有效的目的。

——在 2019 鄉村全域治理體系研討會上的主旨發言

（根據錄音整理）

附錄：

中國小康建設研究會
2019 年工作實錄

中國小康建設研究會
2019 年工作總結及 2020 年工作計劃 *

令人振奮的 2019 年即將過去，充滿希望的 2020 年即將到來，在此辭舊迎新之際，我謹代表中國小康建設研究會作 2019 年的工作總結和 2020 年的工作安排。

2019 年：團結奮進、卓有成效

2019 年是中華人民共和國成立 70 週年，也是中國小康建設研究會成立 12 週年。一年來，中國小康建設研究會堅持以習近平新時代中國特色社會主義思想為指導，深入貫徹黨的十九大和十九屆二中、三中、四中全會精神，在民政部、農業農村部的正確領導下，在新一屆領導班子的團結帶領下，在各界的支持和努力下，團結帶領全體員工和各分支機構，凝神聚力，攻堅克難，砥礪前行，各項工作呈現出新氣象、實現了新作為、取得了新成績，為決勝全面建成小康社會作

---

* 白長崗，中國小康建設研究會會長。

出了新貢獻。

2019 年主要做了七項工作。

一、主抓鄉村振興戰略的實施卓有成效。實施鄉村振興戰略，是以習近平同志為核心的黨中央對"三農"工作作出的重大決策部署，是做好新時代"三農"工作的總抓手、總綱領、總遵循。

一年來，研究會堅持圍繞這個重點，充分發揮自身的特長和優勢，先後舉辦了一系列專題論壇，為推動農業農村高質量發展提供了強有力的智力支持，同時也為有關項目的對接落實創造了條件和機會。主要有：紀念農村改革開放 40 週年暨新時代農業企業家發展大會、全國鄉村振興與扶貧協作（寧波）論壇、2019 消費扶貧與鄉村振興（深圳）大會、現代農業產業化聯盟成立大會暨 2019 現代農業產業化發展高峰論壇、2019 鄉村振興暨中國糧食安全戰略高峰論壇、2019 鄉村文化振興高峰論壇、第二屆中國鄉村產業博覽會、2019 鄉村振興暨交通產業發展峰會、2019 鄉村人才振興戰略高峰論壇、第二屆新時代農業企業家發展大會暨鄉村產業振興高峰論壇、2019 健康中國與食品安全高峰論壇、鄉村全域治理體系研討會、"培育新型經營主體，促進小農戶和現代農業發展有機銜接"研討會等。舉辦場次之多、參會人數之眾、媒體報道影響之廣、對接和落實項目之實，都是前所未有的，受到社會各界一致的肯定和好評。

二、專題調研推出新成果。調查研究是我們黨的優良傳統，也是研究會長期形成的專長和優勢。

一年來，研究會課題調研組在德高望重、經驗豐富的老領導的指導下，組織專家學者、企業家、媒體記者，聚焦建設鄉村治理體系等焦點難點問題，多次赴浙江寧波市鄞州區的鄉鎮、社區實地調研，在總結成功經驗、研究存在問題、提出改進意見的基礎上，舉行了專題研討會，形成了《實施鄉村振興戰略，建設鄉村治理體系的成功之路——浙江省鄞州區踐行習總書記“灣底囑託”的艱辛歷程》的專題調研報告，現已上報中央。

　　三、“鄉村振興百縣巡迴大講堂”成功開講。“鄉村振興百縣巡迴大講堂”是由中國小康建設研究會發起並主辦的全國系列講座，旨在解讀“三農”政策，推介地方經驗，具有前瞻性、實效性的特點，首講即獲得了成功。2019 年 3 月 30 日，在“全國鄉村振興與扶貧協作（寧波）論壇”上，“全國鄉村振興百縣巡迴大講堂”正式開講。兩位專家分別以“鄉村產業振興的挑戰和機遇”“加大鄉村振興實施力度”為題作了專題報告，從不同角度深入闡述對鄉村振興戰略的新理解，為寧波鄉村振興出謀劃策，成效顯著。

　　一年來，研究會聚焦制約鄉村振興發展的突出矛盾和問題，邀請國內知名專家，為多地鄉村振興謀思路、出實招，從而推動了鄉村振興的措施落地生根、開花結果。

　　四、分支機構為鄉村振興戰略實施提供保障。分支機構是社團組織的有機組成部分，是社團組織機構和功能的自然延伸。研究會分支機構是根據開展工作的需要，依據業務範圍或會員組成特點設立的專門從事某項業務活動的機構。

　　一年來，為適應鄉村振興的新形勢和新要求，研究會新增設了 5 個分支機構，分別是：鄉村產業發展委員會、生態農業健康促進委員會、農業產業化聯盟、教育產業委員會、鄉村振興研究院。調整了 6 家分支機構的承辦單位，分別是：農業經濟研究院（原現代農業促進委員會）、生態環境保護委員會（原環境保護委員會）、名優特產品推進委員會（原優質農產品和食品委員會）、扶貧創業發展委員會（原精準扶貧創業發展委員會）、西柏坡基層幹部培訓中心（原三農經濟委員會）、健康事業發展委員會（原特色農產品貿易委員會），這些分支機構的設立和調整，使研究會分支機構的分佈領域進一步拓展，規模不斷擴大，佈局更加合理，從而保障更專業、更科學、更高效地圍繞鄉村振興等重點領域開展工作。

五、開展系列公益活動，奉獻愛心，履行社會責任。研究會作為社會團體，自成立以來，一貫堅持把推動公益事業發展、扶貧幫困、興教助學，作為自己的使命和職責。2019 年 1 月 30 日，在河北省懷安縣舉辦 "小康暖心行" 活動，在春節前下鄉分組對扶貧村 30 戶困難群眾進行了逐戶走訪慰問，並為每戶送去了 2000 元的愛心善款以及米、麵、油等生活必需品；8 月 19—20 日，在吉林省和龍市舉辦 "中國小康建設研究會助學圓夢公益行——走進和龍" 活動，共資助 50 名學生，為受助優秀學子每人發放了 2000 元的愛心善款；9 月 19 日，在河北懷安頭百戶中心學校舉辦了 "貧困青少年公益籃球圓夢邀請賽" 捐贈活動，向頭百戶中心學校捐贈了 200 套籃球服、50 個籃球以及 50 套價值 25 萬元的人工智能課程軟件；10 月 31 日，到 "愛心苗圃" 健康援助中心看望 "緊急特困群" 部分病友，向 "愛心苗圃" 帶去救助金 5000 元及籃球和車模等小朋友喜愛的玩具。同時，研究會又在 2019 年年會當日向 "愛心苗圃" 捐助 5 萬元善款，以實際行動把黨和政府的溫暖送到了他們心上。

六、加強戰略合作，實現互助、互惠、多贏。研究會始終把拓展戰略合作作為強化自身建設的重要舉措，通過強強聯合、優勢互補，為長遠發展奠定基礎。

一是與全經聯簽訂戰略合作協議。2019 年 5 月 11 日，在北京舉辦的第二屆全經聯康養產業創新發展研討會上，與全經聯簽訂了戰略合作協議，有利於充分發揮雙方在政策對接、資源共享等方面的優勢，共同開拓市場，實現資源共享、互利共贏。

二是與寧波市鄞州區簽訂戰略合作協議。2019 年 6 月 23 日與寧波市鄞州區簽訂戰略合作協議，將鄞州區作為中國小康建設研究會鄉村振興研究院實踐基地，同時推動寧波市鄞州區農村經濟、生態與社會建設的全面協調發展。

三是與勞務協作就業扶貧平台建立合作關係。為促進貧困人口就業脫貧，與勞務協作就業扶貧平台簽訂戰略合作協議，與上海儒強企業管理有限公司簽訂合作意向書，通過勞務協作就業扶貧平台對貧困縣進行就業幫扶。

七、內部管理進一步規範、高效。研究會要實現對內運轉順暢、對外協調有方，制度建設是關鍵。

一年以來，研究會在建章立制上下功夫，在推動制度有效性上做文章，管理科學化、規範化水平進一步提升。

一是規範日常管理。充分發揮制度管人的作用，嚴格考勤制度，嚴格請銷假制度；嚴格財務審批制度，開展社會組織財務管理工作學習培訓活動；調整辦公時間，加強辦公室管理，人員面貌煥然一新，精神狀態明顯改觀。

二是建立例會制度。每月召開秘書長辦公會，研究重要事項，根據需要，會長不定期召開會長辦公會。辦公室每週召開例會，總結上週工作，安排本週工作，組織學習國家有關文件精神和管理規定。

三是加強黨建工作。研究會堅持黨建工作和業務工作一起謀劃、一起部署、一起落實，圍繞中心抓黨建，抓好黨建促發展，切實把黨建責任扛在肩上、抓在手中、落到實處。今年以來，組織黨員幹部赴遼瀋戰役紀念館、西柏坡革命紀念館等地開展"不忘初心、牢記使命"主題教育活動，舉辦主題教育講座，教育引導廣大黨員幹部將初心使命轉化為銳意進取、開拓創新的精氣神和埋頭苦幹、真抓實幹的自覺行動。

四是召開分支機構工作會議、開展分支機構專項有效整頓清理工作。2019 年 5 月 15 日、11 月 11 日兩次召開研究會專門的分支機構工作會議，總結工作經驗，分析存在問題，安排部署分支機構規範、清理工作。對不按照研究會章程和分支機構管理辦法開展工作的，進行了整頓、撤銷。一年來，共有6個分支機構受到了處理。現在，一個充滿高效和活力的分支機構團隊，正在發揮著重要作用。

五是自辦媒體質量進一步提高。《中國小康》雜誌和中國小康建設研究會門戶網站，是研究會的"窗口"和"名片"，堅持網站天天更新，雜誌月月出版。為了使網站辦得更有特色，更受讀者歡迎，同時調動分支機構、理事會的積極性，及時對網站進行了改版，並開通了信息發佈、精品推廣、經驗介紹、企業品牌等板塊，擴大了優質內容產能，發揮了內容引領優勢，創新了內容傳播手段。

《中國小康》編輯和印刷質量都有了進一步的提高，發行更加精準和實用。

2020 年：決勝小康、充滿希望

2020年是全面建成小康社會、實現第一個百年奮鬥目標的收官之年，是推進鄉村振興戰略的關鍵之年。研究會將堅持以習近平新時代中國特色社會主義思想為指導，緊緊圍繞全面小康建設，提高站位，夯實責任，樹立品牌，繼續深入開展基層調查研究，開展農業產業扶貧，加強與地方，特別是貧困地區的戰略合作，致力推動鄉村振興戰略，全面服務"三農"，集思廣益，群策群力，全面推進各項重點工作。

2020年，中國小康建設研究會的工作重點有以下七個方面。

一、設立"中國小康建設研究會產業引領基金"，為農業科技創新項目的實施支持前沿資金。實踐證明，科學技術是第一生產力，科技創新是可持續發展的前提和保證。在 2020 年全面建成小康社會的關鍵之年，中國小康建設研究會將充分發揮自身平台的優勢，整合清華大學、北京大學、中國科學院、農業農村部、中國農業科學院、科技部等部委和高等院校的科技資源和人才優勢，設立"中國小康建設研究會產業引領基金"，對接一流的研發平台，具備引領和孵化的功能。

二、繼續開展調研和課題研究工作。繼續重視鄉村振興戰略的實施，圍繞鄉村振興產業開發和發展模式、縣域合作創新經營、鄉村振興配套服務體系、農業產業升級、農業企業現狀與困境、國家糧食安全、鄉村養老等相關課題，展開深入調研，推出成果，提供相關部門決策參考。充分依託和發揮中國小康建設研究會鄉村振興研究院的作用，加強與寧波市政府的聯繫，開展調研和課題研究，推出調研成果 1 項，徵集出版《全國鄉村振興優秀案例》；與相關單位密切合作，組織專門力量編輯出版《中國小康縣》大型獻禮工程系列圖書，編輯出版《中國小康之路——鄉村振興與農業農村熱點問題探研》。

三、繼續舉辦系列具有社會影響力的論壇，樹立品牌。與寧波市政府聯合舉辦 2020 鄉村振興發展大會。同時，做好第三屆鄉村振興暨產業發展峰會、第三屆民營經濟與鄉村振興發展論壇、農業高質量發展博鰲峰會、智慧興農與產業融合發展論壇、生態農業與健康產業論壇、"金種子"圓夢助學暨產教融合高峰論壇、第六屆社會養老創新發展論壇、第二屆鄉村振興暨交通產業發展峰會、第三屆新時代農業企業家發展大會、生態健康農業高峰論壇等籌備組織工作。

四、繼續堅持開展公益活動。2020 年，研究會將繼續舉辦"助學圓夢公益行""小康暖心行"等品牌公益活動，也呼籲更多的愛心人士、愛心單位加入到這一行動中來，去幫助更多的貧困人口。

五、加強對外合作交流。研究會要繼續發揮自身優勢，加強與全經聯、寧波市人民政府、勞務協作就業扶貧平台等單位的合作，建立相互協作機制，為地方政府和企業發展提供智力支持，實現共生共贏。繼續開展“鄉村振興百縣巡迴大講堂”活動。

六、加強分支機構管理。分支機構是中國小康建設研究會重要的有機組成部分。2020 年要嚴格落實《中國小康建設研究會分支機構管理辦法》，依據研究會業務發展需要，科學合理地設立分支機構；繼續對現有分支機構進行考核和調整；密切同分支機構的對接、溝通，調動分支機構開展工作的積極性，群策群力，互惠多贏。

七、進一步完善內部建設。繼續修訂完善研究會各項規章制度，進一步抓好落實；注重團隊建設，加強創新管理，提高員工待遇，增強凝聚力；積極向上級主管部門請示匯報，爭取國家相關政策支持，加強與其他社團的溝通交流，學習先進經驗，取長補短，力爭把研究會辦成一個有品牌、有影響力的一流社團組織。

回顧即將過去的一年，我們滾石爬坡，砥礪前行；展望新的一年，我們信心百倍，再創輝煌。2020 年是實現全面建成小康社會第一個百年奮鬥目標之年。我們要以習近平新時代中國特色社會主義思想為指導，統一思想、凝聚共識，堅定信心、抓好落實，為決勝全面建成小康社會、實現中華民族偉大復興的中國夢作出新的貢獻。

──在中國小康建設研究會 2019 年年會上的講話

要關注那些可能影響小康建設
圓滿收官的因素 *

　　中國小康建設研究會在成立的時候，我就參加了。這 10 多年來，只要有條件，研究會的活動我都盡量參加。這兩年歲數大了，各方面的活動都停止了，但是研究會的活動，我還要參加，同時也是來看看老朋友。

　　剛才聽了白會長的報告，總結了 2019 年一年的工作，並對 2020年的工作作了安排，我都同意。說實在話，我對研究會 2019 年的工作很滿意。作為一個民間的社團組織，能夠開展那麼多的活動，人手還不多，我看還是很不錯的，相信會辦得更好。白長崗會長在小康建設研究會成立的時候就參加了，提供資金支持和場地支持。10 多年來，他對研究會下了很大的功夫，一直沒有停止。今年當選為會長，所以投入的精力更多，成效也很明顯。我很滿意，也向研究會的全體同人，向白會長表示感謝。

　　2020 年是我國全面建成小康社會的收官之年。全面建成小康社會，中國能夠做到這一步、能夠實現這個目標，那可是了不得。多

---

* 段應碧，中央農辦原主任。

少代人為之奮鬥，一直到新中國成立 70 週年以後，才達到了這個目標。14 億人口的大國，半封建半殖民地的國家，那麼窮困，資源那麼少，人還那麼多，現在實現全面小康，中國人在過去做夢都想不到的，這是了不起的成就。所以，我們一定要保證 2020 年全面建成小康社會的任務徹底實現，圓滿收官。

我們研究會的名字就叫中國小康建設研究會，成立這個研究會的目的，就是要推動小康建設。在收官之年，我們要更加努力，為圓滿收官做點貢獻。剛才白會長講了七個方面，我都贊成。我只想強調一點，要注意關注那些可能影響圓滿收官的因素。因為我們是講全面小康，不是基本小康。對農村來說，那就意味著不能有一個人還處於絕對貧困，不能有一個地方還處於絕對貧困的狀態，否則，那怎麼能叫全面小康呢？所以，我就想提醒這一點，我們中國小康建設研究會要關注這件事，看看哪些方面有可能影響圓滿收官，就要趕快調研，想辦法，提出建議把它解決好。

──在中國小康建設研究會 2019 年年會上的發言

（根據錄音整理）

研究會工作很有特色和成效 *

　　我對小康建設研究會一年來取得的富有成效的工作成果和成績，表示衷心的祝賀！向一年來富有成效地開展工作、守職盡責、付出辛勤勞動的每位同志表示敬意和感謝。

　　剛才聽了白長崗會長對今年一年的工作總結和明年工作安排的情況，印象深刻，感受很多。我有幸參加研究會的一些活動，看到的、聽到的、切身感受到的是，研究會一年的工作開展得很好，很有活力，很有特色，很有成果。總結起來，主要有三個特點。

　　第一，緊緊圍繞大局開展工作。研究會作為政府部門的參謀和智庫，一年來，緊緊圍繞鄉村振興、脫貧攻堅、小康社會建設，緊跟"三農"工作的節拍，緊緊圍繞產業發展、糧食安全、環境治理、生態文明、文化振興、鄉村治理以及農民增收等主題，開展了卓有成效的調研、研究工作，開展了一些有分量、有影響的活動。

　　第二，工作很有特點。一年來，無論是座談研討，還是論壇峰會，或者是調查研究，主題都非常鮮明，重點也非常突出，目的也非

＊　李春生，第十三屆全國人大農業與農村委員會副主任。

常明確。研究會十分注重某一個地方、某一方面、某一區域所關注關心的問題，適時舉辦活動、開展研討，提出應對的舉措。比如，對浙江寧波鄞州區開展的扶貧協作、鄉村治理、文化振興，取得了非常好的效果，得到了地方政府和相關部門的充分肯定。農村交通、大健康食品安全、養老事業等活動開展得也很有特色。

第三，工作很有成效。一年來，研究會工作十分注重實效，為弱勢群體、為"三農"、為社會力爭多作貢獻。比如開展的"助學圓夢公益行""小康暖心行"，還有"養老公益活動"等，有聲有色，出彩的地方很多。研究會在行業內的影響力、號召力顯著增強，在社會上的形象和地位明顯提升。這些成績的取得，包含著研究會每一位同志努力的汗水、辛勤的付出，特別是李彬選秘書長出色的協調組織能力令人印象深刻。

一年來，大家積極尋找活動項目，遊說有關方面給予支持，還要精心策劃、安排組織落實，力求盡善盡美，工作實屬不易。在工作中研究會每一位同志，充分體現了鍥而不捨、艱苦創業的意志和精神，充分體現了辛勤探索、開拓進取的智慧和勇氣。這種精神，值得很好地提倡、傳承、弘揚。有這樣好的團隊，我深信，在新的一年裏，按照白長崗會長的工作安排，你們的工作一定會做得越來越好。衷心地祝福研究會，在新的一年裏，為脫貧攻堅任務的完成、為全面建成小康社會收官作出新的更大的貢獻，也衷心地祝福研究會的每一位同志，有更多的成就感、獲得感、幸福感！

——在中國小康建設研究會 2019 年年會上的發言

建議做好土地這篇大文章 *

　　剛才聽了白長崗會長 2019 年的工作回顧和 2020 年的工作安排，很受鼓舞。一年來，中國小康建設研究會工作取得了顯著成效，對於 2020 年的工作，作出了詳盡的安排。剛才，幾位老領導都給了很高的評價，我也是深有同感。這兩年，參加了中國小康建設研究會的一些活動，感覺中國小康建設研究會工作越來越紮實，活動辦得豐富多彩，已經成為服務行業的重要載體、聚合力量的重要平台、研討交流熱點問題的重要形式。我期望，2020 年中國小康建設研究會取得更大的成效。

　　我在這裏提出一個建議。農村的土地問題是一個重大的問題。中國小康建設研究會也好，在座的各位會員單位也好，都要高度重視研究土地問題。鄉村振興要靠人、地、錢的投入和聚合。改革開放 40 多年來，城鎮化、工業化的推進，經濟社會的發展，在某種程度上，盤活利用好土地資源和土地政策，起到了巨大的作用。我們現在實施鄉村振興戰略，也要盡可能在土地上做文章。農村的土地、農村的發

---

*　張天佐，農業農村部農村合作經濟指導司司長。

展應該優先保障、優先使用，土地的增值收益，應該更多地惠及廣大的農民和農村。

大家知道，新的土地管理法修正案已經由全國人大常委會審議通過，2020 年 1 月 1 日正式實施。這次修訂有很多的亮點，也有很多的熱點。對於農村幾種類型的土地，國家給了很多新的政策。

第一種是農村集體經營性建設用地。今後可以和國有土地一樣，實行同權同價，同等上市。這種類型的土地全國現有幾千萬畝，是未來可以盤活利用的一塊巨大財富，我們要研究這類土地資源的有效利用問題。

第二種是農民的宅基地。據測算，現在農村的建設用地中，宅基地超過 1.7 億畝，佔到整個農村建設用地的一半以上。隨著我國城鎮化的推進，農村閒置出來的宅基地和農房越來越多，如何盤活利用好這一塊資源是一篇大文章。從近幾年各地的實踐探索看，盤活利用閒置宅基地和閒置農房潛力很大。今年農業農村部專門印發了文件，明確可以探索就地盤活利用、就地整治利用、復墾利用等多種方式。通過這些閒置農房和宅基地的盤活，可以讓想回歸田園的城市人口找到歸宿，使農民現有資產能夠增值，能夠致富。

第三種是農村承包地。中央明確要採取"三權"分置的思路推進承包地的改革，在堅持所有權、穩定承包權的基礎上，放活經營權。也就是在尊重農民意願的前提下，可以推進承包地的有序流轉，為保證糧食安全和現代農業發展找到更多的途徑和辦法。建議中國小康建設研究會，包括在座的各成員單位、會員單位，在做好土地這篇文章上多動腦筋、多研究。

預祝中國小康建設研究會在新的一年取得更大的成績！

──在中國小康建設研究會 2019 年年會上的發言

充分發揮自身的優勢 *

　　在全黨深入學習貫徹黨的十九屆四中全會精神之際，中國小康建設研究會在這裏舉行年會。我代表全國助老工作委員會，向大會的召開表示熱烈的祝賀。

　　2019 年以來，中國小康建設研究會以促進全面建成小康社會為己任，堅持以習近平新時代中國特色社會主義思想為指導，認真學習貫徹黨的十九大精神，加強與地方，特別是貧困地區的戰略合作，組織了各方面的專家、企業家以及社會各方面的力量，先後開展了鄉村文化振興、鄉村振興與扶貧論壇等一系列工作，先後舉行了"助學圓夢公益行""小康暖心行"、社會養老助老等各項公益活動，為決勝全面建成小康社會作出了積極的貢獻。

　　決勝全面建成小康社會是我們大家神聖的責任。我們要把一切可以團結的力量團結起來，把一切可以調動的積極因素調動起來，為全面深化改革、全面建成小康社會、實現中華民族偉大復興的中國夢貢

＊　　凌先有，水利部離退休幹部局黨委書記、局長。

獻更大的力量。當前，決勝全面建成小康社會還有許多重大的任務和措施需要合力推進，還有許多問題需要深入研究，還有許多中央的戰略部署需要落地見效。因此，建議中國小康建設研究會要找準切入點、結合點和著力點，彙集各方資源，努力打造服務平台，為決勝全面建成小康社會貢獻智慧和力量。

2020 年是全面建成小康社會的收官之年。建議中國小康建設研究會充分發揮自身優勢，進一步凝聚各方面的力量，繼續在打好三大攻堅戰、實施鄉村振興戰略等方面發揮積極作用，也建議中國小康建設研究會能夠聚焦中共中央、國務院最近出台的《國家積極應對人口老齡化中長期規劃》，發揮養老保障促進委員會、助老工作委員會等分支機構的作用，在聯繫社會各界對人口老齡化的財富支持、構建老有所學的終身學習體系、完善老年健康服務體系、打造高質量的為老服務產品供給體系、構建養老孝老敬老社會環境等方面搭建平台，凝心聚力，讓廣大老年人充分分享全面建成小康社會帶來的獲得感和幸福感。最後，祝願中國小康建設研究會在新的一年取得更大的成就！

——在中國小康建設研究會 2019 年年會上的發言

對小康建設研究的期待 *

　　我是雙重身份。研究會裏，我是常務理事；研究會跟我們中心是掛靠關係，所以我是雙重身份。聽了白會長作的關於 2019 年的工作回顧和 2020 年的工作安排報告之後，我有三句話說：第一句話，對研究會過去一年來的工作和取得的成績，表示祝賀。第二句話，對 2020 年的工作安排，只能說原則同意。按照規定，研究會還要向我們中心報方案，但是我是原則上同意的。第三句話，對 2020 年的工作做一些研究，因為對中國小康研究會在小康決勝之年所起的作用，我還是充滿期待的。

　　藉這個機會說一下，在決勝全面建成小康社會收官之年，從我們這個研究會的職能出發，應該關注一些什麼樣的問題。下面我用三個詞來說明中國小康建設研究會 2020 年要研究的問題。

　　第一，一個底線要關注，就是脫貧攻堅。剛才段主任講了，全面小康有要求：

　　1. 全面小康是全體人民的小康，習近平總書記說，小康路上一個

---

* 宋洪遠，農業農村部鄉村振興專家諮詢委員會副秘書長，農業農村部農村經濟研究中心主任。

不能落，一個不能少。

2. 全面小康是城鄉區域共同發展的小康，農村地區，尤其是貧困地區，必須完成。

脫貧攻堅的事，有幾個事要關注一下。

1. 深貧的問題。現在還有國家確定的深度貧困地區，符合貧困人口多、發生率高和脫貧難度大這三個條件的"插花式"的扶貧任務還有一部分，深度貧困地區脫貧有相當大的阻力。

2. 脫貧後的返貧問題。2018 年去了好幾個地區調研，脫貧地區很多地方返貧率比第三方評估的要高，這個怎麼辦？

3. 低收入非建檔立卡戶的問題。2015 年建檔立卡的時候，比如說人均 2300 元建檔立卡，但是如果是 2350 元，高 50 元，就沒有建檔，沒有立卡。4 年下來，所有的政策都往建檔立卡的人手裏集中，出現了貧困戶比低收入戶情況好、貧困村比非貧困村的基礎設施條件好的情況，這個怎麼辦？

4. 建立解決相對貧困的長效機制。2020 年後怎麼辦？這個確實要研究，因為直接關係到全面小康，這是個底線。

第二，一個主線，就是供給側結構性改革。脫貧攻堅也好，全面小康也好，鄉村振興也好，有一個事必須幹，就是供給側結構性改革。大家可以看，連續 3 年的經濟工作會議都寫了這句話，供給側結構性改革是主線。

1. 鞏固過去的成果。比如說玉米庫存，當時想不到這麼容易消化，消化完了怎麼補庫？

2. 增強微觀經濟主體的活力。最近在圍繞營商環境做研究，發現營商環境上面和下面反映差別非常大，上面世界銀行公佈的報告，現在的指數好於德國了，連續兩年大幅度降位。因為這個評價是根據中央政府發的文件的規定來評價的，選了兩個樣本，一個是上海，一個是北京。但是到地方看就完全不一樣了，地方上的感覺特別明顯，他們有一句話：過去是門難進，臉難看，事難辦；現在是門好進，臉好看，事不辦。

3. 提升產業鏈水平和競爭能力。農業主要是競爭能力問題和產業鏈的水平問題。

4. 暢通城鄉要素的機制流動。

第三，一個長線，就是鄉村振興。有三個要點。

1. 制度框架，土地是核心。我們搞鄉村振興，地、人、錢怎麼辦？有四個大舉措：第一個是地的問題，第二個是人的問題，第三個是錢的問題，第四個是黨的領導。制度框架是一個大事。2020 年如果這個法條能出來，有條例、有法了就可以了，如果出不來，還有一個法的問題。

2. 政策體系的問題。"四個優先"說起來容易，要把"四個優先"形成政策體系，也是要研究的。

3. 鄉村治理。這個《決定》出來之後，我們下一步要學習，我對它做了認真梳理，一共六個方面涉及農村。社會治理的基礎在鄉村，國家治理的基石在鄉村。

2020 年必須要有一個交代，實施三年行動計劃、全面建成小康社會收官之年，有很多專題要研究。中國小康建設研究會要強化研究功能，活動要搞，研究的功能也要增加一點。我對中國小康建設研究會的研究工作充滿期待。

在此對研究會的各個機構的工作人員一年來的辛苦表示感謝，也希望大家在新的一年大吉大利，有更多的收獲！

——在中國小康建設研究會 2019 年年會上的發言

（根據錄音整理）

鄉村振興研究院的使命和任務 [*]

為全面落實和貫徹黨的十九大報告，以及中央農村工作會議精神，大力推進鄉村振興戰略落地實施，2019 年 3 月 31 日鄉村振興研究院正式成立。研究院主要圍繞鄉村振興戰略理論與實踐開展研究，在政策諮詢、人才培養、技術支持、科技推廣、精準扶貧等方面，整合力量，發揮優勢，開展持續深入的科學研究和決策諮詢，重點研究產業、人才、文化、生態、組織等幾方面的內容，目標是想成為國內知名的鄉村振興戰略高端智庫，為服務黨和國家重要的決策、推動鄉村振興戰略更好地落實落地服務。

研究院自成立以來，在宋洪遠院長的領導下，在各位領導的幫助和支持下，先後舉辦和參與了兩個論壇、兩個研討會和多次調研活動。2019 年 3 月 31 日，全國鄉村振興與扶貧協作（寧波）論壇在浙江寧波成功舉辦，邀請了全國人大、農業農村部、國家發改委、全國供銷總社、國務院扶貧辦以及京東集團的領導、專家學者、企業代表、基層幹部共 300 餘人出席。中央電視台財經頻道、新華網、《人

＊ 田野，中國小康建設研究會鄉村振興研究院主任。

民日報》《經濟日報》《農民日報》等主流媒體重點報道，社會反響良好，是全國鄉村振興與脫貧攻堅方面高規格、高質量的論壇。

　　2019 年 6 月 23 日，中國小康建設研究會鄉村振興研究院與寧波市鄞州區正式簽訂戰略合作協議，並在寧波設立鄉村振興研究院實踐基地。2020 年也將在全國相關地區設立實踐基地，主要結合中國小康建設研究會的優質資源，在政策諮詢、宣傳推廣、理論研究、項目對接等方面，給予寧波市鄞州區人民政府提供相關智力支持。2019 年 7 月 14 日，中國小康建設研究會和鄞州區人民政府在京聯合舉辦了鄉村全域治理體系研討會，全國人大、農業農村部、民政部、司法部等部委領導和專家學者，對鄉村全域治理提出新思路、新辦法，中央人民政府官網、新華社、《人民日報》等主流媒體重點關注與報道。出席此次活動的領導和專家，為鄞州區全域治理新模式和全國鄉村治理體系建設提出了建設性意見。

　　2019 年 7 月 28 日，中國小康建設研究會、鄞州區人民政府聯合舉辦了鄉村振興與治理研討會，重點研究和討論 2003 年時任浙江省委書記習近平同志在寧波鄞州灣底村調研時，殷切囑託當地的幹部，把村莊整治與發展經濟結合起來，與治理保護、與農村生態環境結合起來，走出一條以城帶鄉、以工促農、城鄉一體化發展的新路子，梳理鄞州區 16 年來 "三農" 經濟的發展和鄉村振興的典型做法和經驗，將好的做法和經驗向全國推廣。

　　2019 年 9 月 1 日，在寧波舉辦了鄉村文化振興高峰論壇，同樣得到中央及主流媒體的重點報道與關注。

　　2019 年 10 月 27 日，在鄉村振興與交通產業發展論壇上，舉辦了全國鄉村振興優秀案例的啟動儀式。在我們這個案例的申報階段，各個地方主管部門積極申報。特別是浙江、福建、山東、貴州、廣東等地積極踴躍，有些地方每個地級市能報 7—8 個鄉村振興的優秀案例，可以看出來每個地方對於鄉村振興的積極態度。

2020 年我國將全面建成小康社會，鄉村振興研究院在 2019 年工作的基礎上，將融合多方資源，計劃主要開展以下工作。

第一，一個大講堂。就是剛才白長崗會長在工作報告裏面講到的"鄉村振興百縣巡迴大講堂"。這個大講堂 2019 年 3 月 31 日在寧波開展首講，接下來將配合全國鄉村振興的優秀案例、入選單位，開展相應的工作。

第二，一本圖書。《2019 鄉村振興優秀案例》，出版此書的目的是進一步挖掘各地在鄉村振興領域的新經驗、新成就、新典型、新解法，為各級黨委政府提供決策參考，為基層單位提供借鑒經驗。

《2019 鄉村振興優秀案例》將於 2020 年上半年出版發行並舉辦全國新聞發佈會，擬定在 2020 年初舉辦鄉村振興優秀案例專家評審會，公開、公平、公正地篩選出全國 30 個可推廣、可複製的典型案例，希望能得到大家的支持。2020 年鄉村振興發展大會期間，我們還將舉辦鄉村振興優秀案例圖片展和優秀案例代表圓桌會議，根據需求，可作為鄉村振興研究院實踐基地組織專題調研和互訪活動。

第三，一個大會。目前正在籌備，即 2020 鄉村振興發展大會，希望通過 3 年努力，辦成全國農業農村領域的"達沃斯論壇"，不僅成為國內外涉農領域交流溝通的平台，更變成國內外投資合作的橋樑，為我國的鄉村振興取得決定性進展起到助推作用。

此外，根據需求，有幾方面的工作考慮：一是根據需求聯合相關機構開展有關規劃和諮詢服務，作為 2020 年的重點。二是擬定組織兩次國際商務考察農業比較發達的國家，如以色列、荷蘭、日本等國。三是根據需求舉辦不同主題的研討會交流活動。四是多到基層去做調研工作。希望通過我們共同的努力，為鄉村發展做好諮詢服務工作，讓更多的資源、項目、技術向基層聚集，實現共贏共享。

　　鄉村振興研究院自成立以來，一直秉持務實、創新、服務的原則。今天，能獲得優秀分支機構的榮譽，我們深感身上責任重大。希望通過各位領導的支持和大家的努力，未來能為我國鄉村振興戰略的實施貢獻綿薄之力。

　　"為天地立心，為生民立命"，為全面小康作貢獻。祝大家身體健康，心想事成！

——在中國小康建設研究會 2019 年年會上的發言

組織發展應當有分享精神 *

　　我被評為 2019 年度分支機構突出貢獻的代表，感到非常榮幸。在此，非常感謝中國小康建設研究會給我如此的殊榮。

　　在研究會工作的過程中，我一直在思考這樣一個問題：一個組織該如何發展？我覺得，一個組織要想發展得更好，應當有一種分享精神。

　　怎麼樣分享？有三個方法，我把它稱為"三個意識"。任何的分享，都要抓住分享的三個核心：對象意識、問題意識、交付意識。可能說起來有點抽象，舉例來講，前幾天我接觸了一個心理學家，他給了我一個公式。四句話：一個時間點，一件小事，潤色形容，加上海誓山盟。這個公式來源於很多的男性曾經向他諮詢如何回答自己的老婆或者女朋友問自己"你為什麼喜歡我"這個問題。然後，這個心理學家給了這樣一個公式，於是有人運用到了日常生活裏。怎麼運用的？有一次，一個男青年的女友問他："你為什麼喜歡我？"他是這樣回答的："因為在昨天早上，你幫我做了一份早點，看著你做早點

　*　李大偉，中國小康建設研究會法律委員會主任。

的時候，綽約的身影無比美麗，於是我發誓，今生今世都要愛你。”
這些話就是這個公式的一個套用——我為什麼要舉這個例子？實際
上，它是交付的一種表現。那麼交付的對象是誰？是有需求的這一類
的人。他的需求是什麼？需求是如何解決親密關係的問題。於是，
“三個意識”就出現了：我們要有對象的意識，也就是你這個分享要
分享給誰；我們要有問題的意識，了解對象的真正需求是什麼；我們
還要有交付的意識，一段對話之後，要給到對象具體的方法，這叫交
付。所以，我認為未來組織的發展，一定也與“三個意識”有關係。
還可以把它更加通俗地表述出來，就是找對人、解需求、給方法，這
樣組織才能更加蓬勃地發展。

　　這是我的一點點感受。我也希望，不管是個人還是組織，能夠緊
緊抓住對象意識、問題意識、交付意識，讓組織或者個人有更好的發
展。這是我今天的分享。

——在中國小康建設研究會 2019 年年會上的發言

（根據錄音整理）

責任編輯　　阿　江

書籍設計　　吳冠曼

排　　版　　楊　錄

書　　名　中國小康之路——鄉村振興與農業農村熱點問題探研

編　　著　中國小康建設研究會

出　　版　三聯書店（香港）有限公司

　　　　　香港北角英皇道 499 號北角工業大廈 20 樓

　　　　　Joint Publishing (H.K.) Co., Ltd.

　　　　　20/F., North Point Industrial Building,

　　　　　499 King's Road, North Point, Hong Kong

香港發行　香港聯合書刊物流有限公司

　　　　　香港新界荃灣德士古道 220-248 號 16 樓

印　　刷　美雅印刷製本有限公司

　　　　　香港九龍觀塘榮業街 6 號 4 樓 A 室

版　　次　2023 年 11 月香港第一版第一次印刷

規　　格　16 開（170mm × 240mm）496 面

國際書號　ISBN　978-962-04-5364-9

© 2023 Joint Publishing (H.K.) Co., Ltd.

Published & Printed in Hong Kong, China.